UNION DES SYNDICATS

DU DÉPARTEMENT DE LA SEINE

Siège social : **BOURSE CENTRALE DU TRAVAIL** *(1er Étage, Bureau 6)*

PARIS. — 3, Rue du Château-d'Eau. — PARIS

RECUEIL

DES

LOIS OUVRIÈRES

Première Édition — 15,000 Exemplaires

PARIS

IMPRIMERIE ÉCONOMIQUE (Association Ouvrière)

21, PASSAGE MAURICE (25, RUE SAINT-MAUR)

1899

UNION DES SYNDICATS
DU DÉPARTEMENT DE LA SEINE

Siège social : BOURSE CENTRALE DU TRAVAIL (1er Étage, Bureau 6)
PARIS. — 3, Rue du Château-d'Eau. — PARIS

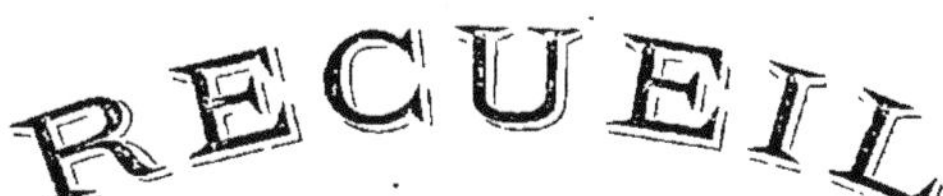

RECUEIL

DES

LOIS OUVRIÈRES

Première Édition — 15 000 Exemplaires

PARIS

IMPRIMERIE ÉCONOMIQUE (Association Ouvrière)

21, PASSAGE MAURICE (25, RUE SAINT-MAUR)

—

1899

UNION DES SYNDICATS DU DÉPARTEMENT DE LA SEINE

NOTICE

L'Union des Syndicats du département de la Seine, en proposant la publication de ce recueil des principales lois intéressant la classe ouvrière, avec, pour certaines d'entre elles, les décrets d'administration publique, arrêtés et circulaires ministériels, pour leur application, n'avait qu'un but : mettre à même les travailleurs de connaître ce qui les intéresse.

Quoi qu'il soit dit en tête de nos codes : « Nul n'est censé ignorer la loi », combien la connaissent ?

De là l'utilité incontestable de ce recueil.

Nous n'avons pas pensé faire un travail aussi important que celui de MM. Chailley-Bert et Arthur Fontaine, intitulé « Lois sociales », travail qui malheureusement n'est pas à la portée des petites bourses, mais ce recueil, quoique moins considérable, n'en sera que plus utile à la classe ouvrière, étant donné son prix modique.

Ces lois, décrets, arrêtés et circulaires que l'on peut trouver au dépôt des lois, en admettant toutefois qu'on en connaisse le titre ou au moins la date, coûtent cher ; aussi n'y avait-il qu'un tirage assez fort qui puisse nous permettre de laisser ce recueil à un aussi modeste prix, d'en faire en outre une œuvre nécessaire et nullement une question commerciale.

Nous avons essayé autant que possible de faire suivre ces lois, décrets, arrêtés et circulaires par ordre d'affinité. Quoiqu'il n'y ait pas de titres distinctifs de classification, il sera facile au lecteur de trouver ce qu'il cherche en regardant l'une ou l'autre des deux tables des matières, dont l'une méthodique (page 261) et l'autre chronologique (page 5), de sorte que si, cherchant une loi, un décret, etc., en connaissant le titre mais ignorant la date, la table méthodique vous renseigne immédiatement, de même que pour la table chronologique, connaissant la date mais pas le titre exact, cette table vous l'indique aussitôt.

Nous n'avons pas voulu non plus faire aucun commentaire, nous contentant de publier purement et simplement des documents que nous serions heureux de voir entre toutes les mains des travailleurs, ce qui nous dédommagerait amplement par les services qu'ils pourront rendre.

Tel a été le but poursuivi par l'Union des Syndicats du département de la Seine.

Aux travailleurs de l'apprécier.

POUR L'UNION DES SYNDICATS :

Le Secrétaire,

A. BAUMÉ.

TABLE CHRONOLOGIQUE DES MATIÈRES

1884

1888

1889

1890

1892

1893

1894

1895

1896

1898

1899

RECUEIL

DES

LOIS OUVRIÈRES

LOI portant établissement d'un Conseil de Prud'hommes à Lyon

(Du 18 Mars 1806)

Napoléon, par la grâce de Dieu et les constitutions de la République, Empereur des Français, à tous présents et à venir, Salut.

Le Corps législatif a rendu, le 18 mars 1806, le décret suivant, conformément à la proposition faite au nom de l'Empereur, et après avoir entendu les orateurs du Conseil d'Etat et des sections du Tribunat le même jour.

DÉCRET

TITRE PREMIER

Institution et Nomination des Prud'hommes

ARTICLE PREMIER. — Il sera établi à Lyon un Conseil de prud'hommes, composé de neuf membres, dont cinq négociants-fabricants, et quatre chefs d'atelier.

ART. 2. — Le mode de nomination sera déterminé par un règlement d'administration publique.

ART. 3. — Les négociants-fabricants ne pourront être élus prud'hommes s'ils n'exercent depuis six ans dans cet état, ou s'ils ont fait faillite.

Les chefs d'atelier ne pourront être élus prud'hommes s'ils ne savent lire et écrire, s'ils n'ont au moins six ans d'exercice de leur état, ou s'ils sont retentionnaires de matières données à employer par les ouvriers.

ART. 4. — Le Conseil de prud'hommes se renouvellera par tiers chaque année, le premier jour du mois de janvier.

Trois membres, dont un négociant-fabricant et deux chefs d'atelier, seront renouvelés la première année.

Deux négociants-fabricants et un chef d'atelier seront renouvelés à chacune des deux années suivantes.

ART. 5. — Les membres du Conseil de prud'hommes sont toujours rééligibles.

TITRE II

Des Fonctions des Prud'hommes

PREMIÈRE SECTION

De la Conciliation et du Jugement des Contestations entre les fabricants, ouvriers, chefs d'atelier, compagnons et apprentis.

Art. 6. — Le Conseil de prud'hommes est institué pour terminer, par la voie de conciliation, les petits différends qui s'élèvent journellement, soit entre des fabricants et des ouvriers, soit entre des chefs d'atelier et des compagnons ou apprentis.

Il est également autorisé à juger jusqu'à la somme de soixante francs, sans forme ni frais de procédure, et sans appel, les différends à l'égard desquels la voie de conciliation aura été sans effet.

Art. 7. — A cet effet, il sera tenu chaque jour, depuis onze heures du matin jusqu'à une heure, un bureau de conciliation, composé d'un prud'homme fabricant et d'un prud'homme chef d'atelier, devant lesquels se présenteront en personne les parties en contestation.

Art. 8. — Il se tiendra une fois par semaine, au moins, un bureau général ou Conseil de prud'hommes, lequel pourra prononcer, au nombre de cinq membres au moins, ainsi qu'il est dit dans l'article précédent, sur tous les différends qui lui auront été renvoyés par le bureau de conciliation.

Art. 9. — Tout différend portant une somme supérieure à celle de soixante francs, qui n'aura pu être terminé par la voie de conciliation, sera porté devant le tribunal de commerce ou devant les tribunaux compétents.

DEUXIÈME SECTION

Des Contraventions aux Lois et Règlements

Art. 10. — Le Conseil de prud'hommes sera spécialement chargé de constater, d'après les plaintes qui pourraient lui être adressées, les contraventions aux lois et règlements nouveaux ou remis en vigueur.

Art. 11. — Les procès-verbaux dressés par les prud'hommes pour constater ces contraventions, seront renvoyés aux tribunaux compétents, ainsi que les objets saisis.

Art. 12. — Le Conseil de prud'hommes constatera également, sur les plaintes qui lui seront portées, les soustractions de matières premières qui pourraient être faites par les ouvriers au préjudice des fabricants, et les infidélités commises par les teinturiers.

Art. 13. — Les prud'hommes, dans les cas ci-dessus et sur

la réquisition verbale ou écrite des parties, pourront, au nombre de deux au moins, assistés d'un officier public, dont un fabricant et un chef d'atelier, faire des visites chez les fabricants, chefs d'atelier, ouvriers et compagnons.

Les procès-verbaux constatant les soustractions ou infidélités, seront adressés au bureau général des prud'hommes, et envoyés, ainsi que les objets formant pièces de conviction, aux tribunaux compétents.

TROISIÈME SECTION

De la Conservation de la propriété des Dessins

ART. 14. — Le Conseil de prud'hommes est chargé des mesures conservatrices de la propriété des dessins.

ART. 15. — Tout fabricant qui voudra pouvoir revendiquer par la suite, devant le tribunal de commerce, la propriété d'un dessin de son invention, sera tenu d'en déposer aux archives du Conseil de prud'hommes, un échantillon plié sous enveloppe revêtue de ses cachet et signature, sur laquelle sera également apposé le cachet du Conseil de prud'hommes.

ART. 16. — Les dépôts de dessins seront inscrits sur un registre tenu *ad hoc* par le Conseil de prud'hommes, lequel délivrera aux fabricants un certificat rappelant le numéro d'ordre du paquet déposé, et constatant la date du dépôt.

ART. 17. — En cas de contestation entre deux ou plusieurs fabricants sur la propriété d'un dessin, le Conseil de prud'hommes procédera à l'ouverture des paquets qui auront été déposés par les parties; il fournira un certificat indiquant le nom du fabricant qui aura la priorité de date.

ART. 18. — En déposant son échantillon, le fabricant déclarera s'il entend se réserver la propriété exclusive pendant une, trois ou cinq années, ou à perpétuité : il sera tenu note de cette déclaration.

A l'expiration du délai fixé par ladite déclaration, si la réserve est temporaire, tout paquet d'échantillon déposé sous cachet dans les archives du Conseil devra être transmis au Conservatoire des arts de la ville de Lyon, et les échantillons y contenus être joints à la collection du Conservatoire.

ART. 19. — En déposant son échantillon, le fabricant acquittera entre les mains du receveur de la commune une indemnité qui sera réglée par le Conseil de prud'hommes, et ne pourra excéder un franc pour chacune des années pendant lesquelles il voudra conserver la propriété exclusive de son dessin, et sera de dix francs pour la propriété perpétuelle.

TITRE III

Des Règlements de compte et de la Police entre les maîtres d'atelier et les négociants

ART. 20. — Tous les chefs d'atelier actuellement établis, ainsi que ceux qui s'établiront à l'avenir, seront tenus de se pourvoir, au Conseil de prud'hommes, d'un double livre d'acquit pour chacun des métiers qu'ils feront travailler, dans la quinzaine à dater du jour de la publication pour ceux qui travaillent, et dans la huitaine du jour où commenceront à travailler ceux qu'ils monteront à neuf.

Sur ce livre d'acquit, paraphé et numéroté, et qui ne pourra leur être refusé lors même qu'ils n'auraient qu'un métier, seront inscrits les nom, prénom et domicile du chef d'atelier.

Art. 21. — Il sera tenu au Conseil de prud'hommes un registre sur lequel lesdits livres d'acquit seront inscrits; le chef d'atelier signera, s'il le sait, sur le registre, et sur le livre d'acquit qui lui sera délivré.

Art. 22. — Le chef d'atelier déposera le livre d'acquit du métier qu'il destinera au négociant-manufacturier, entre ses mains, et pourra, s'il le désire, en exiger un récépissé.

Art. 23. — Lorsqu'un chef d'atelier cessera de travailler pour un négociant, il sera tenu de faire noter sur le livre d'acquit, par ledit négociant, que le chef d'atelier a soldé son compte; ou, dans le cas contraire, la déclaration du négociant spécifiera la dette dudit chef d'atelier.

Art. 24. — Le négociant possesseur du livre d'acquit le fera viser aux autres négociants occupant des métiers dans le même atelier, qui énonceront la somme due par le chef d'atelier, dans le cas où il serait leur débiteur.

Art. 25. — Lorsque le chef d'atelier restera débiteur du négociant-manufacturier pour lequel il aura cessé de travailler, celui qui voudra lui donner de l'ouvrage fera la promesse de retenir la huitième partie du prix des façons dudit ouvrage, en faveur du négociant dont la créance sera la plus ancienne sur ledit registre, et ainsi successivement, dans le cas où le chef d'atelier aurait cessé de travailler pour ledit négociant, du consentement de ce dernier ou pour cause légitime : dans le cas contraire, le négociant-manufacturier qui voudra occuper le chef d'atelier, sera tenu de solder celui qui sera resté créancier en compte de matières, nonobstant toute dette antérieure, et le compte d'argent jusqu'à cinq cents francs.

Art. 26. — La date des dettes que les chefs d'atelier auront contractées avec les négociants qui les auraient occupés, sera regardée comme certaine vis-à-vis des négociants et maîtres d'atelier seulement, et, à l'effet des dispositions portées au présent titre, après l'apurement des comptes, l'inscription de la déclaration sur le livre d'acquit et le visa du bureau des prud'hommes.

Art. 27. — Lorsqu'un négociant-manufacturier aura donné de l'ouvrage à un chef d'atelier dépourvu de livre d'acquit pour le métier que le négociant voudra occuper, il sera condamné à payer comptant tout ce que ledit chef d'atelier pourrait devoir en compte de matières, et en compte d'argent jusqu'à cinq cents francs.

ART. 28. — Les déclarations ci-dessus prescrites seront portées par le négociant-manufacturier, sur le livre d'acquit resté entre les mains du chef d'atelier, comme sur le sien.

TITRE IV

Dispositions diverses

ART. 29. — Le Conseil de prud'hommes tiendra un registre exact du nombre de métiers existants et du nombre d'ouvriers de tout genre employés dans la fabrique, pour lesdits renseignements être communiqués à la Chambre de commerce toutes les fois qu'il en sera requis.

A cet effet, les prud'hommes sont autorisés à faire dans les ateliers une ou deux inspections par an, pour recueillir les informations nécessaires.

ART. 30. — Les fonctions des prud'hommes négociants-fabricants sont purement gratuites.

ART 31. — Il sera attaché au Conseil de prud'hommes un secrétaire et un commis avec mille francs.

ART. 32. — Toutes les fonctions des prud'hommes et de leur bureau seront entièrement gratuites vis-à-vis des parties ; ils ne pourront réclamer, pour les formalités remplies par eux, d'autres frais que le remboursement du papier et du timbre.

ART. 33. — En cas de plaintes en prévarication portées contre les membres du Conseil de prud'hommes, il sera procédé contre eux suivant la forme établie à l'égard des juges.

ART. 34. — Il pourra être établi par un règlement d'administration publique, délibéré en Conseil d'Etat, un Conseil de prud'hommes dans les villes de fabriques où le gouvernement le jugera convenable.

ART. 35. — Sa composition pourra être différente, selon les lieux ; mais ses attributions seront les mêmes.

Collationné à l'original, par nous président et secrétaires du Corps législatif. Paris, le 18 mars 1806. Signé : RAINAUD-LASCOUR, *vice-président ;* BONNOT, BLANC, GAUTIER, SORET (de Seine-et-Oise), *secrétaires.*

Mandons et ordonnons que les présentes, revêtues des sceaux de l'Etat, insérées au « Bulletin des Lois », soient adressées aux Cours, aux Tribunaux et aux autorités administratives, pour qu'ils les inscrivent dans leurs registres, les observent et les fassent observer ; et notre grand-juge, ministre de la justice, est chargé d'en surveiller la publication.

Donné en notre palais des Tuileries, le 28 mars de l'an 1806, de notre règne le second.

Signé : NAPOLÉON.

Vu par nous, Archi-Chancelier de l'Empire,
Signé : CAMBACÉRÈS

Par l'Empereur :

Le Grand-Juge, Ministre de la Justice,
Signé : REGNIER.

Le Ministre, Secrétaire d'Etat,
Signé : Hugues B. MARET.

DÉCRET IMPÉRIAL

contenant Règlement sur les Conseils de Prud'hommes

Au camp impérial de Schönbrunn, le 11 juin 1809

Napoléon, empereur des Français, roi d'Italie, et protecteur de la Confédération du Rhin ;
Sur le rapport de notre ministre de l'intérieur ;
Vu la loi du 18 mars 1806, portant création des conseils de prud'hommes ;
Notre Conseil d'Etat entendu,
Nous avons décrété et décrétons ce qui suit :

TITRE PREMIER

Composition des Conseils de Prud'hommes ; Mode et Epoque du renouvellement de leurs membres

ARTICLE PREMIER. — Les Conseils de prud'hommes ne seront composés que de marchands, fabricants, de chefs d'atelier, de contre-maîtres, de teinturiers, ou d'ouvriers patentés. Le nombre de ceux qui en feront partie pourra être plus ou moins considérable : mais, en aucun cas, les chefs d'atelier, les contre-maîtres, les teinturiers ou les ouvriers ne seront égaux en nombre aux marchands fabricants ; ceux-ci auront toujours dans le Conseil un membre de plus que les chefs d'atelier, les contre-maîtres, les teinturiers ou les ouvriers.

ART. 2. — Les Conseils de prud'hommes seront établis sur la demande motivée des Chambres de commerce ou des Chambres consultatives de manufactures. Cette demande sera d'abord communiquée au préfet, qui examinera si elle est de nature à être accueillie. Il la transmettra ensuite à notre ministre de l'intérieur qui, avant de nous en rendre compte, s'assurera si l'industrie qui s'exerce dans la ville est assez importante pour faire autoriser la création du Conseil de prud'hommes.

· Art. 3. — Les Conseils de prud'hommes seront renouvelés en partie chaque année, le premier jour du mois de janvier, dans les proportions qui suivent :

' Si le Conseil est composé de cinq membres, il ne sera renouvelé, la première année, qu'un prud'homme marchand-fabricant.

La seconde année, il sera renouvelé un prud'homme marchand-fabricant et un prud'homme chef d'atelier, contre-maître, teinturier ou ouvrier patenté ;

La troisième année, *idem*.

Si le Conseil est composé de sept membres, il sera renouvelé, la première année, deux prud'hommes marchands-fabricants et un prud'homme chef d'atelier ou contre-maître, etc.

La deuxième année, un prud'homme marchand-fabricant et un prud'homme chef d'atelier ;

La troisième année, *idem*.

Si le Conseil est composé de neuf membres, il sera renouvelé, la première année, un prud'homme marchand-fabricant et deux prud'hommes chefs d'atelier ;

La deuxième année, deux prud'hommes marchands-fabricants et un prud'homme chef d'atelier ;

La troisième année, *idem*.

Si le Conseil est composé de quinze membres, il sera renouvelé, la première année, deux prud'hommes marchands fabricants et un prud'homme chef d'atelier ;

La deuxième année, trois prud'hommes marchands-fabricants et trois prud'hommes chefs d'atelier ;

La troisième année, *idem*.

Le sort désignera ceux des prud'hommes qui seront renouvelés la première et la deuxième année. Dans les autres années, ce seront les plus anciens nommés.

Les prud'hommes sont toujours rééligibles.

TITRE II

Attributions et Juridiction des Conseils de Prud'hommes

PREMIÈRE SECTION

Des Attributions des Conseils de Prud'hommes

Art. 4. — Les Conseils de prud'hommes seront chargés de veiller à la conservation et observation des mesures conservatrices de la propriété des marques empreintes aux différents produits de la fabrique.

Art. 5. — Tout marchand-fabricant qui voudra pouvoir revendiquer devant les tribunaux la propriété de sa marque, sera tenu de l'établir d'une manière assez distincte des autres marques pour qu'elles ne puissent être confondues et prises l'une pour l'autre.

Art. 6. — Les Conseils de prud'hommes réunis sont arbitres de la suffisance ou insuffisance de différence entre les marques déjà adoptées et les nouvelles qui seraient déjà proposées, ou même entre celles déjà existantes ; et, en cas de contestation, elle sera portée au tribunal de commerce, qui prononcera après avoir vu l'avis du Conseil de prud'hommes.

Art. 7. — Nul ne sera admis à intenter action en contrefaçon de sa marque, s'il n'a déposé un modèle de cette marque au secrétariat du Conseil des prud'hommes.

Art. 8. — Il sera dressé procès-verbal de ce dépôt sur un registre en papier timbré, ouvert à cet effet, et qui sera coté et paraphé par le Conseil des prud'hommes. Une expédition de ce procès-verbal sera remise au fabricant, pour lui servir de titre contre les contrefacteurs.

Art. 9. — S'il était nécessaire, comme dans les ouvrages de quincaillerie et de coutellerie, de faire empreindre la marque sur des tables particulières, celui à qui elle appartient paiera une somme de six francs entre les mains du receveur de la commune. Cette somme, ainsi que toutes les autres qui seraient comptées pour le même objet, seront mises en réserve, et destinées à faire l'acquisition des tables et à les entretenir.

DEUXIÈME SECTION

De la Juridiction des Conseils de Prud'hommes

Art. 10. — Nul ne sera justiciable des Conseils de prud'hommes, s'il n'est marchand-fabricant, chef d'atelier, contre-maître, teinturier, ouvrier, compagnon ou apprenti : ceux-ci cesseront de l'être, dès que les contestations porteront sur des affaires autres que celles qui sont relatives à la branche d'industrie qu'ils cultivent, et aux conventions dont cette industrie aura été l'objet. Dans ce cas, ils s'adresseront aux juges ordinaires.

Art. 11. — La juridiction des Conseils de prud'hommes s'étend sur tous les marchands-fabricants, les chefs d'atelier, contre-maîtres, teinturiers, ouvriers, compagnons et apprentis travaillant pour la fabrique du lieu ou du canton de la situation de la fabrique, suivant qu'il sera exprimé dans les décrets particuliers d'établissement de chacun de ces conseils à raison des localités, quel que soit l'endroit de la résidence desdits ouvriers.

Art. 12. — Les Conseils de prud'hommes ne connaîtront que comme arbitres des contestations entre fabricants ou marchands pour les marques, comme il est dit art. 6, et entre un fabricant et ses ouvriers contre-maîtres, des difficultés relatives aux opérations de la fabrique.

TITRE III

Mode de nomination et d'installation des Prud'hommes

Art. 13. — Les prud'hommes seront élus dans une assemblée générale tenue à cet effet : cette assemblée sera convoquée huit jours à l'avance par le préfet, présidée par lui ou par celui des fonctionnaires publics de l'arrondissement qu'il désignera.

Art. 14. — Tout marchand fabricant, tout chef d'atelier, tout contre-maître, tout teinturier, tout ouvrier désigné dans la loi du 18 mars 1806, qui voudra voter dans l'assemblée, sera tenu de se faire inscrire sur un registre à ce destiné, qui sera ouvert à l'Hôtel-de-ville. Nul ne sera inscrit que sur la présentation de sa patente : les faillis seront exclus.

Art. 15. — Pour la première année seulement de la création du Conseil, le maire dressera la liste des votants qui seront seuls admis à l'assemblée.

Art. 16. — En cas de contestation sur le droit d'assistance à l'assemblée, soit cette année, soit les années suivantes, il sera statué par le préfet, sauf le recours à notre Conseil d'Etat.

Art. 17. — Il sera nommé par le préfet ou par celui des fonctionnaires publics qu'il aura désigné pour présider l'assemblée, un secrétaire et deux scrutateurs. L'élection des prud'hommes sera faite au scrutin individuel, à la majorité absolue des suffrages : nul ne pourra être élu s'il n'a trente ans accomplis.

Art. 18. — Afin de remplacer les prud'hommes qui viendraient à mourir ou à donner leur démission pendant l'exercice de leurs fonctions, il sera nommé deux suppléants, dont l'un sera choisi parmi les marchands fabricants, et l'autre parmi les chefs d'atelier, les contre-maitres, les teinturiers ou les ouvriers patentés.

Art. 19. — L'élection terminée, il en sera dressé procès-verbal, qui sera déposé à la mairie. L'assemblée ne pourra délibérer, ni s'occuper d'aucune autre chose que de l'élection.

Art. 20. — Les prud'hommes prêteront, entre les mains du préfet ou du fonctionnaire public qui le remplacera, serment d'obéissance aux lois, de fidélité à l'Empereur, et de remplir leurs devoirs avec zèle et intégrité.

TITRE IV

Du Bureau particulier et du Bureau général des Prud'hommes

Art. 21. — Le bureau particulier des prud'hommes sera composé de deux membres, dont l'un sera marchand fabricant, et l'autre chef d'atelier, contre-maître, teinturier ou ouvrier patenté.

Dans les villes où le Conseil est de cinq ou de sept membres, ce bureau s'assemblera tous les deux jours, depuis onze heures du matin jusqu'à une heure.

Si le Conseil est composé de neuf ou de quinze membres, le bureau particulier tiendra tous les jours une séance qui commencera et finira aux mêmes heures.

ART. 22. — Les fonctions du bureau particulier sont de concilier les parties : s'il ne le peut, il les renverra devant le bureau général.

ART. 23. — Le bureau général se réunira une fois par semaine au moins. Il prendra connaissance de toutes les affaires qui n'auraient pu être terminées par la voie de conciliation, quelle que soit la quotité de la somme dont elles seraient l'objet : mais ses jugements ne seront définitifs qu'autant qu'ils porteront sur des différends qui n'excéderont pas soixante francs en principal et en accessoires. Dans tous autres cas, il sera libre d'en appeler.

ART. 24. — Le bureau général ne pourra prendre de délibérations que dans une séance où les deux tiers au moins de ses membres se trouveront présents.

Ses délibérations seront formées par l'avis de la majorité absolue des membres présents (de la moitié plus un).

ART. 25. — Il sera nommé par le bureau général des prud'hommes un président et un vice-président. Ce président et ce vice-président ne seront en exercice que pendant une année, à l'expiration de laquelle il sera procédé à une nouvelle élection : l'un et l'autre sont toujours rééligibles.

ART. 26. — Il sera attaché au bureau général des prud'hommes un secrétaire, pour avoir soin des papiers et tenir la plume pendant leurs séances ; il sera nommé à la majorité absolue des suffrages : il pourra être révoqué à volonté ; mais, dans ce cas, la délibération devra être signée par les deux tiers des prud'hommes.

ART. 27. — Les jugements rendus par le bureau général des prud'hommes, lorsque les parties n'auront pu être conciliées par le bureau particulier, seront mis à exécution vingt-quatre heures après la signification, et provisoirement, sauf l'appel devant le tribunal de commerce, ou, à défaut de tribunal de commerce, devant le tribunal de première instance. Ils seront signés par le président ou le vice-président, et contresignés par le secrétaire. Ils seront signifiés à la partie condamnée, par un huissier qui sera attaché au Conseil des prud'hommes.

ART. 28. — Dans les cas urgents, les Conseils de prud'hommes, de même les bureaux particuliers, pourront ordonner telles mesures qui seront jugées nécessaires, pour empêcher que les objets qui donnent lieu à une réclamation ne soient enlevés, ou déplacés, ou détériorés.

TITRE V

Des Citations

Art. 29. — Tout marchand fabricant, tout chef d'atelier, tout contre-maître, tout teinturier, tout ouvrier, compagnon ou apprenti, appelé devant les prud'hommes, sera tenu, sur une simple lettre de leur secrétaire, de s'y rendre en personne au jour et à l'heure fixés, sans pouvoir se faire remplacer, hors le cas d'absence ou de maladie : alors seulement il sera admis à se faire représenter par l'un de ses parents, négociant ou marchand exclusivement, porteur de sa procuration.

Art. 30. — Si le particulier qui aurait été invité par le secrétaire à se rendre au bureau particulier ou au bureau général des prud'hommes ne paraît point, il lui sera envoyé une citation, qui lui sera remise par l'huissier attaché au conseil. Cette citation, qui contiendra la date des jour, mois et an, les noms, profession et domicile du demandeur, les noms et demeure du défendeur, énoncera sommairement les motifs qui le font appeler.

Art. 31. — La citation sera notifiée au domicile du défendeur ; et il y aura un jour au moins entre celui où elle aura été remise et le jour indiqué pour la comparution, si la partie est domiciliée dans la distance de trois myriamètres ; si elle est domiciliée au-delà de cette distance, il sera ajouté un jour pour trois myriamètres.

Dans le cas où les délais n'auraient pas été observés, si le défendeur ne paraît point, les prud'hommes ordonneront qu'il lui soit envoyé une nouvelle citation. Alors les frais de la première citation seront à la charge du demandeur.

TITRE VI

Des Séances du Bureau particulier et du Bureau général des Prud'hommes et de la Comparution des parties

Art. 32. — Au jour fixé par la lettre du secrétaire ou par la citation de l'huissier, les parties comparaîtront devant le bureau particulier des prud'hommes, sans pouvoir être admises à faire signifier aucunes défenses.

Art. 33. — Elles seront tenues de s'expliquer avec modération et de se conduire avec respect : si elles ne le font point, elles seront d'abord rappelées à leurs devoirs par un avertissement du prud'homme marchand-fabricant. En cas de récidive, le bureau particulier pourra les condamner à une amende, qui n'excédera pas dix francs, avec affiches du jugement où siège le Conseil.

Art. 34. — Dans le cas d'insulte ou d'irrévérence grave, le bureau particulier en dressera procès-verbal et pourra condamner celui qui s'en sera rendu coupable à un emprisonnement dont la durée ne pourra excéder trois jours.

Art. 35. — Les jugements, dans les cas prévus par les deux articles précédents, seront exécutoires par provision.

Art. 36. — Les parties seront d'abord entendues contradictoirement. Le bureau particulier ne négligera rien pour les concilier : s'il ne peut y parvenir, il les renverra, ainsi qu'il est dit à l'article 22, devant le bureau géneral, qui statuera sur-le-champ.

Art. 37. — Lorsque l'une des parties déclarera vouloir s'inscrire en faux, déniera l'écriture, ou déclarera ne pas la reconnaître, le président du bureau général lui en donnera acte; il paraphera la pièce et renverra la cause devant les juges auxquels en appartient la connaissance.

Art. 38. — L'appel des jugements des Conseils de prud'hommes ne sera pas recevable après les trois mois de la signification faite par l'huissier attaché à ces Conseils.

Art. 39. — Les jugements des Conseils de prud'hommes, jusqu'à concurrence de trois cents francs, seront exécutoires par provision. nonobstant l'appel, et sans qu'il soit besoin, par la partie qui aura obtenu gain de cause, de fournir caution.

Art. 40. — Les minutes de tout jugement seront portées par le secrétaire sur la feuille de la séance, signées par les prud'hommes qui auront été présents, et contresignées par lui.

TITRE VII

Des Jugements par défaut et des Oppositions à ces Jugements

Art. 41. — Si, au jour indiqué par la lettre du secrétaire, ou par la citation de l'huissier, l'une des parties ne comparait pas, la cause sera jugée par défaut. sauf l'envoi d'une nouvelle citation dans le cas prévu au dernier paragraphe de l'article 31.

Art. 42. — La partie condamnée par défaut pourra former opposition dans les trois jours de la signification faite par l'huissier du Conseil : cette opposition contiendra sommairement les moyens de la partie et assignation au premier jour de séance du Conseil de prud'hommes, en observant toutefois les délais prescrits pour les citations: elle indiquera en même temps les jour et heure de la comparution, et sera notifiée ainsi qu'il est dit ci-dessus.

Art. 43. — Si le Conseil de prud'hommes sait par lui-même. ou par les représentations qui lui seront faites par les proches. voisins ou amis du défendeur, que celui-ci n'a pu être instruit de la contestation. il pourra. en adjugeant le défaut. fixer, pour le délai de l'opposition. le temps qui lui paraitra convenable: et dans le cas où la prorogation n'aurait été ni accordée d'office. ni demandée, le défaillant pourra être relevé de la rigueur du délai et admis à opposition, en justifiant qu'à raison d'absence ou de maladie grave, il n'a pu être instruit de la contestation.

Art. 44. — La partie opposante qui se laisserait juger une seconde fois par défaut, ne sera plus admise à former une nouvelle opposition.

TITRE VIII

Des Jugements qui ne sont pas définitifs et de leur exécution

Art. 45. — Les jugements qui ne seront pas définitifs ne seront point expédiés quand ils auront été rendus contradictoirement et prononcés en présence des parties.

Dans le cas où le jugement ordonnerait une opération à laquelle les parties devraient assister, il indiquera le lieu, le jour et l'heure ; et la prononciation vaudra citation.

Art. 46. — Toutes les fois qu'un ou plusieurs prud'hommes jugeront devoir se transporter dans une manufacture ou dans des ateliers, pour apprécier, par leurs propres yeux, l'exactitude de quelques faits qui auraient été allégués, ils seront accompagnés de leur secrétaire, qui apportera la minute du jugement préparatoire.

Art. 47. — Il n'y aura lieu à l'appel des jugements prépatoires qu'après le jugement définitif, et conjointement avec l'appel de ce jugement ; mais l'exécution des jugements préparatoires ne portera aucun préjudice aux droits des parties sur l'appel, sans qu'elles soient obligées de faire à cet égard aucune protestation ni réserve.

TITRE IX

Des Enquêtes

Art. 48. — Si les parties sont contraires en faits de nature à être constatés par témoins, et dont le Conseil de prud'hommes trouve la vérification utile et admissible, il ordonnera la preuve et en fixera précisément l'objet.

Art. 49. — Au jour indiqué, les témoins, après avoir dit leurs noms, profession, âge et demeure, feront le serment de dire la vérité, et déclareront s'ils sont parents ou alliés des parties, et à quel degré, et s'ils sont leurs serviteurs ou leurs domestiques.

Art. 50. — Ils seront entendus séparément, hors comme en la présence des parties, ainsi que le Conseil l'avisera bien : les parties seront tenues de fournir leurs reproches avant la déposition, et de les signer ; si elles ne le savent ou ne le peuvent, il en sera fait mention.

Art. 51. — Les parties n'interrompront point les témoins. Après la déposition, le président du Conseil des prud'hommes pourra, sur la réquisition des parties, et même d'office, faire aux témoins les interpellations qu'il jugera convenable.

Art. 52. — Dans les causes sujettes à l'appel, le secrétaire du Conseil dressera procès-verbal de l'audition des témoins : cet acte contiendra leurs noms, prénoms, âge, profession et demeure, leur serment de dire la vérité, leur déclaration s'ils sont parents, alliés, serviteurs ou domestiques des parties, et les reproches qui auraient été fournis contre eux. Lecture de ce procès-verbal sera faite à chaque témoin, pour la partie qui le concerne ; il signera sa déposition, ou mention sera faite qu'il ne sait ou ne peut signer. Le procès-verbal sera en outre signé par le président du conseil, et contresigné par le secrétaire. Il sera procédé immédiatement au jugement, ou au plus tard à la première séance.

Art. 53. — Dans les causes de nature à être jugées en dernier ressort, il ne sera point dressé de procès-verbal ; mais le jugement énoncera les noms, âge, profession et demeure des témoins, leur serment, leur déclaration s'ils sont parents, alliés, serviteurs ou domestiques des parties, les reproches et le résultat des dépositions.

TITRE X

De la Récusation des Prud'hommes

Art. 54. — Un ou plusieurs prud'hommes pourront être récusés :

1° Quand ils auront un intérêt personnel à la contestation ;

2° Quand ils seront parents ou alliés de l'une des parties jusqu'au degré de cousin germain inclusivement ;

3° Si, dans l'année qui a précédé la récusation, il y a eu procès criminel entre eux et l'une des parties ou son conjoint, ou ses parents et alliés en ligne directe ;

4° S'il y a procès civil existant entre eux et l'une des parties ou son conjoint ;

5° S'ils ont donné un avis écrit dans l'affaire.

Art. 55. — La partie qui voudra récuser un ou plusieurs prud'hommes, sera tenue de former la récusation, et d'en exposer les motifs par un acte qu'elle fera signifier au secrétaire du Conseil par le premier huissier requis. L'exploit sera signé, sur l'original et la copie, par la partie ou son fondé de pouvoir. La copie sera déposée sur le bureau du Conseil, et communiquée immédiatement au prud'homme qui sera récusé.

Art. 56. — Le prud'homme sera tenu de donner au bas de cet acte, dans le délai de deux jours, sa déclaration par écrit, portant ou son acquiescement à la récusation, ou son refus de s'abstenir, avec ses réponses aux moyens de récusation.

Art. 57. — Dans les trois jours de la réponse du prud'homme qui refuse de s'abstenir, ou faute par lui de répondre, une expédition de l'acte de récusation et de la déclaration du prud'homme, s'il y en a, sera envoyée par le président du Conseil au président du tribunal de commerce dans le ressort duquel le Conseil est situé. La récusation y sera jugée en dernier ressort dans la huitaine, sans qu'il soit besoin d'appeler les parties.

TITRE XI

Des sommes qui seront payées aux Secrétaires des Conseils de Prud'hommes, aux Greffiers des mairies lorsque les maires rempliront les fonctions de ces Conseils, aux Greffiers des Tribunaux de commerce et aux Huissiers.

ART. 58. — Les parties pourront toujours se présenter volontairement devant les prud'hommes, et, à leur défaut, devant les maires, pour être conciliées par eux : dans ce cas, elles seront tenues de déclarer qu'elles demandent leurs bons offices. Cette déclaration sera signée par elles ; ou mention en sera faite, si elles ne savent signer. Il ne sera rien payé pour cet objet, ni pour tout autre acte du secrétariat.

ART. 59. — Il sera payé aux secrétaires des Conseils de prud'hommes les sommes suivantes :

Pour la lettre d'invitation de se rendre au Conseil, trente centimes, ci... 0.30

Pour chaque rôle d'expédition qu'ils délivreront, et qui contiendra vingt lignes à la page et dix syllabes à la ligne, quarante centimes, ci.. 0.40

Pour l'expédition du procès-verbal qui constatera que les parties n'ont pu être conciliées, et qui ne doit contenir qu'une mention sommaire qu'elles n'ont pu s'accorder, quatre-vingts centimes, ci.. 0.80

Pour l'expédition du procès-verbal qui constatera le dépôt du modèle d'une marque, trois francs, ci 3.00

ART. 60. — Les taxations ci-dessus sont communes à ceux qui feront fonction de secrétaires des mairies, mais seulement lorsque les maires remplissent les fonctions des Conseils de prud'hommes.

ART. 61. — Il est alloué les sommes suivantes :

Au greffier du tribunal de commerce, pour l'expédition du procès-verbal qui constatera le dépôt du modèle d'une marque, trois francs, ci.................................... 3.00

A l'huissier attaché au Conseil des prud'hommes, pour chaque citation, un franc vingt-cinq centimes, ci.... 1.25

Au même, pour la signification d'un jugement, un franc soixante quinze centimes, ci.................... .... 1 75

S'il y a une distance de plus d'un demi-myriamètre entre la demeure de l'huissier et le lieu où devront être remises la citation et la signification, il sera payé par myriamètre, aller et retour,

Pour la citation, un franc soixante-quinze centimes, ci... .. 1.75

Pour la signification, deux francs, ci.............. 2.00

Pour la copie des pièces qui pourra être donnée avec les

jugements rendus, il sera payé à l'huissier, par chaque rôle d'expédition de vingt lignes à la page et de dix syllabes à la ligne, vingt centimes, ci 0.20

ART. 62. — Il sera taxé aux témoins entendus par les Conseils de prud'hommes, ou par les maires, une somme équivalente à une journée de travail, même à une double journée, si le témoin a été obligé de se faire remplacer dans sa profession. Cette taxation est laissée à la prudence des Conseils et des maires.

Si le témoin n'a pas de profession, il lui sera taxé deux francs, ci. 2.00

Il ne lui sera point passé de frais de voyage, s'il est domicilié dans le canton où il est entendu. S'il est domicilié hors du canton et à une distance de plus de deux myriamètres et demi du lieu où il fera sa déposition, il lui sera alloué, autan. de fois une somme double de journée de travail, ou une somme de quatre francs, qu'il y aura de fois cinq myriamètres de distance entre son domicile et le lieu où il aura déposé.

ART. 63. — Au moyen de la taxation dont il est question dans les articles 59, 61 et 62, les frais de papier, de registre et d'expédition, seront à la charge des secrétaires des Conseils de prud'hommes, des greffiers des mairies et des tribunaux de commerce.

ART. 64. — Tout secrétaire de Conseils de prud'hommes, tout greffier de mairies et de tribunaux de commerce, tout huissier, convaincu d'avoir exigé une taxe plus forte que celle qui leur est allouée, sera puni comme concussionnaire.

TITRE XII

Dispositions générales

PREMIÈRE SECTION

De l'inspection des Prud'hommes dans les Ateliers, et du Livret dont les Ouvriers doivent être pourvus

ART. 65. — L'inspection dans les ateliers, autorisé par l'article 29, titre IV de la loi du 18 mars 1806, n'aura lieu qu'après que le propriétaire de l'atelier aura été prévenu deux jours avant celui où les prud'hommes devront se rendre dans son domicile : celui-ci est tenu de leur donner un état exact du nombre de métiers qu'il a en activité et des ouvriers qu'il occupe.

ART. 66. — L'inspection des prud'hommes a pour objet unique d'obtenir des informations sur le nombre de métiers et d'ouvriers ; et, en aucun cas, ils ne peuvent en profiter pour exiger la communication des livres d'affaires et des procédés nouveaux de fabrication que l'on voudrait tenir secrets.

Art. 67. — Si, pour effectuer leur inspection, les prud'hommes ont besoin du concours de la police municipale, cette police est tenue de leur fournir tous les renseignements et toutes les facilités qui sont en son pouvoir.

Art. 68. — Les conseils de prud'hommes ne peuvent s'immiscer dans la délivrance des livrets dont les ouvriers doivent être pourvus aux termes de la loi du 22 germinal de l'an XI. Cette attribution est exclusivement réservée aux maires ou à leurs adjoints.

DEUXIÈME SECTION

Du local où seront placés les Conseils de Prud'hommes et des frais qu'entraînera la tenue de leurs séances

Art. 69.— Le local nécessaire aux Conseils de prud'hommes, pour la tenue de leurs séances, sera fourni par les villes où ils seront établis.

Art. 70. — Les dépenses de premier établissement seront pareillement acquittées par ces villes ; il en sera de même des dépenses ayant pour objet le chauffage, l'éclairage et les autres menus frais.

Art. 71. — Le président du Conseil des prud'hommes présentera, chaque année, au maire, l'état des dépenses désignées dans l'article ci-dessus : celui-ci les comprendra dans son budget ; et, lorsqu'elles auront été approuvées, il en ordonnancera le paiement d'après les demandes particulières qui lui seront faites.

Art. 72. — Notre ministre de l'intérieur et notre grand-juge ministre de la justice sont chargés, chacun en ce qui le concerne, de l'exécution du présent décret.

Signé : NAPOLÉON.

Par l'Empereur :

Le Ministre Secrétaire d'État,

Signé : Hugues B. Maret.

NOUVELLE RÉDACTION

du Décret impérial portant règlement sur les Conseils de Prud'hommes

(Du 11 Juin 1809)

EXTRAIT des Minutes de la Secrétairerie d'État

Au palais des Tuileries, le 20 Février 1810

EXTRAIT du Registre des Délibérations du Conseil d'État

(Séance du 7 Février 1810)

Le Conseil d'État, qui, d'après le renvoi ordonné par Sa Majesté, a entendu le rapport de la section de l'intérieur sur celui du ministre de ce département, tendant à mettre en harmonie quelques dispositions du décret impérial du 11 juin 1809, portant règlement sur les Conseils de prud'hommes ;

Considérant qu'il se trouve dans le décret du 11 juin 1809 des dispositions portant taxation de frais aux secrétaires des mairies, ce qui supposerait attribution aux maires des fonctions de Conseil de prud'hommes à défaut de ces Conseils, tandis que cette attribution ne leur est donnée en aucun cas ;

Que ces taxations doivent conséquemment être supprimées du décret,

Est d'avis,

Que le décret du 11 juin 1809, portant règlement sur les Conseils de prud'hommes, soit réimprimé avec ces changements, et que la rédaction, jointe au présent avis, soit insérée au « Bulletin des Lois. »

Pour extrait conforme :

Le Secrétaire général du Conseil d'État,

Signé : J.-G. LOCRÉ.

Approuvé, au palais des Tuileries, le 20 février 1810.

Signé : NAPOLÉON.

Par l'Empereur :

Le Ministre Secrétaire d'Etat,

Signé : H.-B. Duc de BASSANO.

Suit le Décret du 11 juin 1809, modifié

Napoléon, Empereur des Français, roi d'Italie, protecteur de la Confédération du Rhin, etc.

Sur le rapport de notre ministre de l'intérieur ;

Vu la loi du 18 mars 1806, portant création de Conseils de prud'hommes ;

Notre Conseil d'Etat entendu,

Nous avons décrété et décrétons ce qui suit :

TITRE PREMIER

Composition des Conseils de Prud'hommes ; Mode et Epoque du renouvellement de leurs membres

ARTICLE PREMIER. — Les Conseils de prud'hommes ne seront composés que de marchands-fabricants, de chefs d'atelier, de contre-maîtres, de teinturiers ou d'ouvriers patentés. Le nombre de ceux qui en feront partie pourra être plus ou moins considérable ; mais, en aucun cas, les chefs d'atelier, les contre-maîtres, les teinturiers ou les ouvriers ne seront égaux en nombre aux marchands-fabricants : ceux-ci auront toujours, dans le Conseil, un membre de plus que les chefs d'atelier. les contre-maîtres, les teinturiers ou les ouvriers.

Art. 2. — Les Conseils de prud'hommes seront établis sur la demande motivée des Chambres de commerce ou des Chambres consultatives de manufactures. Cette demande sera d'abord communiquée au préfet, qui examinera si elle est de nature à être accueillie. Il la transmettra ensuite à notre ministre de l'intérieur, qui, avant de nous en rendre compte, s'assurera si l'industrie qui s'exerce dans la ville est assez importante pour faire autoriser la création du Conseil de prud'hommes.

Art. 3. — Les Conseils de prud'hommes seront renouvelés en partie, chaque année, le premier jour du mois de janvier, dans les proportions qui suivent :

Si le Conseil est composé de cinq membres, il ne sera renouvelé, la première année, qu'un prud'homme marchand-fabricant ;

La seconde année, il sera renouvelé un prud'homme marchand-fabricant et un prud'homme chef d'atelier, contre-maître, teinturier ou ouvrier patenté ;

La troisième année, *idem*.

Si le Conseil est composé de sept membres, il sera renouvelé, la première année, deux prud'hommes marchands-fabricants et un prud'homme chef d'atelier ou contre-maître, etc.

La deuxième année, un prud'homme marchand-fabricant et un prud'homme chef d'atelier ;

La troisième année, *idem*.

Si le Conseil est composé de neuf membres, il sera renouvelé, la première année, un prud'homme marchand-fabricant et deux prud'hommes chefs d'atelier ;

La deuxième année, deux prud'hommes marchands-fabricants et un prud'homme chef d'atelier ;

La troisième année, *idem*.

Si le Conseil est composé de quinze membres, il sera renouvelé, la première année, deux prud'hommes marchands-fabricants et un prud'homme chef d'atelier ;

La deuxième année, trois prud'hommes marchands-fabricants et trois prud'hommes chefs d'atelier ;

La troisième année, *idem*.

Le sort désignera ceux des prud'hommes qui seront renouvelés la première et la seconde année. Dans les autres années, ce seront les plus anciens nommés.

Les prud'hommes sont toujours rééligibles.

TITRE II

Attributions et Juridiction des Conseils de Prud'hommes

PREMIÈRE SECTION

Des Attributions des Conseils de Prud'hommes

Art. 4. — Les Conseils de prud'hommes seront chargés de veiller à l'exécution des mesures conservatrices de la propriété des marques empreintes aux différents produits de la fabrique.

ART. 5. — Tout marchand-fabricant qui voudra pouvoir revendiquer devant les tribunaux la propriété de sa marque, sera tenu d'en adopter une assez distincte des autres marques, pour qu'elles ne puissent être confondues et prises l'une pour l'autre.

ART. 6. — Les Conseils de prud'hommes réunis sont arbitres de la suffisance ou insuffisance de différence entre les marques déjà adoptées et les nouvelles qui seraient déjà proposées, ou même entre celles déjà existantes ; et, en cas de contestation, elle sera portée au tribunal de commerce, qui prononcera après avoir vu l'avis du Conseil de prud'hommes.

ART. 7. — Indépendamment du dépôt ordonné par l'article 18 de la loi du 18 germinal an XI, au greffe du tribunal de commerce, nul ne sera admis à intenter action en contrefaçon de sa marque, s'il n'a en outre déposé un modèle de cette marque au secrétariat du Conseil des prud'hommes.

ART. 8. — Il sera dressé procès-verbal de ce dépôt sur un registre en papier timbré, ouvert à cet effet, et qui sera coté et paraphé par le Conseil des prud'hommes. Une expédition de ce procès-verbal sera remise au fabricant pour lui servir de titre contre les contrefacteurs.

ART. 9. — S'il était nécessaire, comme dans les ouvrages de quincaillerie et de coutellerie, de faire empreindre la marque sur des tables particulières, celui à qui elle appartient paiera une somme de six francs entre les mains du receveur de la commune. Cette somme, ainsi que toutes les autres qui seraient comptées pour le même objet, seront mises en réserve, et destinées à faire l'acquisition des tables et à les entretenir.

DEUXIÈME SECTION

De la Juridiction des Conseils de Prud'hommes

ART. 10. — Nul ne sera justiciable des Conseils de prud'hommes, s'il n'est marchand-fabricant, chef d'atelier, contre-maître, teinturier, ouvrier, compagnon ou apprenti : ceux-ci cesseront de l'être dès que les contestations porteront sur des affaires autres que celles qui sont relatives à la branche d'industrie qu'ils cultivent, et aux conventions dont cette industrie aura été l'objet. Dans ce cas, ils s'adresseront aux juges ordinaires.

ART. 11. — La juridiction des Conseils de prud'hommes s'étend sur tous les marchands-fabricants, les chefs d'atelier, contre-maîtres, teinturiers, ouvriers, compagnons et apprentis travaillant pour la fabrique du lieu ou du canton de la situation de la fabrique, suivant qu'il sera exprimé dans les décrets particuliers d'établissement de chacun de ses conseils, à raison des localités, quel que soit l'endroit de la résidence desdits ouvriers.

Art. 12. — Les Conseils de prud'hommes ne connaîtront que comme arbitres des contestations entre fabricants ou marchands pour les marques, comme il est dit article 6 ; et, entre un fabricant et ses ouvriers contre-maîtres, des difficultés relatives aux opérations de la fabrique.

TITRE III

Mode de nomination et d'installation des Prud'hommes

Art. 13. — Les prud'hommes seront élus dans une assemblée générale tenue à cet effet : cette assemblée sera convoquée huit jours à l'avance par le préfet, présidée par lui ou par celui des fonctionnaires publics de l'arrondissement qu'il désignera.

Art. 14. — Tout marchand-fabricant, tout chef d'atelier, tout contre-maître, tout teinturier, tout ouvrier désigné dans la loi du 18 mars 1806, qui voudra voter dans l'assemblée, sera tenu de se faire inscrire sur un registre à ce destiné, qui sera ouvert à l'hôtel de ville. Nul ne sera inscrit que sur la présentation de sa patente : les faillis seront exclus.

Art. 15. — Pour la première année seulement de la création du conseil, le maire dressera la liste des votants qui seront seuls admis à l'assemblée.

Art. 16. — En cas de contestation sur le droit d'assistance à l'assemblée, soit cette année, soit les années suivantes, il sera statué par le préfet, sauf le recours à notre Conseil d'Etat.

Art. 17. — Il sera nommé par le préfet ou par celui des fonctionnaires publics qu'il aura désigné pour présider l'assemblée, un secrétaire et deux scrutateurs. L'élection des prud'hommes sera faite au scrutin individuel, à la majorité absolue des suffrages : nul ne peut être élu s'il n'a trente ans accomplis.

Art. 18. — Afin de remplacer les prud'hommes qui viendraient à mourir ou à donner leur démission pendant l'exercice de leurs fonctions, il sera nommé deux suppléants, dont l'un sera choisi parmi les marchands-fabricants, et l'autre parmi les chefs d'atelier, les contre-maîtres, les teinturiers ou les ouvriers patentés.

Art. 19. — L'élection terminée, il en sera dressé procès-verbal, qui sera déposé à la mairie. L'assemblée ne pourra délibérer, ni s'occuper d'aucune autre chose que de l'élection.

Art. 20. — Les prud'hommes prêteront, entre les mains du préfet ou du fonctionnaire public qui le remplacera, serment d'obéissance aux lois, de fidélité à l'empereur et de remplir leurs devoirs avec zèle et intégrité.

TITRE IV
Du Bureau particulier et du Bureau général des Prud'hommes

Art. 21. — Le bureau particulier des prud'hommes sera composé de deux membres, dont l'un sera marchand-fabricant, et l'autre chef d'atelier, contre-maître, teinturier ou ouvrier patenté.

Dans les villes où le Conseil est de cinq ou de sept membres, ce bureau s'assemblera tous les deux jours, depuis onze heures du matin jusqu'à une heure.

Si le Conseil est composé de neuf ou de quinze membres, le bureau particulier tiendra tous les jours une séance, qui commencera et finira aux mêmes heures.

Art. 22. — Les fonctions du bureau particulier sont de concilier les parties : s'il ne le peut, il les renverra devant le bureau général.

Art. 23. — Le bureau général se réunira une fois par semaine au moins ; il prendra connaissance de toutes les affaires qui n'auraient pu être terminées par la voie de conciliation, quelle que soit la quotité de la somme dont elles seraient l'objet ; mais ses jugements ne seront définitifs qu'autant qu'ils porteront sur des différends qui n'excéderont pas soixante francs en principal et en accessoires. Dans tous autres cas, il sera libre d'en appeler.

Art. 24. — Le bureau général ne pourra prendre de délibérations que dans une séance où les deux tiers au moins de ses membres se trouveront présents.

Ses délibérations seront formées par l'avis de la majorité absolue des membres présents (de la moitié plus un).

Art. 25. — Il sera nommé par le bureau général des prud'hommes un président et un vice-président. Ce président et ce vice-président ne seront en exercice que pendant une année, à l'expiration de laquelle il sera procédé à une nouvelle élection : l'un et l'autre sont toujours rééligibles.

Art. 26. — Il sera attaché au bureau général des prud'hommes un secrétaire pour avoir soin des papiers et tenir la plume pendant leurs séances : il sera nommé à la majorité absolue des suffrages : il pourra être révoqué à volonté ; mais, dans ce cas, la délibération devra être signée par les deux tiers des prud'hommes.

Art. 27. — Les jugements rendus par le bureau général des prud'hommes lorsque les parties n'auront pu être conciliées par le bureau particulier, seront mis à exécution vingt-quatre heures après la signification, et provisoirement, sauf l'appel devant le tribunal de commerce, ou, à défaut de tribunal de commerce, devant le tribunal de première instance. Ils seront signés par le président ou le vice-président, et contresignés par le secrétaire ; ils seront signifiés à la partie condamnée par un huissier qui sera attaché au Conseil des prud'hommes.

Art. 28. — Dans les cas urgents, les Conseils de prud'hommes, de même les bureaux particuliers, pourront ordonner telles mesures qui seront jugées nécessaires, pour empêcher que les objets qui donnent lieu à une réclamation ne soient enlevés, ou déplacés, ou détériorés.

TITRE V

Des Citations

Art. 29. — Tout marchand-fabricant, tout chef d'atelier, tout contre-maître, tout teinturier, tout ouvrier, compagnon ou apprenti, appelé devant les prud'hommes, sera tenu, sur une simple lettre de leur secrétaire, de s'y rendre en personne, au jour et à l'heure fixés, sans pouvoir se faire remplacer, hors le cas d'absence ou de maladie; alors seulement il sera admis à se faire représenter par l'un de ses parents, négociant ou marchand exclusivement, porteur de sa procuration.

Art. 30. — Si le particulier qui aurait été invité par le secrétaire à se rendre au bureau particulier ou au bureau général des prud'hommes ne paraît point, il lui sera envoyé une citation qui lui sera remise par l'huissier attaché au conseil. Cette citation, qui contiendra la date des jour, mois et an, les nom, profession et domicile du demandeur, les nom et demeure du défendeur, énoncera sommairement les motifs qui le font appeler.

Art. 31. — La citation sera notifiée au domicile du défendeur et il y aura un jour au moins entre celui où elle aura été remise et le jour indiqué pour la comparution, si la partie est domiciliée dans la distance de trois myriamètres; si elle est domiciliée au-delà de cette distance, il sera ajouté un jour par trois myriamètres.

Dans le cas où les délais n'auraient pas été observés, si le défendeur ne paraît point, les prud'hommes ordonneront qu'il lui soit envoyé une nouvelle citation : alors les frais de la première citation seront à la charge du demandeur.

TITRE VI

Des Séances du Bureau particulier et du Bureau général des Prud'hommes et de la Comparution des Parties

Art. 32. — Au jour fixé par la lettre du secrétaire ou par la citation de l'huissier, les parties comparaîtront devant le bureau particulier des prud'hommes sans pouvoir être admises à faire signifier aucunes défenses.

Art. 33. — Elles seront tenues de s'expliquer avec modération et de se conduire avec respect : si elles ne le font point, elles seront d'abord rappelées à leurs devoirs par un avertissement du prud'homme marchand-fabricant; en cas de récidive, le bureau particulier pourra les condamner à une amende qui n'excédera pas dix francs, avec affiches du jugement dans la ville où siège le Conseil.

Art. 34. — Dans le cas d'insulte ou d'irrévérence grave, le bureau particulier en dressera procès-verbal, et pourra condamner celui qui s'en sera rendu coupable à un emprisonnement dont la durée ne pourra excéder trois jours.

Art. 35. — Les jugements, dans les cas prévus par les deux articles précédents, seront exécutoires par provision.

Art. 36. — Les parties seront d'abord entendues contradictoirement. Le bureau particulier ne négligera rien pour les concilier : s'il ne peut y parvenir, il les renverra, ainsi qu'il est dit à l'article 22, devant le bureau général qui statuera sur-le-champ.

Art. 37. — Lorsque l'une des parties déclarera vouloir s'inscrire en faux, déniera l'écriture ou déclarera ne pas la reconnaître, le président du bureau général lui en donnera acte ; il paraphera la pièce et renverra la cause devant les juges auxquels en appartient la connaissance.

Art. 38. — L'appel des jugements des Conseils de prud'hommes ne sera pas recevable après les trois mois de la signification faite par l'huissier attaché à ces Conseils.

Art. 39. — Les jugements des Conseils de prud'hommes jusqu'à concurrence de trois cents francs seront exécutoires par provision, nonobstant l'appel, et sans qu'il soit besoin, par la partie qui aura obtenu gain de cause, de fournir caution.

Art. 40. — Les minutes de tout jugement seront portées par le secrétaire sur la feuille de la séance, signées par les prud'hommes qui auront été présents et contresignées par lui.

TITRE VII

Des Jugements par défaut et des Oppositions à ces Jugements

Art. 41. — Si au jour indiqué par la lettre du secrétaire ou par la citation de l'huissier l'une des parties ne comparait pas, la cause sera jugée par défaut, sauf l'envoi d'une nouvelle citation, dans le cas prévu au dernier paragraphe de l'article 31.

Art. 42. — La partie condamnée par défaut pourra former opposition dans les trois jours de la signification faite par l'huissier du Conseil. Cette opposition contiendra sommairement les moyens de la partie et assignation au premier jour de séance du Conseil des prud'hommes, en observant toutefois les délais prescrits pour les citations; elle indiquera en même temps les jour et heure de la comparution, et sera notifiée ainsi qu'il est dit ci-dessus.

Art. 43. — Si le Conseil de prud'hommes sait par lui-même ou par les représentations qui lui seront faites par les proches voisins ou amis du défendeur que celui-ci n'a pu être instruit de la contestation, il pourra, en adjugeant le défaut, fixer pour le délai de l'opposition le temps qui lui paraîtra convenable; et dans le cas où la prorogation n'aurait été ni accordée d'office ni demandée, le défaillant pourra être relevé de la rigueur du délai et admis à opposition, en justifiant qu'à raison d'absence ou de maladie grave, il n'a pu être instruit de la contestation.

Art. 44. — La partie opposante qui se laisserait juger une seconde fois par défaut ne sera plus admise à former une nouvelle opposition.

TITRE VIII

Des Jugements qui ne sont pas définitifs et de leur exécution

Art. 45. — Les jugements qui ne seront pas définitifs ne seront point expédiés quand ils auront été rendus contradictoirement et prononcés en présence des parties.

Dans le cas où le jugement ordonnerait une opération à laquelle les parties devraient assister, il indiquera le lieu, le jour et l'heure : et la prononciation vaudra citation.

Art. 46. — Toutes les fois qu'un ou plusieurs prud'hommes jugeront devoir se transporter dans une manufacture ou dans des ateliers pour apprécier par leurs propres yeux l'exactitude de quelques faits qui auraient été allégués, ils seront accompagnés de leur secrétaire qui apportera la minute du jugement préparatoire.

Art. 47. — Il n'y aura lieu à l'appel des jugements préparatoires qu'après le jugement définitif, et conjointement avec l'appel de ce jugement; mais l'exécution des jugements préparatoires ne portera aucun préjudice aux droits des parties sur l'appel, sans qu'elles soient obligées de faire à cet égard aucune protestation ni réserve.

TITRE IX

Des Enquêtes

Art. 48. — Si les parties sont contraires en faits de nature à être constatés par témoins et dont le Conseil de prud'hommes trouve la vérification utile et admissible, il ordonnera la preuve, et en fixera précisément l'objet.

Art. 49. — Au jour indiqué, les témoins, après avoir dit leurs noms, profession, âge et demeure, feront le serment de dire la vérité, et déclareront s'ils sont parents ou alliés des parties et à quel degré, et s'ils sont leurs serviteurs ou leurs domestiques.

Art. 50. — Ils seront entendus séparément, hors comme en la présence des parties, ainsi que le Conseil l'avisera bien : les parties seront tenues de fournir leurs reproches avant la déposition et de les signer ; si elles ne le savent ou ne le peuvent, il en sera fait mention.

Art. 51. — Les parties n'interrompront point les témoins ; après la déposition, le président du Conseil des prud'hommes pourra, sur la réquisition des parties, et même d'office, faire aux témoins les interpellations qu'il jugera convenables.

Art. 52. — Dans les causes sujettes à l'appel, le secrétaire du Conseil dressera procès-verbal de l'audition des témoins : cet acte contiendra leurs noms, prénoms, âge, profession et demeure, leur serment de dire la vérité, leur déclaration s'ils sont parents, alliés, serviteurs ou domestiques des parties, et les reproches qui auraient été fournis contre eux. Lecture de ce procès-verbal sera faite à chaque témoin, pour la partie qui le concerne ; il signera sa déposition, ou mention sera faite qu'il ne sait ou ne peut signer. Le procès-verbal sera, en outre, signé par le président du Conseil, et contre-signé par le secrétaire. Il sera procédé immédiatement au jugement, ou au plus tard à la première séance.

Art. 53. — Dans les causes de nature à être jugées en dernier ressort, il ne sera point dressé de procès-verbal ; mais le jugement énoncera les noms, âge, profession et demeure des témoins, leur serment, leur déclaration s'ils sont parents, alliés, serviteurs ou domestiques des parties, les reproches et le résultat des dépositions.

TITRE X

De la Récusation des Prud'hommes

Art. 54. — Un ou plusieurs prud'hommes pourront être récusés :

1° Quand ils auront un intérêt personnel à la contestation ;

2° Quand ils seront parents ou alliés de l'une des parties, jusqu'au degré de cousin-germain inclusivement ;

3° Si, dans l'année qui a précédé la récusation, il y a eu procès criminel entre eux et l'une des parties ou son conjoint, ou ses parents et alliés en ligne directe ;

4° S'il y a procès civil existant entre eux et l'une des parties ou son conjoint ;

5° S'ils ont donné un avis écrit dans l'affaire.

Art. 55. — La partie qui voudra récuser un ou plusieurs prud'hommes sera tenue de former la récusation et d'en exposer les motifs par un acte qu'elle fera signifier au secrétaire du Conseil, par le premier huissier requis. L'exploit sera signé, sur l'original et la copie, par la partie ou son fondé de pouvoir. La copie sera déposée sur le bureau du Conseil, et communiquée immédiatement au prud'homme qui sera récusé.

Art. 56. — Le prud'homme sera tenu de donner au bas de cet acte, dans le délai de deux jours, sa déclaration par écrit.

portant ou son acquiescement à la récusation, ou son refus de s'abstenir, avec ses réponses aux moyens de récusation.

Art. 57. — Dans les trois jours de la réponse du prud'homme qui refuse de s'abstenir, ou faute par lui de répondre, une expédition de l'acte de récusation et de la déclaration du prud'homme, s'il y en a, sera envoyée par le président du Conseil au président du tribunal de commerce dans le ressort duquel le Conseil est situé. La récusation y sera jugée en dernier ressort dans la huitaine, sans qu'il soit besoin d'appeler les parties.

TITRE XI

Des Sommes qui seront payées aux Secrétaires des Conseils de Prud'hommes, aux Greffiers des Tribunaux de commerce et aux Huissiers.

Art. 58. — Les parties pourront toujours se présenter volontairement devant les prud'hommes pour être conciliées par eux : dans ce cas, elles seront tenues de déclarer qu'elles demandent leurs bons offices. Cette déclaration sera signée par elles, ou mention en sera faite si elles ne savent signer. Il ne sera rien payé pour cet objet.

Art. 59. — Il sera payé aux secrétaires des Conseils de prud'hommes les sommes suivantes :

Pour la lettre d'invitation de se rendre au Conseil, trente centimes, ci.................................... 0.30

Pour chaque rôle d'expédition qu'ils délivreront et qui contiendra vingt lignes à la page et dix syllabes à la ligne, quarante centimes, ci.................................... 0.40

Pour l'expédition du procès-verbal qui constatera que les parties n'ont pu être conciliées, et qui ne doit contenir qu'une mention sommaire qu'elles n'ont pu s'accorder, quatre-vingts centimes, ci.................................... 0.80

Pour l'expédition du procès-verbal qui constatera le dépôt du modèle d'une marque, trois francs, ci.......... 3.00

Art. 60. — Il est alloué les sommes suivantes, au greffier du tribunal de commerce, pour l'expédition du procès-verbal qui constatera le dépôt du modèle d'une marque, trois francs, ci.................................... 3.00

A l'huissier attaché au Conseil des prud'hommes, pour chaque citation, un franc vingt-cinq centimes, ci.... 1.25

Au même, pour la signification d'un jugement, un franc soixante-quinze centimes, ci........................ 1.75

S'il y a une distance de plus d'un demi-myriamètre entre la demeure de l'huissier et le lieu où devront être remises la citation et la signification, il sera payé par myriamètre, aller et retour :

Pour la citation, un franc soixante-quinze centimes, ci.................................... 1.75

Pour la signification, deux francs, ci................ 2.00

Pour la copie des pièces qui pourra être donnée avec les

jugements rendus, il sera payé à l'huissier, par chaque rôle d'expédition de vingt lignes à la page et de dix syllabes à la ligne, vingt centimes, ci.......................... 0.20

Art. 61. — Il sera taxé aux témoins entendus par les Conseils de prud'hommes, une somme équivalente à une journée de travail, même à une double journée si le témoin a été obligé de se faire remplacer dans sa profession. Cette taxation est laissée à la prudence des conseils et des maires.

Si le témoin n'a pas de profession, il lui sera taxé deux francs.

Il ne lui sera pas passé de frais de voyage, s'il est domicilié dans le canton où il est entendu ; s'il est domicilié hors du canton et à une distance de plus de deux myriamètres et demi du lieu où il fera sa déposition, il lui sera alloué autant de fois une somme double de journée de travail ou une somme de quatre francs qu'il y aura de fois cinq myriamètres de distance entre son domicile et le lieu où il aura déposé.

Art. 62. — Au moyen de la taxation dont il est question dans les articles 59, 60 et 61, les frais de papier, de registre et d'expédition seront à la charge des secrétaires des Conseils de prud'hommes et des greffiers des tribunaux de commerce.

Art. 63. — Tout secrétaire de Conseils de prud'hommes, tout greffier de tribunaux de commerce, tout huissier, convaincu d'avoir exigé une taxe plus forte que celle qui leur est allouée, sera puni comme concussionnaire.

TITRE XII

Dispositions générales

PREMIÈRE SECTION

Dé l'Inspection des Prud'hommes dans les ateliers, et du Livret dont les Ouvriers doivent être pourvus.

Art. 64. — L'inspection dans les ateliers, autorisée par l'article 29, titre IV, de la loi du 18 mars 1806, n'aura lieu qu'après que le propriétaire de l'atelier aura été prévenu deux jours avant celui où les prud'hommes devront se rendre dans son domicile ; celui-ci est tenu de leur donner un état exact du nombre de métiers qu'il a en activité et des ouvriers qu'il occupe.

Art. 65. — L'inspection des prud'hommes a pour objet unique d'obtenir des informations sur le nombre de métiers et d'ouvriers ; et, en aucun cas, ils ne peuvent en profiter pour exiger la communication des livres d'affaires, et des procédés nouveaux de fabrication que l'on voudrait tenir secrets.

Art. 66. — Si, pour effectuer leur inspection, les prud'hommes ont besoin du concours de la police municipale, cette police est tenue de leur fournir tous les renseignements et toutes les facilités qui sont en son pouvoir.

Art. 67. — Les Conseils de prud'hommes ne peuvent s'immiscer dans la délivrance des livrets dont les ouvriers doivent être pourvus aux termes de la loi du 22 germinal de l'an XI. Cette attribution est exclusivement réservée aux maires ou à leurs adjoints.

DEUXIÈME SECTION

Du Local où seront placés les Conseils de Prud'hommes et des Frais qu'entraînera la tenue de leurs séances.

Art. 68. — Le local nécessaire aux conseils de prud'hommes, pour la tenue de leurs séances, sera fourni par les villes où ils seront établis.

Art. 69. — Les dépenses de premier établissement seront pareillement acquittées par ces villes ; il en sera de même des dépenses ayant pour objet le chauffage, l'éclairage et les autres menus frais.

Art. 70. — Le président du Conseil des prud'hommes présentera chaque année, au maire, l'état des dépenses désignées dans l'article ci-dessus : celui-ci les comprendra dans son budget ; et lorsqu'elles auront été approuvées, il en ordonnancera le paiement, d'après les demandes particulières qui lui seront faites.

Art. 71. — Notre grand-juge, ministre de la justice, et notre ministre de l'intérieur, sont chargés, chacun en ce qui le concerne, de l'exécution du présent décret, qui sera inséré au « Bulletin des Lois ».

Signé : NAPOLÉON.

Par l'Empereur :
Le Ministre Secrétaire d'État,
Signé : Hugues B. Maret.

Certifié conforme :
Le Ministre Secrétaire d'État,
Signé : H. B. Duc de Bassano.

Certifié conforme par nous :
Grand-Juge Ministre de la Justice :
Le Duc de Massa.

DÉCRET IMPÉRIAL
Concernant la Juridiction des Prud'hommes.
Au palais de Trianon, le 3 Août 1810.

Napoléon, empereur des Français, roi d'Italie, protecteur de la Confédération du Rhin, médiateur de la Confédération suisse ;

Sur le rapport de notre ministre de l'intérieur ;

Vu la loi du 18 mars 1806, et notre décret du 11 juin 1809, portant règlement pour les Conseils de prud'hommes ;

Notre Conseil d'État entendu,

Nous avons décrété et décrétons ce qui suit :

TITRE PREMIER

De la Juridiction des Prud'hommes pour les intérêts civils.

ARTICLE PREMIER. — Les Conseils de prud'hommes sont autorisés à juger toutes les contestations qui naîtront entre les marchands-fabricants, chefs d'atelier, contre-maîtres, ouvriers, compagnons et apprentis, quelle que soit la quotité de la somme dont elles seraient l'objet, aux termes de l'article 23 de notre décret du 11 juin 1809.

ART. 2. — Leurs jugements seront définitifs et sans appel, si la condamnation n'excède pas cent francs en capital et accessoires.

Au-dessus de cent francs, ils seront sujets à l'appel devant le tribunal de commerce de l'arrondissement, et à défaut de tribunal de commerce, devant le tribunal civil de première instance.

ART. 3. — Les jugements des conseils de prud'hommes, jusqu'à concurrence de trois cents francs, seront exécutoires par provision, nonobstant appel, aux termes de l'article 39 du décret du 11 juin 1809, et sans qu'il soit besoin, pour la partie qui aura obtenu gain de cause, de fournir caution.

Au-dessus de trois cents francs, ils seront exécutoires, par provision, en fournisant caution.

TITRE II

Attributions des Prud'hommes en matière de police.

ART. 4. — Tout délit tendant à troubler l'ordre et la discipline de l'atelier, tout manquement grave des apprentis envers leurs maîtres, pourront être punis, par les prud'hommes, d'un emprisonnement qui n'excèdera pas trois jours, sans préjudice de l'exécution de l'article 19, titre V, de la loi du 22 germinal an XI, et de la concurrence des officiers de police et des tribunaux.

L'expédition du prononcé des prud'hommes, certifiée par leur secrétaire, sera mise à exécution par le premier agent de police ou de la force publique sur ce requis.

ART. 5. — Notre grand-juge ministre de la justice et notre ministre de l'intérieur sont chargés, chacun en ce qui le concerne, de l'exécution du présent décret, qui sera inséré au « Bulletin des lois. »

Signé : NAPOLÉON.

Par l'Empereur :

Le Ministre Secrétaire d'État,

Signé : H. B. DUC DE BASSANO.

LOI sur les Conseils de Prud'hommes.

Du 1er Juin 1853.

Napoléon, par la grâce de Dieu et la volonté nationale, empereur des Français, à tous présents et à venir, Salut.

Avons sanctionné et sanctionnons, promulgué et promulguons ce qui suit :

LOI. — Extrait du Procès-verbal du Corps législatif.

Le Corps législatif a adopté le projet de loi dont la teneur suit :

ARTICLE PREMIER. — Les Conseils de prud'hommes sont établis par décrets rendus dans la forme des règlements d'administration publique, après avis des chambres de commerce ou des chambres consultatives des arts et manufactures.

Les décrets d'institution déterminent le nombre des membres de chaque conseil.

Ce nombre est de six au moins, non compris le président et le vice-président.

ART. 2. — Les membres des Conseils de prud'hommes sont élus par les patrons, chefs d'atelier, contre-maîtres et ouvriers appartenant aux industries dénommées dans les décrets d'institution, suivant les conditions déterminées par les articles ci-après.

ART. 3. — Les présidents et les vice-présidents des Conseils de prud'hommes sont nommés par l'empereur. Ils peuvent être pris en dehors des éligibles. Leurs fonctions durent trois années. Ils peuvent être nommés de nouveau.

Les secrétaires des mêmes conseils sont nommés et révoqués par le préfet sur la proposition du président.

ART. 4. — Sont électeurs :

1° Les patrons âgés de vingt-cinq ans accomplis et patentés depuis cinq années au moins et depuis trois ans dans la circonscription du conseil.

2° Les chefs d'atelier, contre-maîtres et ouvriers, âgés de 25 ans accomplis, exerçant leur industrie depuis cinq ans au moins et domiciliés depuis trois ans dans la circonscription du Conseil.

ART. 5. — Sont éligibles les électeurs âgés de trente ans accomplis et sachant lire et écrire.

ART. 6. — Ne peuvent être éligibles ni électeurs, les étrangers ni aucun des individus désignés dans l'article 15 de la loi du 2 février 1852.

ART. 7. — Dans chaque commune de la circonscription, le maire assisté de deux assesseurs qu'il choisit, l'un parmi les électeurs patrons, l'autre parmi les électeurs ouvriers, inscrit les électeurs sur un tableau qu'il adresse au préfet.

La liste électorale est dressée et arrêtée par le préfet.

ART. 8. — En cas de réclamation, le recours est ouvert devant le conseil de préfecture ou devant les tribunaux civils, suivant les distinctions établies par la loi sur les élections municipales.

ART. 9. — Les patrons, réunis en assemblée particulière, nomment directement les prud'hommes patrons.

Les contre-maîtres, chefs d'atelier et les ouvriers, également réunis en assemblées particulières, nomment les prud'hommes ouvriers en nombre égal à celui des patrons.

Au premier tour de scrutin, la majorité absolue des suffrages est nécessaire, la majorité relative suffit au second tour.

ART. 10. — Les Conseils de prud'hommes sont renouvelés par moitié tous les trois ans. Le sort désigne ceux des prud'hommes qui sont remplacés la première fois.

Les prud'hommes sont rééligibles.

Lorsque, par un motif quelconque, il y a lieu de procéder au remplacement d'un ou plusieurs membres d'un conseil de prud'hommes, le préfet convoque les électeurs.

Tout membre élu en remplacement d'un autre ne demeure en fonction que pendant la durée du mandat confié à son prédécesseur.

ART. 11. — Le bureau général est composé, indépendamment du président ou du vice-président, d'un nombre égal de prud'hommes patrons et de prud'hommes ouvriers. Ce nombre est au moins de deux prud'hommes patrons et de deux prud'hommes ouvriers, quel que soit celui des membres dont se compose le conseil.

ART. 12. — Les jugements des conseils de prud'hommes sont signés par le président et par le secrétaire.

ART. 13. — Les jugements des conseils de prud'hommes sont définitifs et sans appel, lorsque le chiffre de la demande n'excède pas deux cents francs en capital.

Au-dessus de deux cents francs, les jugements sont sujets à l'appel devant le tribunal de commerce.

ART. 14. — Lorsque le chiffre de la demande excède deux cents francs, le jugement de condamnation peut ordonner l'exécution immédiate et à titre de provision jusqu'à concurrence de cette somme, sans qu'il soit besoin de fournir caution.

Pour le surplus, l'exécution provisoire ne peut être ordonnée qu'à la charge de fournir caution.

ART. 15. — Les jugements par défaut qui n'ont pas été exécutés dans le délai de six mois sont réputés non avenus.

ART. 16. — Les Conseils de prud'hommes peuvent être dissous par un décret de l'empereur, sur la proposition du ministre compétent.

ART. 17. — L'autorité administrative peut toujours, lorsqu'elle le juge convenable, réunir les conseils de prud'hommes, qui doivent donner leur avis sur les questions qui leur sont posées.

Art. 18. — Après la promulgation de la présente loi, il sera procédé au renouvellement intégral des conseils de prud'hommes existants.

Art. 19. — Sont maintenues les dispositions des lois, décrets et ordonnances qui ne sont pas contraires à la présente loi.

Délibéré en séance publique, à Paris, le 25 avril 1853.

Le Président,
Signé : Billault.

Les Secrétaires,
Signé : Ed. Dalloz, Macdonald duc de Tarente,
Baron Eschassériaux.

Extrait du Procès-verbal du Sénat.

Le Sénat ne s'oppose pas à la promulgation de la loi relative aux conseils de prud'hommes.

Délibéré en séance, au palais du Sénat, le 26 mai 1853.

Le Président,
Signé : Troplong.

Les Secrétaires,
Signé : Comte de la Riboisière, A. Thayer,
Baron T. de Lacrosse.

Vu et scellé du sceau du Sénat :
Signé : Baron T. de Lacrosse.

Mandons et ordonnons que les présentes, revêtues du sceau de l'Etat et insérées au Bulletin des lois, soient adressées aux cours, aux tribunaux, et aux autorités administratives, pour qu'ils les inscrivent sur leurs registres, les observent et les fassent observer, et notre ministre secrétaire d'Etat au département de la justice est chargé d'en surveiller la publication.

Fait au palais de Saint-Cloud, le 1er juin 1853.

Signé : Napoléon.
Par l'Empereur :
Le Ministre d'État,
Signé : Achille Fould.

Vu et scellé du grand sceau :
*Le Garde des Sceaux, Ministre Secrétaire d'État
au département de la Justice,*
Signé : Abbattucci.

LOI concernant : 1° la Présidence et le Secrétariat du Conseil des Prud'hommes; 2° l'abrogation de l'article 30 du Décret du 18 mars 1806.

Du 7 février 1880.

Le Sénat et la Chambre des députés ont adopté,

Le Président de la République promulgue la loi dont la teneur suit :

Article premier. — Les membres des Conseils de prud'hommes, réunis en assemblée générale, éliront parmi eux, à la majorité absolue des membres présents, un président et un vice-président.

En cas de partage des voix et après deux tours de scrutin, le conseiller le plus ancien en fonctions sera élu. Si les deux candidats avaient un temps de service égal, la préférence serait accordée au plus âgé. Il en sera de même dans le cas de la création d'un nouveau Conseil.

Art. 2. — Lorsque le président sera choisi parmi les prud'hommes patrons, le vice-président ne pourra l'être que parmi les prud'hommes ouvriers, et réciproquement.

Art. 3. — La durée des fonctions du président et du vice-président est d'une année.

Ils seront rééligibles.

Art. 4. — Le bureau particulier des Conseils de prud'hommes, institué par l'article 21 du décret du 11 juin 1809, sera présidé alternativement par un patron et un ouvrier, suivant un roulement établi par le règlement particulier de chaque conseil.

Art. 5. — Le secrétaire attaché aux conseils de prud'hommes sera nommé à la majorité absolue des suffrages; il pourra être révoqué à volonté; mais, dans ce cas, la délibération devra être signée par les deux tiers des prud'hommes.

Art. 6. — L'article 30 du décret du 18 mars 1806 est abrogé.

Art. 7. — Sont abrogées toutes les dispositions antérieures contraires à celles de la présente loi.

Art. 8. — Dans les trois mois, à partir de promulgation de la présente loi, il sera procédé à l'élection des présidents, vice-présidents et secrétaires des conseils de prud'hommes.

La présente loi, délibérée et adoptée par le Sénat et par la Chambre des députés, sera exécutée comme loi de l'Etat.

Fait à Paris, le 7 février 1880.

Signé : Jules GRÉVY.

Le Ministre de l'Agriculture et du Commerce.

Signé : P. Tirard.

LOI qui complète l'article 4 de la loi relative aux Conseils de Prud'hommes.

Du 24 Novembre 1883.

Le Sénat et la Chambre des députés ont adopté,
Le Président de la République promulgue la loi dont la teneur suit :

ARTICLE UNIQUE. — L'article 4 de la loi du 1ᵉʳ juin 1853 est complété de la manière suivante :

« Art. 4. — Sont électeurs :

« 1° Les patrons, âgés de vingt-cinq ans accomplis, patentés « depuis cinq ans au moins, et depuis trois ans dans la cir- « conscription du conseil ; les associés en nom collectif, « patentés ou non, âgés de vingt-cinq ans accomplis, exerçant « depuis cinq ans une profession assujettie à la contribution « des patentes, et domiciliés depuis trois ans dans la circons- « cription du conseil ;

« 2° Les chefs d'atelier, contre-maîtres et ouvriers, âgés « de vingt-cinq ans accomplis, exerçant leur industrie depuis « cinq ans au moins, et domiciliés depuis trois ans dans la « circonscription du conseil. »

La présente loi, délibérée et adoptée par le Sénat et par la Chambre des députés, sera exécutée comme loi de l'Etat.

Fait à Paris, le 24 novembre 1883.

Signé : JULES GRÉVY.

Le Ministre du Commerce,
Signé : CH. HÉRISSON.

Le Garde des Sceaux,
Ministre de la Justice et des Cultes,

Signé : MARTIN FEUILLÉE.

LOI sur les Conseils de Prud'hommes.

Du 11 Décembre 1884.

Le Sénat et la Chambre des députés ont adopté,
Le Président de la République promulgue la loi dont la teneur suit :

ARTICLE PREMIER. — Dans le cas où, dans les élections pour les conseils de prud'hommes, se produirait l'abstention col- lective, soit des patrons, soit des ouvriers ; dans le cas où ils porteraient leurs suffrages sur les noms d'un candidat notoirement inéligible ; dans le cas où les candidats élus par les patrons ou par les ouvriers refuseraient d'accepter le mandat ;

Dans celui où les membres élus s'abstiendraient systématiquement de siéger,

Il sera procédé, dans la quinzaine, à des élections nouvelles pour compléter le conseil. Si, après ces nouvelles élections, les mêmes obstacles empêchent encore la constitution ou le fonctionnement du conseil, les prud'hommes, régulièrement élus, acceptant le mandat et se rendant aux convocations, constitueront le conseil et procéderont, pourvu que leur nombre soit au moins égal à la moitié du nombre total des membres dont le conseil est composé.

ART. 2. — Sont modifiés ou complétés ainsi qu'il suit les articles 22 du décret du 27 mai 1848, 11 de la loi du 1er juin 1853, 2 et 4 de la loi du 7 février 1880 :

Décret du 27 mai 1848, article 22.

Une audience au moins par semaine sera consacrée aux conciliations. Cette audience sera tenue par deux membres, l'un patron, l'autre ouvrier.

Exceptionnellement et dans les cas prévus par l'article 1er de la présente loi, les deux membres composant le bureau peuvent être pris soit parmi les prud'hommes patrons, soit parmi les prud'hommes ouvriers.

Loi du 1er juin 1853, article 11.

Le bureau général est composé, indépendamment du président ou du vice-président, d'un nombre égal de prud'hommes patrons et de prud'hommes ouvriers. Ce nombre est au moins de deux prud'hommes patrons et de deux prud'hommes ouvriers, quel que soit celui des membres dont se compose le conseil.

Par exception et dans les cas prévus par l'article 1er de la présente loi, les quatre membres seront pris, sans distinction de qualité, parmi les prud'hommes installés.

Loi du 7 février 1880, article 2.

Lorsque le président sera choisi parmi les prud'hommes patrons, le vice-président ne pourra l'être que parmi les prud'hommes ouvriers, et réciproquement.

Dans les cas exceptionnels prévus par l'article 1er de la présente loi, le président, le vice-président pourront être pris tous deux parmi les prud'hommes ouvriers ou les prud'hommes patrons.

Loi du 7 février 1880, article 4.

Le bureau particulier des conseils de prud'hommes institué par l'article 21 du décret du 11 juin 1809 sera présidé alternativement par un patron et un ouvrier, suivant un roulement établi par le règlement particulier de chaque conseil, sauf dans les cas prévus par l'article 1er de la présente loi.

La présente loi, délibérée et adoptée par le Sénat et par la Chambre des députés, sera exécutée comme loi de l'Etat.

Fait à Paris, le 11 décembre 1884.

Signé : Jules GRÉVY.

Le Garde des Sceaux,

Ministre de la Justice et des Cultes,

Le Ministre du Commerce,   Signé : Martin Feuillée.

Signé : Maurice Rouvier.

CONSEILS DE PRUD'HOMMES

CLASSIFICATION ALPHABÉTIQUE

des Industries soumises à la juridiction des Conseils de Prud'hommes établis à Paris pour le département de la Seine — Décrets des 8 Mars et 10 Juin 1890 — Loi du 1ᵉʳ Juin 1853.

Numéros d'ordre	PROFESSIONS	CONSEILS DES			
		Métaux Industries diverses — Nos des Catégories	Tissus — Nos des Catégories	Produits Chimiques — Nos des Catégories	Bâtiment — Nos des Catégories
	A				
1	**Abat-Jour** (fabricants d')	4	»	»	»
2	**Accordéons,** y compris la boîte (fab. d')	3	»	»	»
3	**Accumulateurs** (fab. d')	3	»	»	»
4	**Acides** végétaux (oxalique, acétique, pyroligneux) (fab. d')	»	»	1	»
5	**Acides** minéraux (sulfurique ou huile de vitriol) (fab. d')	»	»	1	»
6	**Acide** muriatique ou chlorydrique, ou hydrochlorydrique, ou esprit de sel (fab. d')	»	»	1	»
7	**Acide** nitrique ou azotique, ou eau-forte, etc. (fab. d')	»	»	1	»
8	**Acide** sulfureux (fab. d')	»	»	1	»
9	**Acier** (fab. d')	1	»	»	»
10	**Acier** poli (fab. d')	2	»	»	»
11	**Aéromètres** (fab. d')	3	»	»	»
12	**Aérostats** et autres (fab. d')	»	1	»	»
13	**Affiches** peintes ou imprimées (fab. d')	»	»	3	»
14	**Afficheurs** de toute espèce	»	»	3	»
15	**Affineurs** de métaux	2	»	»	»
16	**Agendas** et **albums** (fab. d')	»	»	3	»
17	**Agrafes** en acier, fer et cuivre (fab. d')	2	»	»	»
18	**Agrémanistes** (passementerie)	»	2	»	»
19	**Agréments** en paille (fab. d')	»	4	»	»
20	**Aiguilles** à coudre (pour tricot et métiers)	1	»	»	»
21	**Aiguilles** de montres, de pendules (fab. d')	3	»	»	»
22	**Aimants** (fab. d')	3	»	»	»
23	**Ajusteurs** de balanciers	3	»	»	»
24	**Ajusteurs** de bronze, de ferblanterie et de lampisterie	4	»	»	»
25	**Ajusteurs** pour la canalisation du gaz	»	»	»	1
26	**Ajusteurs** de métaux	1	»	»	»
27	**Ajusteurs** de métiers	»	1	»	»
28	**Ajusteurs** pour plomberie et zingage	»	»	»	2
29	**Ajusteurs** pour la serrurerie, la charpente et les planchers en fer	»	»	»	1
30	**Alambics** en métal (fab. d')	1	»	»	»
31	**Albâtre** (fab. d'objets en)	6	»	»	»
32	**Albumine** pour la clarification des liquides (fab. d')	»	»	1	»

Numéros d'ordre	PROFESSIONS	CONSEILS DES						
		Métaux Industries diverses	Nos des Catégories	*Tissus* Nos des Catégories		*Produits Chimiques*	Nos des Catégories	*Bâtiment* Nos des Catégories
33	**Alcalis** (soude, potasse, baryte, strontiane) (fab. d')............................	»		»		1		»
34	**Alcools** (fab. d')............................	»		»		2		»
35	**Alizarine** (artificielle) (fab. d')............	»		»		1		»
36	**Allume-feux** et produits résineux (fab. d')..	»		»		1		»
37	**Allumettes** chimiques et ordinaires (fab. d')	»		»		1		»
38	**Alphabets** d'acier (fab. d')...............	1		»		»		»
39	**Alumine** (fab. de sulfate d'alumine, sels ammoniacaux)........................	»		»		1		»
40	**Aluminium** (fab. d').......................	»		»		1		»
41	**Aluminium** (fab. d'objets en).............	4		»		»		»
42	**Alun** (fab. d')...........................	»		»		1		»
43	**Amadou** (fab d').........................	»		»		1		»
44	**Amidon** (fécule) (fab. d')..................	»		»		2		»
45	**Ammoniaque** (alcali volatil) (fab. d')......	»		»		1		»
46	**Amorces** (pour la partie métallique) (fab. d')	5		»		»		»
47	**Amorces** (pour poudre fulminante) (fab. d')	»		»		1		»
48	**Ampasteleurs** (teinturiers).................	»		»		1		»
49	**Anatomie** (fab. de pièces d').............	»		»		3		»
50	**Aniline** et couleurs d'aniline (fab. d')......	»		»		1		»
51	**Appareilleurs** de bas d'étoffes..........	»		1		»		»
52	**Appareilleurs** de maillons	»		1		»		»
53	**Appareils** d'arrosage (fab. d')...........	1		»		»		»
54	**Appareils** d'ascenseurs (fab. d').........	1		»		»		»
55	**Appareils** de chauffage en métal (fab. d')..	1		»		»		»
56	**Appareils** pour la distillerie (fab. d')......	1		»		»		»
57	**Appareils** d'éclairage (cuivre, bronze, fer-blanc) (fab. d').....................	4		»		»		»
58	**Appareils** pour eaux gazeuses (fab. d')....	1		»		»		»
59	**Appareils** électriques (fab. d')............	3		»		»		»
60	**Appareils** à gaz (poseurs d')..............	»		»		»		1
61	**Appareils** de graissage (fab. d')...........	1		»		»		»
62	**Appareils** d'hydrothérapie (fab. d')........	1		»		»		»
63	**Appareils** à laver (fab. d')...............	5		»		»		»
64	**Appareils** de perforation (fab. d')........	1		»		»		»
65	**Appareils** de plongeur, de sauvetage, d'incendie (fab. d')	1		»		»		»
66	**Appareils** réfrigérants en métal (fab. d')...	1		»		»		»
67	**Apprêteurs** de chapeaux de feutre........	»		4		»		»
68	**Apprêteurs** et teinturiers pour chapeaux de paille...........................	»		4		»		»
69	**Apprêteurs** d'étoffes, de châles, etc.	»		1		»		»
70	**Apprêteurs** en dentelles et broderies......	»		1		»		»
71	**Apprêteurs** de métaux...................	1		»		»		»
72	**Apprêteurs** pour le décatissage...........	»		1		»		»
73	**Arçons** pour selliers-harnacheurs (fab. d').	»		3		»		»
74	**Ardoises** (fab. d').......................	»		»		»		8
75	**Argenteurs** et doreurs sur verre et produits céramiques.........................	»		»		4		»

Numéros d'ordre	PROFESSIONS	CONSEILS DES			
		Métaux Industries diverses — Nos des Catégories	Tissus — Nos des Catégories	Produits Chimiques — Nos des Catégories	Bâtiment — Nos des Catégories
76	**Armes** (ciseleurs et sculpteurs s. bois pour)	5	))	))	))
77	**Armures** pour le théâtre (fab. d').........	5	))	))	))
78	**Armuriers**	5	))	))	))
79	**Aromates** (fab. d'huile volatile, benjoin, etc)	))	))	1	))
80	**Arquebusiers**	5	))	))	))
81	**Arrimeurs**	))	))	))	4
82	**Arsenic** (fab. d').....................	))	))	1	))
83	**Articles** de bureaux en bois, ivoire, ébène et os (fab. d')	6	))	))	))
84	**Artificiers**...........................	))	))	1	))
85	**Asphalte** (produits bitumeux) (fab. d').....	))	))	1	))
86	**Assiettes** pour doreurs (fab. d')...........	))	))	1	))
87	**Autographie** (entrepreneurs d')...........	))	))	3	))
	B				
88	**Bâches** et tentes imperméables (fab. de)...	))	1	))	))
89	**Badigeonneurs**........................	))	))	))	6
90	**Baignoires** en cuivre (fab. de)	1	))	))	))
91	**Baignoires** en zinc (fab. de)	4	))	))	))
92	**Balais** en bouleau, chiendent, crin (fab. de)	6	))	))	))
93	**Balanciers**............................	3	))	))	))
94	**Balayeuses** mécaniques (fab. de)	1	))	))	))
95	**Baleine** (apprêteurs, coupeurs, refendeurs de)...............................	6	))	))	))
96	**Baleine** (épurateurs de blanc de)..........	))	))	1	))
97	**Baleine** (apprêteurs et fondeurs de fanons de)	))	))	1	))
98	**Balles** et ballons en caoutchouc et autres (fab. de)............................	))	))	1	))
99	**Bambou** et roseau (fab. d'objets en)	6	))	))	))
100	**Bandagistes**, pour le tout................	5	))	))	))
101	**Bardeurs** pour la maçonnerie	))	))	))	5
102	**Baromètres** (fab. de)...................	3	))	))	))
103	**Barques** et bateaux (constructeurs de).....	))	))	))	4
104	**Bas** élastiques (fab. de).................	))	))	1	))
105	**Basanes** (fab. de)......................	))	))	5	))
106	**Bâtiments** (entrepreneurs de)............	))	))	))	5
107	**Batistes** (fab. de).....................	))	1	))	))
108	**Batteurs** de métaux, or, argent, etc.......	2	))	))	))
109	**Baudruche** (apprêteurs de).............	))	))	5	))
110	**Bazin** (fab. de)	))	1	))	))
111	**Béliers** hydrauliques (fab. de)...........	1	))	))	))
112	**Berceaux** de fer (fab. de)	1	))	))	))
113	**Béton** (apprêteurs, broyeurs, cuiseurs et poseurs)...........................	))	))	))	5
114	**Bétons** agglomérés, pierres factices (fab. de)	))	))	))	8
115	**Biberons** (fab. de).....................	))	))	4	))
116	**Bijouterie** fine et fausse (fab. de).........	2	))	))	))

Numéros d'ordre	PROFESSIONS	CONSEILS DES			
		Métaux Industries diverses — Nos des Catégories	*Tissus* — Nos des Catégories	*Produits Chimiques* — Nos des Catégories	*Bâtiment* — Nos des Catégories
117	**Bijouterie** en faïence, porcelaine et verre (fab. de)...............	»	»	4	»
118	**Bijoutiers** et polisseurs en instruments de chirurgie...............	5	»	»	»
119	**Billards** et objets accessoires en bois, ivoire, etc. (fab. de)...........	»	»	»	3 (2ᵉ Sect.)
120	**Bimbeloterie** (fab. d'articles de)...........	6	»	»	»
121	**Biscuits**, façon de Reims et autres (fab. de)	»	»	2	»
122	**Bitume** (fab. de)...............	»	»	1	»
123	**Bitumes** et asphaltes (poseurs de)........	»	»	»	7
124	**Blagues** à tabac (fab. de)............	»	3	»	»
125	**Blagues** à tabac en métal (fab. de)........	2	»	»	»
126	**Blanc** d'argent (fab. de)............	»	»	1	»
127	**Blanc** de céruse (fab. de)............	»	»	1	»
128	**Blanc** d'Espagne (fab. de)............	»	»	1	»
129	**Blanc** de Meudon (fab. de)............	»	»	1	»
130	**Blanc** de zinc (fab. de)............	»	»	1	»
131	**Blanchissage** et repassage de neuf et de linge de ménage............	»	»	1	»
132	**Blanchisseurs** d'étoffes ouvragées........	»	1	»	»
133	**Bleu** de Prusse, d'azur, de cobalt (fab. de)..	»	»	1	»
134	**Blondes** (fab. de)............	»	1	»	»
135	**Blouses** et sarraux (confections de)........	»	2	»	»
136	**Blutoirs** (fab. de)............	»	1	»	»
137	**Bois** à ouvrer (courbeurs, débiteurs, façonneurs, refendeurs)............	»	»	»	4
138	**Bois** de teinture............	»	»	1	»
139	**Boissellerie** métallique (fab. de).........	1	»	»	»
140	**Boissons** rafraîchissantes (fab. de)........	»	»	2	»
141	**Boîtes** à conserves (fab. de)............	4	»	»	»
142	**Boîtes** à musique (fab. de)............	3	»	»	»
143	**Boîtes** de mathématiques (fab. de)........	3	»	»	»
144	**Boîtes** de pendules en métal (fab. de)......	3	»	»	»
145	**Bombeurs** de verre............	»	»	4	»
146	**Bonneterie** (fab. de)............	»	2	»	»
147	**Bonneterie** orientale (fab. de)............	»	2	»	»
148	**Bonnets** grecs (fab. de)............	»	2	»	»
149	**Bonnets** montés (fab. de)............	»	1	»	»
150	**Borax** (acide borique) (fab. de)............	»	»	1	»
151	**Bordeurs** de noir............	»	»	3	»
152	**Bordures** pour chapeaux de paille (fab. de)	»	4	»	»
153	**Bottiers**	»	3	»	»
154	**Bouchage** métallique (fab. de)............	4	»	»	»
155	**Boucheurs** et ajusteurs de flacon à l'émeri.	»	»	4	»
156	**Bouchons** (fab. de)............	6	»	»	»
157	**Bouclerie** en argent, or et faux (fab. de)...	2	»	»	»
158	**Boucles** en fer, acier, etc. (fab. de)........	1	»	»	»
159	**Boueurs** (engrais)............	»	»	1	»

Numéros d'ordre	PROFESSIONS	CONSEILS DES			
		Métaux Industries diverses — Nos des Catégories	Tissus — Nos des Catégories	Produits Chimiques — Nos des Catégories	Bâtiment — Nos des Catégories
160	**Bougies** (cires et autres matières) (fab. de).	»	»	1	»
161	**Boulangers**	»	»	2	»
162	**Boules** d'acier (fab. de)	»	»	1	»
163	**Boules** de bleu (fab. de)	»	»	1	»
164	**Boulons** en fer (fab. de)	1	»	»	»
165	**Bourrelets** (fab. de)	»	»	»	3 (2ᵉ Sect.)
166	**Bourrelets** d'enfants (fab. de)	»	2	»	»
167	**Bourses** et sacs en tissus, broderies, etc...	»	2	»	»
168	**Bouteilles** de grès (fab. de)	»	»	4	»
169	**Bouteilles** de verre (fab. de)	»	»	4	»
170	**Boutonniers**	»	»	1	»
171	**Boutons** en corne, en os et en nacre (fab. de)	»	»	1	»
172	**Boutons** en fer pour portes, etc. (fab. de) ..	»	»	»	1
173	**Boyaudiers**	»	»	5	»
174	**Brai**, sorte de résine, goudron (fab. de)....	»	»	1	»
175	**Brasseurs** de bière, cidre, vin	»	»	2	»
176	**Brassières** (fab. de)	»	2	»	»
177	**Bretelles** et jarretières (fab. de)	»	1	»	»
178	**Brides** de sabots (fab. de)	»	3	»	»
179	**Briqueteurs** fumistes pour fourneaux et cheminées d'usine	»	»	»	2
180	**Briqueteurs** pour la maçonnerie	»	»	»	5
181	**Briquetiers** (fab. de briques, carreaux, poterie, tuyaux, tubes pour le bâtiment et le drainage	»	»	»	8
182	**Briquets** (fab. de)	1	»	»	»
183	**Briquets** chimiques (veilleuses) (fab. de.)..	»	»	1	»
184	**Briquettes** et agglomérés (combustibles) (fab. de)	»	»	1	»
185	**Brocheurs** et assembleurs	»	»	3	»
186	**Brocheurs** pour tissus	»	1	»	»
187	**Broderies** (fab. de)	»	1	»	»
188	**Brodeurs** et brodeuses	»	1	»	»
189	**Brodeurs-galonniers** en soie, laine et coton	»	1	»	»
190	**Bronzes** (fab. de)	4	»	»	»
191	**Brosserie** métallique (fab. de)	1	»	»	»
192	**Brosseries** (fab. de)	6	»	»	»
193	**Broyeurs** de chanvres	»	1	»	»
194	**Broyeurs** de couleurs	»	»	1	»
195	**Brûleries** d'eau-de-vie de vin, de cidre, de betterave, de grain et autres	»	»	2	»
196	**Brûleurs** de café de toutes sortes	»	»	2	»
197	**Brunisseurs**	2	»	»	»
198	**Brunissoirs** en acier et pierres dures (fab. de)	2	»	»	»
199	**Buandiers**, blanchisseurs, lavoirs	»	»	1	»
200	**Bûcherons**	»	»	»	4
201	**Bûcherons**-équarrisseurs	»	»	»	4
202	**Bûches** économiques (fab. de)	»	»	1	»

Numéros d'ordre	PROFESSIONS	Métaux Industries diverses — Nos des Catégories	Tissus — Nos des Catégories	Produits Chimiques — Nos des Catégories	Bâtiment — Nos des Catégories
203	**Buffle** (fab. d'objets en)	6	»	»	»
204	**Buscs** en acier (fab. de)...................	2	»	»	»
	C				
205	**Cabas** en paille, tissus et autres..........	»	4	»	»
206	**Câbles** (fab. de)......................	»	1	»	»
207	**Cachemires** (fab. de)...................	»	1	»	»
208	**Cactus** (fab. d'objets en)..............	6	»	»	»
209	**Cadrans** de montres et pendules (fab. de).	3	»	»	»
210	**Cadres** et moulures (fab. de) (miroitiers) ..	»	»	4	»
211	**Cafetières** en cuivre (fab. de)	4	»	»	»
212	**Cages**, souricières, etc. (fab. de) pour la façon du bois et le montage	»	»	»	3 (2ᵉ Sect.)
213	**Cailloux** (tireurs et casseurs de	»	»	»	8
214	**Caisses** de tambours en bois (fab. de)	3	»	»	»
215	**Calandreurs**...................	»	1	»	»
216	**Calicots** (fab. de)......................	»	1	»	»
217	**Calottes** (fab. de).....................	»	4	»	»
218	**Cambreurs**......................	»	»	5	»
219	**Cambruriers** (fab. de vieilles semelles pour premières).....................	»	3	»	»
220	**Camelots** (fab. de).....................	»	1	»	»
221	**Camphre** (raffineurs de)..... ·.....	»	»	1	»
222	**Candelières** (trameuses)................	»	1	»	»
223	**Canevas** (fab. de)...................	»	1	»	»
224	**Canneleurs** pour l'ébénisterie.	»	»	»	3 (2ᵉ Sect.)
225	**Cannes** (fab. de)...................	6	»	»	»
226	**Cannetilles** pour chapeaux (fab. de).......	»	4	»	»
227	**Canneurs** pour sièges...................	»	»	»	3 (2ᵉ Sect.)
228	**Canonniers**......................	5	»	»	»
229	**Caoutchouc** (fab. de)...................	»	»	1	»
230	**Caoutchouc** (fab. d'objets en).............	»	»	1	»
231	**Capsules** de bouchage en métal (fab. de)..	4	»	»	»
232	**Caractères** à jour (graveurs de)..........	2	»	»	»
233	**Caramels** (fab. de)...................	»	»	2	»
234	**Carbonisation** (distillation des bois)......	»	»	1	»
235	**Carcasses** en laiton pour modes (fab. de)..	4	»	»	»
236	**Carderie** (entrepreneurs de).............	»	1	»	»
237	**Cardeurs** pour matelas..................	»	1	»	»
238	**Carmin** d'indigo, de cochenille (fab. de)...	»	»	1	»
239	**Carreaux** (fab. de)	»	»	»	8
240	**Carreaux** et mosaïque en ciment (fab. de).	»	»	»	8
241	**Carreleurs**...................	»	»	»	5
242	**Carrés** et clefs de montres mécaniques (fab. de)...........................	3	»	»	»

Numéros d'ordre	PROFESSIONS	CONSEILS DES			
		Métaux Industries diverses Nos des Catégories	Tissus Nos des Catégories	Produits Chimiques Nos des Catégories	Bâtiment Nos des Catégories
243	**Carrés** de montres (fab. de).............	3	»	»	»
244	**Carriers**.........................	»	»	»	8
245	**Carrossiers** pour le tout (serrurerie, caisse, sellerie, bourrellerie pour la garniture de la voiture et peinture)..................	1	»	»	»
246	**Cartes** à jouer (fab. de)..................	»	»	3	»
247	**Cartes** en feuilles (fab. de).............	»	»	3	»
248	**Carton** (fab. de)......................	»	»	3	»
249	**Carton-pâte** (fab. de).................	»	»	3	»
250	**Carton** pour toitures (fab. de)...........	»	»	3	»
251	**Cartonnages** (fab. de)..................	»	»	3	»
252	**Cartons-pierre** (fab. de)..................	»	»	»	9
253	**Cartouches** et bourres de chasse en papier (fab. de)......................	5	»	»	»
254	**Cascades** chimiques (fab. de).............	»	»	1	»
255	**Casimir** (fab. de)..................	»	1	»	»
256	**Casques** (fab. de)..................	5	»	»	»
257	**Casquettes** (fab. de)..................	»	4	»	»
258	**Cave** (fab. d'articles de)..................	6	»	»	»
259	**Ceinturonniers**..	»	3	»	»
260	**Celluloïd** (fab. de)..................	»	»	1	»
261	**Celluloïd** (fab. d'objets en).............	»	»	1	»
262	**Cendres** gravelées (la lie du vin, tartrate de potasse).....................	»	»	1	»
263	**Céramistes**..................	»	»	4	»
264	**Céramotypie**..................	»	»	4	»
265	**Cercles** et cerceaux (fab. de).............	6	»	»	»
266	**Chaînes** en fer pour câbles (fab. de).......	1	»	»	»
267	**Chaînes** en fer, cuivre (fab. de)...........	1	»	»	»
268	**Chaînes** en jaseron, or et argent (fab. de)..	2	»	»	»
269	**Chaises** et fauteuils (fab. de).............	»	»	»	3 (2ᵉ Sect.)
270	**Chaises** rustiques et autres objets de jardin, bacs, caisses à fleurs, jardinières (fab. de).	»	»	»	3 (2ᵉ Sect.)
271	**Chaises** (fab. de).....................	»	1	»	»
272	**Châliers** (ouvriers à façon, maîtres gaziers).	»	1	»	»
273	**Chalumeaux** en cuivre pour souder.......	4	»	»	»
274	**Chamoiseurs**..................	»	»	5	»
275	**Chandeliers** (fab. de chandelles).........	»	»	1	»
276	**Chanvre** (filateurs de).................	»	1	»	»
277	**Chapeaux** (fab. d'étuis à).................	»	»	3	»
278	**Chapeaux** en feutre, soie, peluche (fab. de).	»	4	»	»
279	**Chapellerie** (fab. de).............	»	4	»	»
280	**Chapelure** (fab. de).................	»	»	2	»
281	**Charbon** animal, de bois, de terre et composés (fab. de).....................	»	»	1	»
282	**Charcutiers**.....................	»	»	2	»
283	**Charnières** en cuivre et en fer (fab. de)...	1	»	»	»

Numéros d'ordre	PROFESSIONS	CONSEILS DES			
		Métaux Industries diverses — Nos des Catégories	Tissus — Nos des Catégories	Produits Chimiques — Nos des Catégories	Bâtiment — Nos des Catégories
284	**Charpentes** en fer (fab. de)	»	»	»	1
285	**Charpentiers-mécaniciens**	»	»	»	4
286	**Charpentiers** de bateaux	»	»	»	4
287	**Charpentiers** de bâtiments	»	»	»	4
288	**Charrons**	1	»	»	»
289	**Chasse** (fab. d'articles de)	»	1	»	»
290	**Châssis** en bois (fab. de)	»	»	»	3 (2ᵉ Sect.)
291	**Châssis** en fer, tôle, zinc (fab. de)	»	»	»	1
292	**Chasubles** et ornements d'église (fab. de)	»	1	»	»
293	**Chaudronnerie** (fab. de toute espèce de)	1	»	»	»
294	**Chaufourniers**	»	»	»	8
295	**Chaufferettes** (fab. de)	6	»	»	9
296	**Chauffeurs** de machines	1	»	»	»
297	**Chaussetiers**	»	2	»	»
298	**Chaussons** de lisières, tresses, nattes (fab de)	»	3	»	»
299	**Chaux** (fab. de)	»	»	»	8
300	**Cheminées** en marbre, stuc, etc. (fab. de)	»	»	»	9
301	**Chemins** de fer (constructeurs de matériel de)	1	»	»	»
302	**Chemises** (fab. de), chemisiers	»	2	»	»
303	**Chenilles** (fab. de)	»	4	»	»
304	**Chevaux**, voitures mécaniques (fab. de)	1	»	»	»
305	**Cheveux** (fab. d'ouvrages en)	»	1	»	»
306	**Chicorée** (fab. de)	»	»	2	»
307	**Chineurs**	»	1	»	»
308	**Chlorates** de potasse (fab. de	»	»	1	»
309	**Chlorures** de chaux (fab. de)	»	»	1	»
310	**Chocolatiers**	»	»	2	»
311	**Chromates** (fab. de)	»	»	1	»
312	**Chromolithographies**	»	»	3	»
313	**Ciments** (fab. de)	»	»	»	8
314	**Cimentiers**	»	»	»	8
315	**Cinabre** [vermillon] (fab. de)	»	»	1	»
316	**Cirage** (fab. de)	»	»	1	»
317	**Cire** à cacheter (fab. de)	»	»	1	»
318	**Cire** à giberne (fab. de)	»	»	1	»
319	**Cire** jaune, blanche, etc. (fab. de)	»	»	1	»
320	**Cireurs** de taffetas et de toiles	»	»	5	»
321	**Ciseleurs** en cuivre, etc.	4	»	»	»
322	**Ciseleurs** pour armurerie et arquebuserie	5	»	»	»
323	**Clefs** de montres, pendules, etc. (fab. de)	3	»	»	»
324	**Clicheurs** stéréotypeurs	»	»	3	»
325	**Clinquant** (fab. de)	2	»	»	»
326	**Cloches** et timbres (fondeurs de)	1	»	»	»
327	**Clôtures** métalliques (fab. de)	1	»	»	»
328	**Cloutiers** de toute espèce (fab. de)	1	»	»	»
329	**Cobalt** [bleu de] (fab. de)	»	»	1	»

Numéros d'ordre	PROFESSIONS	CONSEILS DES			
		Métaux Industries diverses Nos des Catégories	*Tissus* Nos des Catégories	*Produits Chimiques* Nos des Catégories	*Bâtiment* Nos des Catégories
330	**Coffres** de sûreté en fer (fab. de)..........	1	»	»	»
331	**Coiffes** de chapeau (fab. de)...............	»	4	»	»
332	**Coke** (fab. de).......................	»	»	1	»
333	**Colle** de toute sorte (fab. de)	»	»	1	»
334	**Colleurs** de papiers peints ou de tenture ..	»	»	»	6
335	**Colliers** de chiens (fab. de)...............	»	3	»	»
336	**Colophane** (distillation de la térébenthine) (fab. de)....................	»	»	1	»
337	**Coloration** des bois...................	»	»	1	»
338	**Coloristes** (metteurs en cartes pour tissus)	»	1	»	»
339	**Coloristes** et enlumineurs	»	»	3	»
340	**Cols** et faux-cols (fab. de)...............	»	2	»	»
341	**Combustibles** de toute sorte (fab. de)	»	»	1	»
342	**Comestibles** (march. et fab. de)...........	»	»	2	»
343	**Compas** de toutes sortes (fab. de)..........	3	»	»	»
344	**Compositeurs** typographes	»	»	3	»
345	**Composteurs** (fab. de)..................	1	»	»	»
346	**Compteurs** à gaz (fab. de)..............	3	»	»	»
347	**Comptoirs** en étain (fab. de)	1	»	»	»
348	**Confectionneuses** en paille...............	»	4	»	»
349	**Confections** d'habillements d'hommes (fab. d'art. de).......................	»	5	»	»
350	**Confections** pour dames (fab. d'art. de) ...	»	5	»	»
351	**Confections** pour enfants (fab. d'art. de) ..	»	5	»	»
352	**Confiseurs**	»	»	2	»
353	**Confitures** (fab. de)	»	»	2	»
354	**Conserves** alimentaires (fab. de)..........	»	»	2	»
355	**Constructeurs** de planchers en fer........	»	»	»	1
356	**Constructions** navales en fer (entrepr. de)	1	»	»	»
357	**Contre-poseurs** pour la maçonnerie.......	»	»	»	5
358	**Copies** de musique (entrepreneur de)......	»	»	3	»
359	**Coquillages** (fab. d'articles en)............	6	»	»	»
360	**Corail** (fab. d'articles en)	2	»	»	»
361	**Cordages**, ficelles, etc. (fab. de)..........	»	1	»	»
362	**Cordes** à boyaux (fab. de)	»	»	5	»
363	**Cordes** et cables métalliques (fab. de)	1	»	»	»
364	**Cordiers**....................	»	1	»	»
365	**Cordonniers** et fabricants de chaussures .	»	3	»	»
366	**Corne** (fab. d'objets en).................	»	»	1	»
367	**Cornes** à lanternes, à peignes, etc. (fab. de)	»	»	1	»
368	**Cornes** (applatisseurs et préparateurs de)..	»	»	1	»
369	**Correcteurs** typographes.................	»	»	3	»
370	**Corroyeurs**...................	»	»	5	»
371	**Corroyeurs-Chevriers**.................	»	»	5	»
372	**Corroyeurs** et **Tanneurs**.................	»	»	5	»
373	**Corsets** (fab. de)...................	»	2	»	»
374	**Costumiers**...................	»	5	»	»
375	**Cotons** (filateurs et retordeurs de)........	»	1	»	»
376	**Cotonniers**...................	»	1	»	»

Numéros d'ordre	PROFESSIONS	CONSEILS DES			
		Métaux Industries diverses Nos des Catégories	Tissus Nos des Catégories	Produits Chimiques Nos des Catégories	Bâtiment Nos des Catégories
377	**Couleurs** (fab. de)............................	»	»	1	»
378	**Couperose** [sulfate de fer] (fab. de)........	»	»	1	»
379	**Coupeurs** de peluche........................	»	4	»	»
380	**Couronnes** et ornements funéraires en verre, porcelaine et faïence (fab. de)...........	»	»	4	»
381	**Courroies** pour machines (fab. de)........	»	3	»	»
382	**Couseurs** de coiffes pour chapeaux de soie.	»	4	»	»
383	**Coutellerie** (fab. de)......................	5	»	»	»
384	**Couture**, broderie et piqûre à la mécanique (entr. de)................................	»	2	»	»
385	**Couturières**................................	»	2	»	»
386	**Couverts** et service de table en métal (fab. de)......................................	2	»	»	»
387	**Couvertures** en laines, soie, molleton, coton (fab. de)...............................	»	1	»	»
388	**Couvreurs** en ardoises, tuiles, zinc, etc...	»	»	»	2
389	**Craie** (apprêteurs de)......................	»	»	»	8
390	**Cravaches** et fouets (fab. de).............	»	3	»	»
391	**Cravates** (fab. de)........................	»	2	»	»
392	**Crayons** et ardoises à écrire (fab. de)......	»	»	1	»
393	**Crayons** de toute espèce et de mine de plomb (fab. de)..............................	»	»	1	»
394	**Crémones** (fab. de)........................	»	»	»	1
395	**Crêpes** et tulles (fab. de).................	»	1	»	»
396	**Crépins** en bois (fab. de).................	»	3	»	»
397	**Creusets**, moufles et coupelles de chimie et autres..................................	»	»	4	»
398	**Cribles** en métal et parchemin (fab. de)...	6	»	»	»
399	**Crics** (fab. de)............................	1	»	»	»
400	**Crins** (fab. d'étoffes de)...................	»	1	»	»
401	**Cristaux** et verres (fab. de)...............	»	»	4	»
402	**Cueilleristes** en or, argent, vermeil, maillechort, cuivre et étain....................	2	»	»	»
403	**Cuirs** factices (fab. de)....................	»	»	5	»
404	**Cuirs** à rasoirs et pierres (fab. de)........	»	3	»	»
405	**Cuirs** en relief (repousseurs de)...........	»	»	5	»
406	**Cuirs** et peaux...........................	»	»	5	»
407	**Cuirs** vernis (fab. de).....................	»	»	5	»
408	**Cuisiniers** des restaurants, hôtels, cafés et leurs patrons............................	»	»	2	»
409	**Culottiers** (tailleurs)......................	»	5	»	»
410	**Cuves** et foudres (fab. de).................	6	»	»	»
411	**Cyanures** (fab. de)........................	»	»	1	»
412	**Cylindreurs** lamineurs pour étoffes, chapeaux de paille, etc.....................	»	1	»	»
	D				
413	**Daguerréotypes** (fab. de).................	3	»	»	»

Numéros d'ordre	PROFESSIONS	Métaux Industries diverses N°s des Catégories	Tissus N°s des Catégories	Produits Chimiques N°s des Catégories	Bâtiment N°s des Catégories
414	**Dalles** (fab. de)	»	»	»	5
415	**Damas** (fab. de)	»	1	»	»
416	**Damasquineurs**	5	»	»	»
417	**Damasseurs**	»	1	»	»
418	**Débardeurs**	»	»	»	4
419	**Décatisseurs**, apprêteurs	»	1	»	»
420	**Déchireurs** de bateaux	»	»	»	4
421	**Décorateurs** sur porcelaine, verre, cristaux et faïences	»	»	4	»
422	**Décorations**, ordres (fab. de)	2	»	»	»
423	**Décors** d'ameublement en or, argent, cuivre (fab. de)	2	»	»	»
424	**Décors** sur métaux divers (fab. de)	4	»	»	»
425	**Découpeurs** en or, argent, cuivre	2	»	»	»
426	**Découpeurs** de bois	»	»	»	3 (1e Sec.)
427	**Découpeurs** de bois pour l'ébénisterie	»	»	»	3 (2e Sec.)
428	**Découpeurs** de châles	»	1	»	»
429	**Découpeurs** en marqueterie	»	»	»	3 (2e Sec.)
430	**Découpeurs** en cuivre	4	»	»	»
431	**Découpeurs** en cuivre et fer	1	»	»	»
432	**Découpeurs** en papiers	»	»	3	»
433	**Découpeurs** pour la tabletterie	6	»	»	»
434	**Dégraisseurs**	»	»	1	»
435	**Démolisseurs**	»	»	»	5
436	**Dentelles** (fab. de)	»	1	»	»
437	**Dentelières** en papeterie	»	»	3	»
438	**Dents** et rateliers artificiels (fab. de)	»	»	1	»
439	**Dépolisseurs** de verre	»	»	4	»
440	**Dès** à coudre en métal (fab. de)	4	»	»	»
441	**Désincrustants** et tartrifuges (fab. de)	»	»	1	»
442	**Désinfectants** de toute sorte (fab. de)	»	»	1	»
443	**Dessinateurs** lithographes	»	»	3	»
444	**Dessinateurs** d'architecture	»	»	»	5
445	**Dessinateurs** de costumes	»	5	»	»
446	**Dessinateurs** en ébénisterie, meubles	»	»	»	3 (2e Sec.)
447	**Dessinateurs** en fleurs artificielles, modes, etc., etc.	»	4	»	»
448	**Dessinateurs** en instruments de chirurgie et armurerie	5	»	»	»
449	**Dessinateurs** en papiers peints	»	»	3	»
450	**Dessinateurs** sur porcelaine, verre, cristaux et faïence	»	»	4	»
451	**Dessinateurs** en serrurerie	»	»	»	1
452	**Dessinateurs** en mécanique et carosserie	1	»	»	»

Numéros d'ordre	PROFESSIONS	CONSEILS DES			
		Métaux Industries diverses / Nos des Catégories	*Tissus* / Nos des Catégories	*Produits Chimiques* / Nos des Catégories	*Bâtiment* / Nos des Catégories
153	**Dessinateurs** pour broderies, dentelles, châles et tissus	»	1	»	»
154	**Dessinateurs** pour bronze et lampisterie	4	»	»	»
155	**Dessinateurs** pour horlogerie, optique, instruments de précision et de musique	3	»	»	»
156	**Dessinateurs** pour orfèvres, joailliers, bijoutiers	2	»	»	»
157	**Dessuintage** de laines	»	»	1	»
158	**Détacheurs**	»	»	1	»
159	**Devantures** et fermetures de boutiques (fab. de)	»	»	»	1
160	**Dévideurs** de soie, cachemire, laine et coton	»	1	»	»
161	**Distillateurs**	»	»	2	»
162	**Doreurs**	»	»	»	3 (2° Sec.)
163	**Doreurs** sur cuivre, tôle, zinc, fer-blanc	4	»	»	»
164	**Doreurs** sur bois pour le bâtiment	»	»	»	6
165	**Doreurs** et argenteurs sur métaux	2	»	»	»
166	**Doreurs** et argenteurs sur cuir	»	»	5	»
167	**Doublé** en or et en argent (fab. de)	2	»	»	»
168	**Dragées** (fab. de)	»	»	2	»
169	**Draguage** (entrepreneurs de)	»	»	»	8
170	**Drainage** (entrepreneurs de)	»	»	»	7
171	**Drapeaux** et Bannières (fab. de)	»	1	»	»
172	**Draperie** (fab. de)	»	1	»	»
173	**Droguistes**	»	»	1	»
174	**Dynamomètres** (fab de)	3	»	»	»
	E				
175	**Eaux** dentifrices (fab. de)	»	»	1	»
176	**Eau** de javelle (fab. de)	»	»	1	»
177	**Eaux-de-Vie**, rhum, etc. (distillateurs d')	»	»	2	»
178	**Eau de Seltz** et eaux gazeuses (fab. d')	»	»	1	»
179	**Eaux** filtrées	»	»	1	»
180	**Eaux** minérales artificielles (fab. d')	»	»	1	»
181	**Ebénistes**	»	»	»	3 (2° Sec.)
182	**Ecaille** (fab. d'objets en)	»	»	1	»
183	**Ecaille** (fondeurs d')	»	»	1	»
184	**Ecangueurs**	»	1	»	»
185	**Echafaudeurs**	»	»	»	4
186	**Echappements** d'horlogerie (fab. d')	3	»	»	»
187	**Echelles** (fab. d')	»	»	»	3 (1° Sec.)
188	**Echelles** de corde (fab. d')	»	1	»	»
189	**Eclairage** (gaz et autres) (entrepreneurs d')	»	»	1	»
190	**Ecorce** à tan	»	»	5	»

Numéros d'ordre	PROFESSIONS	CONSEILS DES			
		Métaux Industries diverses Nos des Catégories	Tissus Nos des Catégories	Produits Chimiques Nos des Catégories	Bâtiment Nos des Catégories
491	**Ecorcheurs-équarisseurs** (engrais artificiels)	»	»	1	»
492	**Ecrans** en tissus (fab. d')	»	2	»	»
493	**Ecrans** en métal (fab. d')	1	»	»	»
494	**Ecrivains** lithographes	»	»	3	»
495	**Effilocheurs** de chiffons	»	»	1	»
496	**Effilocheurs** de laine et coton	»	1	»	»
497	**Ejarreurs** pour la chapellerie	»	4	»	»
498	**Elastiques** (fab. d')	»	»	1	»
499	**Elastiques** en laiton pour meubles (fab. d')	4	»	»	»
500	**Emailleurs** pour meubles, pendules, etc...	2	»	»	»
501	**Emailleurs** de photographie	»	»	3	»
502	**Emailleurs** sur métaux	2	»	»	»
503	**Emballeurs** pour la chapellerie	»	4	»	»
504	**Empailleurs** et rempailleurs	»	»	»	3 (2e Sec
505	**Encadreurs**	»	»	»	3 (2e Sec
506	**Enclumes** (fab. d')	1	»	»	»
507	**Encre** de toute sorte (fab. d')	»	»	1	»
508	**Encre** d'imprimerie (fab. d')	»	»	1	»
509	**Encriers** de toute sorte (fab. d')	»	»	4	»
510	**Enduiseurs** maçons	»	»	»	5
511	**Enduiseurs** peintres	»	»	»	6
512	**Enduits** hydrofuges	»	»	1	»
513	**Engrais** de toute sorte (fab. d')	»	»	1	»
514	**Enseignes** en toiles et autres (fab. d')	»	»	»	6
515	**Enveloppes** (fab. d')	»	»	3	»
516	**Enveloppes** en pailles (fab. d')	6	»	»	»
517	**Eperonniers**	1	»	»	»
518	**Epingliers**	1	»	»	»
519	**Equarisseurs**, écorcheurs	»	»	1	»
520	**Equipements** militaires (fab. d')	»	3	»	»
521	**Escaliers** (ouvriers en)	»	»	»	4
522	**Escot** (fab. d')	»	1	»	»
523	**Escrime** (fab. d'articles pour l')	»	3	»	»
524	**Espagnolettes** (fab. d')	»	»	»	1
525	**Essayeurs** de métaux	2	»	»	»
526	**Essences** et aromates (distillateurs d')	»	»	1	»
527	**Essieux** (fab. d')	1	»	»	»
528	**Estampeurs** en or, argent, plaqué	2	»	»	»
529	**Estampeurs** sur cuir, acier et feutre	»	»	5	»
530	**Estampeurs** en cuivre, tôle, zinc	4	»	»	»
531	**Estampeurs** en papiers	»	»	3	»
532	**Etain** à étamer (fab. de feuilles d')	1	»	»	»
533	**Etain** pour glaces et miroiterie (fab. d')	»	»	4	»
534	**Etameurs** (métal)	1	»	»	»
535	**Etameurs** (polisseur de glaces et miroiterie)	»	»	4	»
536	**Etamine** (fab. d')	1	»	»	»

Numéros d'ordre	PROFESSIONS	CONSEILS DES			
		Métaux Industries diverses — Nos des Catégories	Tissus — Nos des Catégories	Produits Chimiques — Nos des Catégories	Bâtiment — Nos des Catégories
537	**Etaux** fab. d')......................	1	»	»	»
538	**Ether** (fab. d')...................	»	»	1	»
539	**Etiquettes** (fab. d')...............	»	»	3	»
540	**Etireurs** d'or, argent, etc........	2	»	»	»
541	**Etireurs** de métaux	1	»	»	»
542	**Etoffes** apprêtées pour fleurs (fab. d')......	»	4	»	»
543	**Etriers** (fab. d')...................	1	»	»	»
544	**Etrilles** en fer et tôle (fab. d')	1	»	»	»
545	**Eventails** (fab. d')...................	6	»	»	»
	F				
546	**Façonneurs** d'objets en bois et matières animales dures	6	»	»	»
547	**Farines** de toute sorte	»	»	2	»
548	**Faïence** de toute sorte (terre et grès (fab. de)	»	»	4	»
549	**Fécules** (fab. de).....................	»	»	2	»
550	**Fer**.............................	1	»	»	»
551	**Fer** battu ou étamé (fab. d'utensiles en)....	4	»	»	»
552	**Fer-blanc** (fab. de)...................	4	»	»	»
553	**Ferblanterie** (fab. de).................	4	»	»	»
554	**Ferrures** pour pianos et meubles (fab. de).	»	»	»	»
555	**Ferreurs** pour la serrurerie, la charpente et les planchers en fer.................	»	»	»	1
556	**Fers** galvanisés	1	»	»	»
557	**Feutre** (fab. de) ...	»	4	»	»
558	**Ficheurs** pour la maçonnerie	»	»	»	5
559	**Figuristes** en plâtre.................	»	»	»	9
560	**Filasse** (fab. de)....................	»	1	»	»
561	**Filateurs** en toutes matières	»	1	»	»
562	**Filets** (fab. de)	»	2	»	»
563	**Filières** et tarauds (fab. de)...........	1	»	»	»
564	**Filigranistes**.......................	2	»	»	»
565	**Filoselle** (fab. de)...................	»	1	»	»
566	**Fils** de fer et d'acier (fab. de)...........	1	»	»	»
567	**Flanelle** (fab. de)...................	»	1	»	»
568	**Fleuret** (tissus) (fab. de).............	»	1	»	»
569	**Fleuristes** fleurs artificielles et feuillagistes)	»	4	»	»
570	**Folioteurs** en papeterie................	»	»	3	»
571	**Fonceurs** en papier peint..............	»	»	3	»
572	**Fondeurs** de bronze, cuivre et zinc d'art....	4	»	»	»
573	**Fondeurs** de caractères d'imprimerie......	»	»	3	»
574	**Fondeurs** de roues et pignons............	3	»	»	»
575	**Fondeurs** en fer......................	1	»	»	»
576	**Fondeurs** en or, argent, platine....	2	»	»	»
577	**Fondeurs** pour plomberie et zingage	»	»	»	2
578	**Fontainiers**........................	»	»	»	9
579	**Fonte**.............................	1	»	»	»
580	**Forgerons**	1	»	»	»

Numéros d'ordre	PROFESSIONS	CONSEILS DES			
		Métaux Industries diverses — Nos des Catégories	Tissus — Nos des Catégories	Produits Chimiques — Nos des Catégories	Bâtiment — Nos des Catégories
581	**Forgerons** pour la serrurerie, la charpente et les planchers en fer	»	»	»	1
582	**Forges** portatives en fer (fab. de)	1	»	»	»
583	**Formiers** pour chapellerie	»	4	»	»
584	**Fouleries** d'étoffes, bas et autres objets	»	1	»	»
585	**Fourbisseurs**	5	»	»	»
586	**Fourneaux** en métal (constructeurs de)	1	»	»	»
587	**Fourniers** (constructeurs de fours)	»	»	»	5
588	**Fourreaux** d'acier et tôle (fab. de)	5	»	»	»
589	**Fourreurs-pelletiers**	»	4	»	»
590	**Franges** (fab. de)	»	2	»	»
591	**Frappeurs** pour la serrurerie, la charpente et les planchers en fer	»	»	»	1
592	**Friseurs** de drap et de laine	»	1	»	»
593	**Fromages** (fab. de)	»	»	2	»
594	**Frotteurs** (mises en couleur)	»	»	»	6
595	**Fumistes**	»	»	»	2
596	**Futailles** (marchands et réparateurs de)	6	»	»	»
597	**Futaine** (fab. de)	»	1	»	»

G

Numéros d'ordre	PROFESSIONS	Métaux Industries diverses	Tissus	Produits Chimiques	Bâtiment
598	**Gaîniers**	2	»	»	»
599	**Galoches** cuir et bois (fab. de)	»	3	»	»
600	**Galvanoplastie**	3	»	»	»
601	**Galvanotypie**	3	»	»	»
602	**Gantiers**	»	3	»	»
603	**Garance** (fab. de)	»	»	1	»
604	**Garde-robes**, sièges et appareils inodores	1	»	»	»
605	**Gargouilleurs**	»	»	»	»
606	**Garnisseurs** en or, argent et cuivre	2	»	»	»
607	**Garnisseurs** pour chapeaux	»	4	»	»
608	**Gaufreurs** sur étoffes	»	1	»	»
609	**Gaufreurs** et frappeurs de papiers peints	»	»	3	»
610	**Gaufreurs** de papiers	»	»	3	»
611	**Gaz** (usines à)	»	»	1	»
612	**Gaze** barège, grenadine (fab. de tissus de)	»	1	»	»
613	**Gazogènes** (fab. de)	1	»	»	»
614	**Gélatine** (fab de)	»	»	1	»
615	**Gélatine** alimentaire (fab. de)	»	»	2	»
616	**Giletiers**	»	5	»	»
617	**Glace** à refraîchir (fab. de)	»	»	2	»
618	**Glaces** (fab. de)	»	»	4	»
619	**Glaceurs** de papiers	»	»	3	»
620	**Glaciers-confiseurs**	»	»	2	»
621	**Glaisiers** et extracteurs de terres à brique	»	»	»	»
622	**Glands** (fab. de)	»	2	»	»
623	**Globes** (bombeurs de verres) (fab. de)	»	»	4	»
624	**Gommes** élastiques et de toute sorte (fab. de)	»	»	1	»

Numéros d'ordre	PROFESSIONS	CONSEILS DES			
		Métaux Industries diverses Nos des Catégories	Tissus Nos des Catégories	Produits Chimiques Nos des Catégories	Bâtiment Nos des Catégories
625	**Gommeurs** d'étoffes	»	»	5	»
626	**Goudron** (fab. de)	»	»	1	»
627	**Grainetiers**	»	»	2	»
628	**Graisse** (fab. de)	»	»	1	»
629	**Granit** (piqueurs, tailleurs et poseurs de)	»	»	»	7
630	**Gravatiers**	»	»	»	7
631	**Graveurs** de cadrans et aiguilles	3	»	»	»
632	**Graveurs** de matrices et gaufroirs	2	»	»	»
633	**Graveurs** de musique	»	»	3	»
634	**Graveurs** de toute nature, sur métaux et pierres fines	2	»	»	»
635	**Graveurs** en lettres	2	»	»	»
636	**Graveurs** en taille douce	»	»	3	»
637	**Graveurs** panicographes pour impressions	»	»	3	»
638	**Graveurs** pour broderies et armoiries sur tissus	»	1	»	»
639	**Graveurs** sur bois (ébénisterie, marqueterie)	»	»	»	3 (2e Sect.)
640	**Graveurs** sur bois et sur tous métaux pour papiers peints	»	»	3	»
641	**Graveurs** sur marbre et pierre	»	»	»	9
642	**Graveurs** sur porcelaine, verre, cristaux et produits céramiques	»	»	4	»
643	**Graveurs** sur toutes matière pour impression	»	»	3	»
644	**Grès** pour les scieurs de pierre (apprêteurs de)	»	»	»	5
645	**Grès** vernis ou non vernis (fab. de)	»	»	4	»
646	**Grillageurs** (cuivre, fer, zinc)	1	»	»	»
647	**Grillageurs** pour bâtiments	»	»	»	1
648	**Guêtriers** en drap, toiles et autres tissus	»	5	»	»
649	**Guillocheurs**	2	»	»	»
650	**Guillocheurs** sur cuivre	4	»	»	»
651	**Guimperie** (fab. de) guimpiers	»	2	»	»
652	**Gutta-percha** (fab. d'objets en)	»	»	1	»

H

Numéros d'ordre	PROFESSIONS	CONSEILS DES			
653	**Héliographie**	»	»	3	»
654	**Herboristes**	»	»	1	»
655	**Hongroyeurs**	»	»	5	»
656	**Horlogerie** de toute nature (fab. de)	3	»	»	»
657	**Huile** de toute espèce (fab. d')	»	»	1	»
658	**Huiles** minérales (fab. de)	»	»	1	»

I

Numéros d'ordre	PROFESSIONS	CONSEILS DES			
659	**Imagerie**	»	»	3	»

Numéros d'ordre	PROFESSIONS	Métaux Industries diverses — Nos des Catégories	Tissus — Nos des Catégories	Produits Chimiques — Nos des Catégories	Bâtiment — Nos des Catégories
660	**Implanteurs** sur tissus (perruquiers-coiffeurs)	»	1	»	»
661	**Imprimeurs** en papiers peints	»	»	3	»
662	**Imprimeurs** en taille-douce et musique	»	»	3	»
663	**Imprimeurs** sur étoffes et tissus	»	1	»	»
664	**Imprimeurs** lithographes	»	»	3	»
665	**Imprimeurs** typographes	»	»	3	»
666	**Incrusteurs** d'or, argent, cuivre	2	»	»	»
667	**Incrusteurs** sur bois	»	»	»	3 (2ᵉ Sect.)
668	**Incrusteurs** sur pierre, marbre, etc.	»	»	»	9
669	**Indiennes** (fab. d')	»	1	»	»
670	**Indigo** (fab. de) (carmin d')	»	»	1	»
671	**Insecticides** (fab. de poudre et produits)	»	»	1	»
672	**Instruments** acoustiques (fab. d')	3	»	»	»
673	**Instruments** aratoires (fab. d')	1	»	»	»
674	**Instruments** de chirurgie (fab. d')	5	»	»	»
675	**Instruments** de musique à corde et à vent (fab. d')	3	»	»	»
676	**Instruments** d'optique (fab. d')	3	»	»	»
677	**Instruments** de précision (fab. d')	3	»	»	»
678	**Instruments** pour les sciences, en toute matière (fab. d')	3	»	»	»
679	**Ivoire** (fab. d'objets en)	6	»	»	»

J

Numéros d'ordre	PROFESSIONS	Métaux Industries diverses — Nos des Catégories	Tissus — Nos des Catégories	Produits Chimiques — Nos des Catégories	Bâtiment — Nos des Catégories
680	**Jalousies** et stores en rotins et joncs d'Espagne (fab. de)	»	»	»	3 (1ʳᵉ Sec.)
681	**Jaune** de chrome (fab. de)	»	»	1	»
682	**Jeux** en bois, os, ivoire, etc. (fab. de)	6	»	»	»
683	**Joaillerie** fine et fausse (fab. de)	2	»	»	»
684	**Joncs** (apprêteurs et fendeurs de)	6	»	»	»
685	**Jouets** d'enfants (fab. de)	6	»	»	»
686	**Jute** (fab. d'objets en)	»	4	»	»

L

Numéros d'ordre	PROFESSIONS	Métaux Industries diverses — Nos des Catégories	Tissus — Nos des Catégories	Produits Chimiques — Nos des Catégories	Bâtiment — Nos des Catégories
687	**Lacets** cordons, tresses, ganses (fab. de)	»	2	»	»
688	**Lacets** (ferreurs de)	2	»	»	»
689	**Laceuses** de cartons qui font les filets, lacs	»	2	»	»
690	**Laines** de toutes sortes (filateurs de)	»	1	»	»
691	**Laineurs**	»	1	»	»
692	**Laitiers** (march. de lait)	»	»	2	»
693	**Lames** de sabre et épées (fab. de)	5	»	»	»
694	**Lamiers-rotiers** (tissus)	»	1	»	»
695	**Lamineurs** de métaux	1	»	»	»
696	**Lampisterie** (fab. de)	4	»	»	»

	PROFESSIONS	CONSEILS DES			
		Métaux Industries diverses — Nos des Catégories	Tissus — Nos des Catégories	Produits Chimiques — Nos des Catégories	Bâtiment — Nos des Catégories
97	**Lanceurs**	»	1	»	»
98	**Laneurs** (ceux qui frisent les étoffes)	»	1	»	»
99	**Lanternes** de voitures (fab. de)	4	»	»	»
00	**Lapidaires**	2	»	»	»
01	**Laques** diverses (matières colorantes) (f. d.)	»	»	1	»
02	**Laudanum** (fab. de)	»	»	1	»
03	**Laveurs** de cendres	»	»	1	»
04	**Laveurs** et trieurs de chiffons	»	»	3	»
05	**Layetiers-emballeurs**	6	»	»	»
06	**Lettres** et chiffres en relief en métal (fab. de)	4	»	»	»
07	**Liège** (fab. d'objets de)	6	»	»	»
08	**Limes** (tailleurs de)	1	»	»	»
09	**Limes** en acier fondu et ordinaire (fab. de)	1	»	»	»
10	**Limeurs**	1	»	»	»
11	**Lin** (filateurs de)	»	1	»	»
12	**Lingerie** (fab. de)	»	2	»	»
113	**Lingers, lingères**	»	2	»	»
114	**Linographie**	»	»	3	»
715	**Linoléum** (fab. de)	»	»	5	»
716	**Linons** (fab. de)	»	1	»	»
717	**Liqueurs** de toute sorte (fab. de)	»	»	2	»
718	**Liseurs** et **liseuses** de dessins pour fabrication d'étoffes	»	1	»	»
719	**Lisseurs-brunisseurs** tissus	»	1	»	»
720	**Lisseurs** de papiers peints	»	»	3	»
721	**Literie** (fab. d'articles de)	»	1	»	»
722	**Litharge** (oxyde de plomb) pour la peinture (fab. de)	»	»	1	»
723	**Lithopeinture**	»	»	3	»
724	**Lits** et fauteuils mécaniques (fab. de)	1	»	»	»
725	**Lits** et meubles en fer plein et creux (fab. de)	1	»	»	»
726	**Livrets** de batteurs d'or (fab. de)	»	»	3	»
727	**Lorgnettes** de spectacles (fab. de)	3	»	»	»
728	**Lunetiers** en tous métaux	3	»	»	»
729	**Lustres** (fab. de)	4	»	»	»
730	**Lustreurs** d'étoffes	»	1	»	»
731	**Lustreurs** de soie en écheveaux	»	1	»	»
732	**Luthiers**	3	»	»	»

M

	PROFESSIONS	CONSEILS DES			
733	**Machines** à coudre (fab. de)	3	»	»	»
734	**Machines** de toute sorte (constructeurs de)	1	»	»	»
735	**Machinistes** pour toute industrie	1	»	»	»
736	**Maçonnerie** (entrepreneurs de)	»	»	»	5
737	**Maçons** et garçons maçons	»	»	»	5
738	**Maillechort** (fab. d'objets en)	2	»	»	»
739	**Maillons** (garnisseurs de)	»	1	»	»
740	**Malletiers-coffretiers**	6	»	»	»

Numéros d'ordre	PROFESSIONS	CONSEILS DES			
		Métaux Industries diverses — Nos des Catégories	Tissus — Nos des Catégories	Produits Chimiques — Nos des Catégories	Bâtiment — Nos des Catégories
741	**Malletiers** en cuir	»	3	»	»
742	**Mannequins** (fab. de)	»	5	»	»
743	**Maquettes** pour peintres (fab. de)	»	5	»	»
744	**Marbre** factice (fab. de)	»	»	»	9
745	**Marbreurs** en papiers	»	»	3	»
746	**Marbriers**	»	»	»	9
747	**Maréchaux-ferrants**	1	»	»	»
748	**Margarine** (fab. de)	»	»	2	»
749	**Maroquins** (fab. de)	»	»	5	»
750	**Maroquinerie** (fab. d'objets en)	»	3	»	»
751	**Marqueterie**	»	»	»	3 (2e Sec.)
752	**Marqueteurs**	»	»	»	3 (2e Sec.)
753	**Masques** (fab. de)	»	»	3	»
754	**Mastics** de toutes sortes (fab. de)	»	»	1	»
755	**Matelassiers**	»	1	»	»
756	**Matières** animales (engrais, équarrissage, noir d'os, noir animalisé)	»	»	1	»
757	**Mécaniciens**	1	»	»	»
758	**Mèches** et veilleuses (fab. de)	»	1	»	»
759	**Mégissiers**	»	»	5	»
760	**Menuisiers-antiquaires**	»	1	»	3 (2e Sec.)
761	**Menuisiers-machinistes**	»	»	»	3 (1re Sec.)
762	**Menuisiers-mécaniciens**	»	»	»	3 (1re Sec.)
763	**Menuisiers** en meubles	»	»	»	3 (2e Sec.)
764	**Menuisiers-modeleurs**	»	»	»	3 (1re Sec.)
765	**Menuisiers-outilleurs**	»	»	»	4 (1re Sec.)
766	**Menuisiers** en bâtiments	»	»	»	3 (1re Sec.)
767	**Menuisiers** en sièges, fauteuils, chaises, etc.	»	»	»	3 (2e Sec.)
768	**Menuisiers** pour articles de ménage	»	»	»	3 (2e Sec.)
769	**Merceries** (fab. de)	»	2	»	»
770	**Mercure** (sels de mercure, chlorure, etc. (fab. de)	»	»	1	»
771	**Mérinos** (fab. de)	»	1	»	»
772	**Mesures** linéaires (fab. de)	3	»	»	»
773	**Métiers** pour le tissage et pièces accessoires.	1	»	»	»
774	**Metteurs** au point	»	»	»	9
775	**Metteurs** en bronze	4	»	»	»
776	**Metteurs** en œuvres pour les métaux	2	»	»	»

Numéros d'ordre	PROFESSIONS	CONSEILS DES			
		Métaux Industries diverses — Nos des Catégories	Tissus — Nos des Catégories	Produits Chimiques — Nos des Catégories	Bâtiment — Nos des Catégories
777	**Metteurs** en œuvre (tissus)...............	»	1	»	»
778	**Metteuses** en mains	»	1	»	»
779	**Meules** à aiguiser (fab. de)...............	»	»	»	9
780	**Meules** à moulins (fab. de)...............	»	»	»	9
781	**Meulières** et moellons (piqueurs équaris- seurs, emmétreurs de).....................	»	»	»	5
782	**Meuniers** et minotiers...................	»	»	2	»
783	**Miel**.............'.................	»	»	1	»
784	**Minium** (oxyde de plomb pour la peinture) (fab. de)...............................	»	»	1	»
785	**Miroitiers**..................	»	»	4	»
786	**Modeleurs** en instruments de chirurgie et d'armurerie..........................	5	»	»	»
787	**Modeleurs** en machines et carrosserie.....	1	»	»	»
788	**Modeleurs** en serrurerie..................	»	»	»	1
789	**Modeleurs** pour bronze et lampisterie......	4	»	»	»
790	**Modeleurs** pour fonderies	1	»	»	»
791	**Modeleurs** pour horlogerie, optique, instru- ments de précision et de musique........	3	»	»	»
792	**Modeleurs** pour orfèv., joaillerie, bijouterie.	2	»	»	»
793	**Modeleurs** sur bois......................	»	»	»	3 (2ᵉ Sec.)
794	**Modeleurs** sur plâtre....................	»	»	»	9
795	**Modeleurs** en porcelaine, verre et produits céramiques...........................	»	»	4	»
796	**Modistes** (fabricantes de modes)..........	»	4	»	»
797	**Moireurs** d'étoffes.....................	»	1	»	»
798	**Molettes** en acier pour tourneurs en cuivre (fab. de)...'...................	4	»	»	»
799	**Molettes** en acier pour tourneurs en or et argent (fab. de)......................	2	»	»	»
800	**Monteurs** de boîtes (horlogerie).........	3	»	»	»
801	**Monteurs** de chaînes (tissus)............	»	1	»	»
802	**Monteurs** de couteaux....................	5	»	»	»
803	**Monteurs** de métiers pour le tissage.......	»	1	»	»
804	**Monteurs** mécaniciens pour plomberie et zingage...........................	»	»	»	2
805	**Monteurs** pour fonderies, bronze et cuivre.	4	»	»	»
806	**Monteurs** pour la canalisation du gaz	»	»	»	1
807	**Montres** et étalages en métal (fab. de)....	»	»	»	1
808	**Monuments** funèbres (entrepreneurs de)...	»	»	»	9
809	**Moquettes** (fab. de).....................	»	1	»	»
810	**Mosaïques** en ciment et autres (fab. de)...	»	»	»	8
811	**Mosaïstes**..	»	»	»	8
812	**Moteurs** à gaz (fab. de)..................	1	»	»	»
813	**Mottes** à brûler (fab. de)................	»	»	5	»
814	**Moules** en bois pour boutons, passemente- rie (fab. de)...........................	»	»	»	3 (2ᵉ Sec.)

Numéros d'ordre	PROFESSIONS	CONSEILS DES			
		Métaux Industries diverses — Nos des Catégories	Tissus — Nos des Catégories	Produits Chimiques — Nos des Catégories	Bâtiment — Nos des Catégories
815	**Moules** en fer, cuivre, etc. (fab. de)	1	»	»	»
816	**Mouleurs**	5	»	»	»
817	**Mouleurs** en carton	»	»	3	»
818	**Mouleurs** en cire	»	»	1	»
819	**Mouleurs** en plâtre pour bijouterie, etc.	2	»	»	»
820	**Mouleurs** en plâtre pour le bâtiment	»	»	»	8
821	**Mouleurs** pour fonderies	2	»	»	»
822	**Mouleurs** sur cuir, acier et feutre	»	»	5	»
823	**Mouliniers** en soie	»	1	»	»
824	**Moulins** à café (fab. de)	1	»	»	»
825	**Moulures**, cadres et bordures pour le bâtiment (fab. de)	»	»	»	3 (1re Sec.)
826	**Mousseline** (fab. de)	»	1	»	»
827	**Moutarde** (fab. de)	»	»	2	»
828	**Moutons** (peaux de) (fab. de)	»	»	5	»
829	**Mouvements** de pendule (fab. de)	3	»	»	»
830	**Musquiniers** (qui fabriquent les toiles fines avec du lin)	»	1	»	»

N

Numéros d'ordre	PROFESSIONS	Métaux Industries diverses	Tissus	Produits Chimiques	Bâtiment
831	**Nacre** (fab. d'objets en)	2	»	»	»
832	**Nankin** (fab. de)	»	1	»	»
833	**Nattiers** de toutes sortes	»	4	»	»
834	**Naturalistes** (empailleurs d'animaux pour les sciences)	»	»	1	»
835	**Nécessaires** en vermeil, or et argent (f. de)	2	»	»	»
836	**Nécessaires** et petits meubles (fab. de)	»	»	»	3 (2e Sec.)
837	**Nettoyeurs** de devanture de boutiques	»	»	»	6
838	**Nickel** (fab. d'objets en)	2	»	»	»
839	**Nickeleurs**	2	»	»	»
840	**Nitre** (nitrate de potasse, salpêtre) (fab. de)	»	»	1	»
841	**Noir** animal (fab. de)	»	»	1	»
842	**Noir** de fumée, d'ivoire et autres (fab. de)	»	»	1	»
843	**Nouveautés** (fab. de confection de)	»	1	»	»
844	**Nouveautés** soieries (fab. de hautes)	»	1	»	»

O

Numéros d'ordre	PROFESSIONS	Métaux Industries diverses	Tissus	Produits Chimiques	Bâtiment
845	**Ocres** diverses pour la teinture (fab. de)	»	»	1	»
846	**Œillets** métalliques (fab. d')	1	»	»	»
847	**Oignons** brûlés, colorants (fab. de)	»	»	1	»
848	**Oléine** pour la fabrication des savons (f. de)	»	»	1	»
849	**Opticiens**	3	»	»	»
850	**Orfèvres**	2	»	»	»
851	**Orgues** (et de buffets d'orgues) (fab. d')	3	»	»	»
852	**Ornemanistes**	»	»	»	9

Numéros d'ordre	PROFESSIONS	CONSEILS DES			
		Métaux Industries diverses — Nos des Catégories	Tissus — Nos des Catégories	Produits Chimiques — Nos des Catégories	Bâtiment — Nos des Catégories
353	**Orthopédistes**....................................	5	»	»	»
354	**Os** (fab. d'objets en)............................	6	»	»	»
355	**Os** (débiteurs et scieurs d')..................	6	»	»	»
356	**Os** et fondeurs de suif (casseurs d')..........	»	»	1	»
357	**Osier** pour la tonnellerie (préparateurs d')	»	»	2	»
358	**Ouates** (fab. de)................................	»	1	»	»
359	**Ourdisseuses**....................................	»	1	»	»
360	**Outils** en fer et en acier (fab. d')...........	1	»	»	»
361	**Outils** et manches en bois (fab. d')........	»	»	»	3 (2e Sec.)
362	**Outremer** minéral (fab. d')................	»	»	1	»
	P				
363	**Paillassons** (fab. de)...........................	»	4	»	»
364	**Paille** (apprêteurs et fendeurs de)..........	6	»	»	»
365	**Paille** (fab. de chapeaux de).................	»	4	»	»
366	**Paille** teinte, blanche (fab. de).............	»	4	»	»
367	**Paillettes** et paillons or, argent, cuivre (fab. de)................................	2	»	»	»
368	**Pains** à cacheter (fab. de)....................	»	»	2	»
369	**Pains** d'autel (fab. de)........................	»	»	2	»
370	**Pains** d'épices (fab. de).......................	»	»	2	»
371	**Pantoufles** (fab. de)...........................	»	3	»	»
372	**Papiers** (fab. de)..............................	»	»	3	»
373	**Papiers** à cartons pour peindre, toiles et taffetas à peindre (fab. de).................	»	»	1	»
374	**Papiers** à cigarettes (fab. de)...............	»	»	3	»
375	**Papiers** de fantaisie (fab. de)...............	»	»	3	»
376	**Papiers** de verre et d'émeri (fab. de)......	»	»	4	»
377	**Papiers** goudronnés et vernis pour l'emballage et autres (fab. de)...............	»	»	5	»
378	**Papiers** peints (fab. de)......................	»	»	3	»
379	**Papiers** pour décalcage (fab. de)..........	»	»	3	»
380	**Papiers** et taffetas préparés pour usages médicinaux (fab. de).....................	»	»	1	»
381	**Parapluies** et ombrelles (fab. de manches et monteurs de).............................	6	»	»	»
382	**Parapluies** et ombrelles (garnisseurs de)..	»	2	»	»
383	**Parcheminiers**.................................	»	»	5	»
384	**Parfumeurs**....................................	»	»	1	»
385	**Parqueteurs**....................................	»	»	»	3 (1re Sec.)
386	**Parqueteurs** sur bitume.....................	»	»	»	3 (1re Sec.)
387	**Parquets** (fab. et poseurs de).............	»	»	»	3 (1re Sec.)
388	**Passementerie** de tout genre (or, argent, soie, fil et coton) (fab. de)...............	»	2	»	»

Numéros d'ordre	PROFESSIONS	CONSEILS DES			
		Métaux Industries diverses — Nos des Catégories	Tissus — Nos des Catégories	Produits Chimiques — Nos des Catégories	Bâtiment — Nos des Catégories
889	**Pastels** divers (préparateurs de)...........	»	»	1	»
890	**Pastilleurs** décorateurs....................	»	»	2	»
891	**Pâtes** alimentaires de toute nature	»	»	2	»
892	**Pâtes** moulées en carton (fab. de)..........	»	»	»	9
893	**Patins** pour le bois (fab. de).............	»	3	»	»
894	**Pâtissiers**................................	»	»	2	»
895	**Pavage** en bois, bitume, etc. (entrepr. de).	»	»	»	7
896	**Pavage** (entrepreneurs de)................	»	»	»	7
897	**Paveurs**	»	»	»	7
898	**Peaussiers**...............................	»	»	5	»
899	**Peaux** tannées ou en tripes (scieurs de)....	»	»	5	»
900	**Pêche** (fab. d'articles de)................	»	1	»	»
901	**Peignes** en corne, buffle, écaille, os, buis et ivoire (fab. de).............	6	»	»	»
902	**Peignes** et de lisse à lisser (fab. de).......	»	1	»	»
903	**Peigneurs** de chanvre	»	1	»	»
904	**Peintres** d'attributs.....................	»	»	»	6
905	**Peintres** en bâtiments...................	»	»	»	6
906	**Peintres** en décors et décorateurs........	»	»	»	6
907	**Peintres** en lettres.....................	»	»	»	6
908	**Peintres** en voitures....................	1	»	»	»
909	**Peintres** sur étoffes...................	»	1	»	»
910	**Peintres** sur porcelaine, verre, faïence et terre cuite.....................	»	»	4	»
911	**Pelles** en bois (fab. de).................	»	»	»	3 (2e Sec.)
912	**Peluches** (fab. de).....................	»	4	»	»
913	**Pendules** portatives de voyage (fab. de)....	3	»	»	»
914	**Percale** (fab. de)......................	»	1	»	»
915	**Perceurs**...............................	»	»	»	1
916	**Perceurs** de cadrans....................	3	»	»	»
917	**Perceurs** de trous (brosserie)...........	6	»	»	»
918	**Perceurs** pour plomberie et zingage......	»	»	»	2
919	**Perles** (enfileurs et monteurs de)........	2	»	»	»
920	**Perles** fausses (joaillerie) (fab. de)........	2	»	»	»
921	**Pétrole** (raffineurs, rectificateurs et épurateurs de)......................	»	»	1	»
922	**Photographie**...........................	»	»	3	»
923	**Photographie** (fab. d'instruments de)....	3	»	»	»
924	**Photogravure**..........................	»	»	3	»
925	**Photolithographie**	»	»	3	»
926	**Phototypie**............................	»	»	3	»
927	**Pianos** y compris la caisse (fab. de)........	3	»	»	»
928	**Pierres** (marchands de)..................	»	»	»	5
929	**Pierres** (casseurs, emmétreurs de)........	»	»	»	5
930	**Pierres** factices ou artificielles pour la joaillerie (fab. de)..................	»	»	4	»
931	**Pierres** lithographiques (préparateurs de).	»	»	3	»
932	**Pierristes** en horlogerie.................	3	»	»	»

Numéros d'ordre	PROFESSIONS	Métaux Industries diverses Nos des Catégories	Tissus Nos des Catégories	Produits Chimiques Nos des Catégories	Bâtiment Nos des Catégories
		CONSEILS DES			
933	**Pignons** de pendules et montres (fab. de)..	3	»	»	»
934	**Pinceaux** et brosses à peindre (fab. de)....	6	»	»	»
935	**Pinceurs** pour la maçonnerie.............	»	»	»	5
936	**Pipes** en bois (fab. de).....................	6	»	»	»
937	**Pipes** en terre (fab. de)...................	»	»	4	»
938	**Piqué** (fab. de)...........................	»	1	»	»
939	**Piqueurs** de cartons......................	»	1	»	»
940	**Piqueurs** de grès........................	»	»	»	7
941	**Planches** et ifs à bouteilles (fab. de)......	6	»	»	»
942	**Planeurs** en cuivre, bronze, etc...........	4	»	»	»
943	**Planeurs** en orfévrerie, joaillerie et plaqué.	2	»	»	»
944	**Planeurs** sur tous métaux.................	1	»	»	»
945	**Plaqué** (fab. de).........................	2	»	»	»
946	**Plaqueurs** (brosserie).....................	6	»	»	»
947	**Platine** (fab. d'objets en).................	2	»	»	»
948	**Platineurs** armuriers.....................	5	»	»	»
949	**Plâtre** (fab. de).........................	»	»	»	8
950	**Plâtriers**...............................	»	»	»	8
951	**Plieurs** et dévideurs de fil et soie..........	»	1	»	»
952	**Plomb** de chasse (fab. de)................	1	»	»	»
953	**Plombs** laminés, saumons, tuyaux (fab. de).	1	»	»	»
954	**Plomberie** (fab. de) et plombiers pour plomberie et zingage............................	»	»	»	2
955	**Plombiers** pour la canalisation du gaz....	»	»	»	1
956	**Plumassiers**.............................	»	4	»	»
957	**Plumeaux** (fab. de).......................	»	4	»	»
958	**Plumes** d'oies (apprêteurs de).............	»	»	1	»
959	**Plumes** métalliques (fab. de)..............	5	»	»	»
960	**Plumes** pour matelas (duvets, laines et crins)	»	4	»	»
961	**Plumes** pour ornements (fab. de)..........	»	4	»	»
962	**Poêles** en faïence et en terre cuite (fab. de).	»	»	4	»
963	**Poêliers**.................................	»	»	»	2
964	**Poils** de lièvres et de lapins (coupeurs de)..	»	4	»	»
965	**Pointes** et poinçons (fab. de).............	1	»	»	»
966	**Pois** d'iris (fab. de).....................	»	»	1	»
967	**Poix**, résine, goudron (fab. de)............	»	»	1	»
968	**Polisseurs** de verres et cristaux pour l'optique....................................	»	»	4	»
969	**Polisseurs** en orfévrerie, bijouterie........	2	»	»	»
970	**Polisseurs** en pendules....................	3	»	»	»
971	**Polisseurs** en plâtre.....................	»	»	»	9
972	**Polisseurs** et tourneurs sur terre et pierre.	»	»	»	9
973	**Polisseurs** sur bois......................	»	»	»	3 (2ᵉ Sect.)
974	**Polisseurs** sur cuivre, bronze, etc........	4	»	»	»
975	**Polisseurs** de et tourneurs sur marbre....	»	»	»	9
976	**Pompes** de bois et pièces pour la conduite des eaux (fab. de).........................	1	»	»	»
977	**Pompes** à incendie (fab. de)...............	1	»	»	»

Numéros d'ordre	PROFESSIONS	CONSEILS DES			
		Métaux Industries diverses — Nos des Catégories	Tissus — Nos des Catégories	Produits Chimiques — Nos des Catégories	Bâtiment — Nos des Catégories
978	**Pompes** en métal (fab. de)	1	»	»	»
979	**Porcelaines** de toutes sortes (fab. de)	»	»	4	»
980	**Porte-bouteilles** (fab. de)	1	»	»	»
981	**Portefeuilles** (fab. de)	»	3	»	»
982	**Porte-monnaie** (fab. de)	»	3	»	»
983	**Porte-plume** (fab. de)	5	»	»	»
984	**Poseurs** de carreaux en terre, marbre, etc.	»	»	»	5
985	**Poseurs** de sonnettes	»	»	»	1
986	**Poseurs** pour la maçonnerie	»	»	»	5
987	**Potasse** (fab. de)	»	»	1	»
988	**Poterie** de terre (fab. de)	»	»	4	»
989	**Poterie** de terre pour le bâtiment (fab. de)	»	»	»	8
990	**Potiers** d'étain	1	»	»	»
991	**Poudre** de chasse et de guerre (fab. de)	»	»	1	»
992	**Poudres** diverses pour la droguerie et les arts (fab. de)	»	»	1	»
993	**Poudrette** (fab. de)	»	»	1	»
994	**Poupées** (fab. de)	6	»	»	»
995	**Praticiens** (sculpteurs)	»	»	»	9
996	**Presses** en bois (fab. de)	1	»	»	»
997	**Presses** mécaniques (fab. de)	1	»	»	»
998	**Presseurs**	»	1	»	»
999	**Produits** ammoniacaux	»	»	1	»
1000	**Produits** chimiques et pharmaceutiques (fab. de)	»	»	1	»
1001	**Puisatiers**	»	»	»	7
1002	**Puits** (pour la terrasse et la maçonnerie) (constructeurs et foreurs de)	»	»	»	7
1003	**Puits** artésiens (foreurs de)	»	»	»	7
	Q				
1004	**Queues** de billards (fab. de)	»	»	»	3 (2ᵉ Sect.)
1005	**Quincaillerie** en tous genres (fab. de)	5	»	»	»
1006	**Quinquina** (sulfate de quinine) (fab. de)	»	»	1	»
	R				
1007	**Raccomodeurs** de tissus, de châles, etc.	»	1	»	»
1008	**Ramoneurs**	»	»	»	2
1009	**Rampistes**	»	»	»	3 (1ʳᵉ Sec.)
1010	**Raquettes** (fab. de)	6	»	»	»
1011	**Raseurs** de velours	»	1	»	»
1012	**Ratine** (fab. de)	»	1	»	»
1013	**Registres** (fab. de)	»	»	3	»
1014	**Régleurs**	»	»	3	»
1015	**Régleurs** de montres et de pendules	3	»	»	»

Numéros d'ordre	PROFESSIONS	CONSEILS DES			
		Métaux Industriels diverses Nos des Catégories	Tissus Nos des Catégories	Produits Chimiques Nos des Catégories	Bâtiment Nos des Catégories
1016	**Réglisse** (fab. de).....................	»	»	2	»
1017	**Relieurs**..........................	»	»	3	»
1018	**Reliures** diverses (fab. de)...............	»	»	3	»
1019	**Remetteurs** de brin aux lisses ou maillons.	»	1	»	»
1020	**Rentrayeurs** de tapis	»	2	»	»
1021	**Repasseurs** pour chapeaux de paille......	»	4	»	»
1022	**Repasseurs** et repasseuses............	»	1	»	»
1023	**Reperceurs** en or, argent, cuivre, etc......	2	»	»	»
1024	**Reperceurs** en bois.....................	»	»	»	3 (2e Sect.)
1025	**Reperceurs** en cuivre...................	4	»	»	»
1026	**Reperceurs** sur tous métaux.............	1	»	»	»
1027	**Replanisseurs** et raboteurs de parquets...	»	»	»	3 (1re Sec.)
1028	**Repousseurs** en or, argent, etc...........	2	»	»	»
1029	**Repousseurs** en cuivre, etc.............	4	»	»	»
1030	**Repriseuses** en châles, cachemires, dentelles et autres étoffes..................	»	1	»	»
1031	**Résine**, poix, goudron, etc. (fab. de).......	»	»	1	»
1032	**Ressorts** de montres (fab. de)............	3	»	»	»
1033	**Ressorts** de toutes sortes (fab. de)........	1	»	»	»
1034	**Ressorts** de voitures, wagons et tramways (fab. de).....	1	»	»	»
1035	**Retordeurs**.........................	»	1	»	»
1036	**Rhabilleurs** de boîtes d'horlogerie........	3	»	»	»
1037	**Robinets** en cuivre et en étain (fab. de)....	1	»	»	»
1038	**Rocailleurs**.........................	»	»	»	5
1039	**Rogneurs** de papier...................	»	»	3	»
1040	**Rotins** (appréteurs de)..................	6	»	»	»
1041	**Rouennerie** (fab. de)..................	»	1	»	»
1042	**Roues** hydrauliques (fab. de).............	1	»	»	»
1043	**Rouge** à polir (ocre rouge, émeri) (fab. de).	»	»	1	»
1044	**Rouge** de carthame (fab. de).............	»	»	1	»
1045	**Roulettes** pour lits, meubles, etc. (fab. de).	1	»	»	»
1046	**Rubans** (fab. de).....................	»	1	»	»
1047	**Ruches** à abeilles (fab. de)...............	»	»	1	»

S

Numéros d'ordre	PROFESSIONS	Métaux Industriels diverses Nos des Catégories	Tissus Nos des Catégories	Produits Chimiques Nos des Catégories	Bâtiment Nos des Catégories
1048	**Sable** (tireurs et passeurs de).............	»	»	»	8
1049	**Sabots** (fab. de)......................	»	3	»	»
1050	**Sacs** de toile (fab. de)..................	»	2	»	»
1051	**Sacs** en papier (fab. de).................	»	»	3	»
1052	**Salaisons** (fab. de)....................	»	»	2	»
1053	**Salpêtre** (fab. de).....................	»	»	1	»
1054	**Salpêtriers**.........................	»	»	1	»
1055	**Sang** coagulé (engrais).................	»	»	1	»
1056	**Sangles** (fab. de).....................	»	1	»	»
1057	**Satin** (fab. de).......................	»	1	»	»

Numéros d'ordre	PROFESSIONS	CONSEILS DES			
		Métaux Industries diverses — Nos des Catégories	Tissus — Nos des Catégories	Produits Chimiques — Nos des Catégories	Bâtiment — Nos des Catégories
1058	**Satineurs** de papier	»	»	3	»
1059	**Satineurs** de papiers peints	»	»	3	»
1060	**Savons** de toute espèce (fab. de)	»	»	1	»
1061	**Schiste** et huile de schiste (fab. de)	»	»	1	»
1062	**Scies** (fab. de)	1	»	»	»
1063	**Scieurs** de long	»	»	»	4
1064	**Scieurs** à la mécanique	»	»	»	4
1065	**Scieurs** de marbre	»	»	»	9
1066	**Scieurs** de pierre	»	»	»	5
1067	**Scieurs** et fendeurs de bois à brûler	»	»	»	4
1068	**Sculpteurs** sur plâtre	»	»	»	9
1069	**Sculpteurs** en instruments de chirurgie et armurerie	5	»	»	»
1070	**Sculpteurs** en mécanique et carosserie	1	»	»	»
1071	**Sculpteurs** en serrurerie	»	»	»	1
1072	**Sculpteurs** pour bronzes et lampisterie	4	»	»	»
1073	**Sculpteurs** pour horlogerie, optique, instruments de précision et de musique	3	»	»	»
1074	**Sculpteurs** pour orfèvres, joailliers et bijoutiers	2	»	»	»
1075	**Sculpteurs** sur bois	»	»	»	3 (2ᵉ Sect.)
1076	**Sculpteurs** sur pierre et marbre	»	»	»	9
1077	**Seaux** à incendie, tuyaux et conduits (f. de)	»	3	»	»
1078	**Selliers** en métal	1	»	»	»
1079	**Selliers-bourreliers**	»	3	»	»
1080	**Sels** (raffineurs de)	»	»	1	»
1081	**Sels** divers (fab. de)	»	»	1	»
1082	**Serge** (fab. de)	»	1	»	»
1083	**Serrurerie** pour le bâtiment et pour meubles (entrepreneurs de)	»	»	»	1
1084	**Serruriers** en voitures	1	»	»	»
1085	**Serrurerie** pour la charpente et les planchers en fer	»	»	»	1
1086	**Sertisseurs** en or et argent	2	»	»	»
1087	**Sertisseurs** en cuivre, etc.	4	»	»	»
1088	**Sirops** (fab. de)	»	»	2	»
1089	**Socques** (fab. de)	»	3	»	»
1090	**Soie** pour chapeaux (fab. de)	»	4	»	»
1091	**Soies** pour la brosserie (apprêteurs de)	6	»	»	»
1092	**Soieries** (fab. de)	»	1	»	»
1093	**Sommiers** élastiques (fab. de)	1	»	»	»
1094	**Soude** artificielle (fab. de)	»	»	1	»
1095	**Soufflets** (fab. de)	6	»	»	»
1096	**Souffleurs** de verre, de perles	»	»	4	»
1097	**Soufre** en fleurs, en poudre et en canon (Raffineurs et fab. de)	»	»	1	»
1098	**Sparterie** (fab. de et ouvrages en)	»	4	»	»
1099	**Sphères** et globes pour les sciences (f. de)	3	»	»	»

Numéros d'ordre	PROFESSIONS	Métaux Industries diverses — Nos des Catégories	Tissus — Nos des Catégories	Produits Chimiques — Nos des Catégories	Bâtiment — Nos des Catégories
1100	**Spiraux** (fab. de)	3	»	»	»
1101	**Stéarine** (fab. de)	»	»	1	»
1102	**Stores** (fab. de)	»	1	»	»
1103	**Strontiane** (fab. de)	»	»	1	»
1104	**Stucateurs**	»	»	»	9
1105	**Substances** tinctoriales (fab. de)	»	»	1	»
1106	**Sucre** de canne et betterave (raffineurs de)	»	»	2	»
1107	**Suifs** en branche ou fondus (fab. de)	»	»	1	»
1108	**Suspensions** (fab. de)	4	»	»	»
1109	**Suspensions** de montres marines (fab. de)	3	»	»	»

T

Numéros d'ordre	PROFESSIONS	Métaux Industries diverses — Nos des Catégories	Tissus — Nos des Catégories	Produits Chimiques — Nos des Catégories	Bâtiment — Nos des Catégories
1110	**Tabacs** (fab. de)	»	»	1	»
1111	**Tabatières** en bois, buffle, corne, écaille, ivoire, os, etc. (fab. de)	6	»	»	»
1112	**Tabletiers**	6	»	»	»
1113	**Tablettes** de couleur (fab. de)	»	»	1	»
1114	**Taffetas** (fab. de)	»	1	»	»
1115	**Taffetas** gommé pour les vernis (fab. de)	»	»	5	»
1116	**Taillandiers**	1	»	»	»
1117	**Tailleurs** de cristaux et verres	»	»	4	»
1118	**Tailleurs** d'habits pour dames	»	5	»	»
1119	**Tailleurs** d'habits pour enfants	»	5	»	»
1120	**Tailleurs** d'habits pour hommes	»	5	»	»
1121	**Tailleurs** de pierres	»	»	»	5
1122	**Talons** en cuir, bois, gutta-percha pour chaussures (fab. de)	»	3	»	»
1123	**Tamis** (fab. de)	»	1	»	»
1124	**Tampons** pour impressions (fab. de)	»	»	1	»
1125	**Tan**	»	»	5	»
1126	**Tanneurs**	»	»	5	»
1127	**Tapis** (tentures, tapisserie) (fab. de)	»	1	»	»
1128	**Tapisserie** à l'aiguille, à la main	»	1	»	»
1129	**Tapissiers**	»	2	»	»
1130	**Tartrate** (bitartrate de potasse, crème de tartre) (fab. de)	»	»	1	»
1131	**Teinturiers**	»	»	1	»
1132	**Teinturiers** dégraisseurs	»	»	1	»
1133	**Teinturiers** en peaux	»	»	1	»
1134	**Teinturiers** en plumes	»	4	»	»
1135	**Télégraphie** et téléphonie (fab. d'appareils pour la)	3	»	»	»
1136	**Terrassements** (entrepreneurs de)	»	»	»	7
1137	**Terrassiers**	»	»	»	7
1138	**Terre** de pipe (préparateurs de)	»	»	4	»
1139	**Thermomètres** (fab. de)	3	»	»	»
1140	**Tiges** de bottes, bottines, etc.	»	3	»	»
1141	**Timbres** en acier fondu et cuivre (fab. de)	2	»	»	»

Numéros d'ordre	PROFESSIONS	CONSEILS DES			
		Métaux Industries diverses (Nos des Catégories)	Tissus (Nos des Catégories)	Produits Chimiques (Nos des Catégories)	Bâtiment (Nos des Catégories)
1142	**Timbres** en caoutchouc (fab. de)	»	»	1	»
1143	**Timbres** pour mouvements de pendules et sonnerie (fab. de)	3	»	»	»
1144	**Tire-bourres** (fab. de)	5	»	»	»
1145	**Tisserands**	»	1	»	»
1146	**Tissus** de toutes sortes (fab. de)	»	1	»	»
1147	**Tissus** imperméables (fab. de)	»	»	1	»
1148	**Toiles** (fab. de)	»	1	»	»
1149	**Toiles** et papiers cirés, gommés et vernis (fab. de)	»	»	5	»
1150	**Toiles** et taffetas cirés, vernis et toiles imperméables (fab. de)	»	»	5	»
1151	**Toiles** métalliques (fab. de)	1	»	»	»
1152	**Tôle** émaillée (fab. de)	1	»	»	»
1153	**Tôle** perforée (fab. de)	1	»	»	»
1154	**Tôliers**	1	»	»	»
1155	**Tondeurs** de châles	»	1	»	»
1156	**Tonneliers** pour les vins	»	»	2	»
1157	**Tonnellerie** d'emballages et autres (fab. de)	6	»	»	»
1158	**Torderies** de soie	»	1	»	»
1159	**Tordeurs** de chaines	»	1	»	»
1160	**Tourbe** (fab. de)	»	»	1	»
1161	**Tournesol**	»	»	1	»
1162	**Tourneurs**	5	»	»	»
1163	**Tourneurs** sur bois	»	»	»	3 (2e Sect.)
1164	**Tourneurs** en chaises	»	»	»	3 (2e Sect.)
1165	**Tourneurs** en cuivre	4	»	»	»
1166	**Tourneurs** en cuivre, fer, aciers, etc.	1	»	»	»
1167	**Tourneurs** en plâtre	»	»	»	9
1168	**Tourneurs** en or, argent et cuivre	2	»	»	»
1169	**Tourneurs** en pierre et terre	»	»	»	5
1170	**Tournuriers** (pour la chapellerie)	»	4	»	»
1171	**Tranchefies** (reliure) (fab. de)	»	»	3	»
1172	**Tréfilerie** (filature d'or et d'argent pour la passementerie et la broderie)	»	2	»	»
1173	**Tréfilerie** en cuivre	4	»	»	»
1174	**Tréfileurs** en fer, en plomb	1	»	»	»
1175	**Tréfileurs** en or, argent et cuivre	2	»	»	»
1176	**Treillageurs** en bois	»	»	»	3 (1re Sect.)
1177	**Tresses** pour chapeaux et autres (fab. de)	»	4	»	»
1178	**Tricot** (fab. de)	»	1	»	»
1179	**Trottoirs** constructeurs de	»	»	»	7
1180	**Tuiles** (fab. de)	»	»	»	8
1181	**Tuyaux** de toutes sortes, en cuir et toile (fab. de)	»	3	»	»

Numéros d'ordre	PROFESSIONS	CONSEILS DES			
		Métaux Industries diverses N°s des Catégories	*Tissus* N°s des Catégories	*Produits Chimiques* N°s des Catégories	*Bâtiment* N°s des Catégories
1182	**Tuyaux** et tubes en pierre et terre pour le bâtiment et le drainage (fab. de).........	»	»	»	8
1183	**Tuyaux** étirés et à froid (métal)...........	1	»	»	»
	U				
1184	**Useurs** sur porcelaine, verre et terre cuite.	»	»	4	»
	V				
1185	**Vaisselle** et ustensiles de ménage en bois (fabrique de).....................	»	»	»	3 (2ᵉ Sect.)
1186	**Vanniers**........................	6	»	»	»
1187	**Vélocipèdes**, etc. (fab. de)	1	»	»	»
1188	**Velours** (fab. de)	»	1	»	»
1189	**Ventilateurs** pour fonderies et autres	1	»	»	»
1190	**Verges** d'horlogerie (poseurs de)	3	»	»	»
1191	**Vergetiers**.......................	6	»	»	»
1192	**Vermillon** (fab. de)...................	»	»	1	»
1193	**Vernis** de toutes sortes (fab. de)	»	»	1	»
1194	**Vernisseurs** sur bois...................	»	»	»	4 (2ᵉ Sect.)
1195	**Vernisseurs** sur caoutchouc..............	»	»	5	»
1196	**Vernisseurs** sur cuir...................	»	»	5	»
1197	**Vernisseurs** sur feutre.................	»	»	5	»
1198	**Vernisseurs** sur toiles.................	»	»	5	»
1199	**Vernisseurs** sur tôle, zinc et fer-blanc....	»	»	5	»
1200	**Verreries** et verroteries (fab. de)...........	»	»	4	»
1201	**Vert-de-gris** (matière pour peindre) (fab. de)..............................	»	»	1	»
1202	**Vidange** (entrepreneurs de)	»	»	1	»
1203	**Vinaigre** (fab. de)...................	»	»	2	»
1204	**Vins** (marchands de vins en gros)..........	»	»	2	»
1205	**Vis** à bois en fer et en cuivre (fab. de	1	»	»	»
1206	**Vis** cylindriques en fer et en cuivre (fab. de)	1	»	»	»
1207	**Visières** et maroquins pour la chapellerie (fab. de)........................	»	4	»	»
1208	**Vitraux** (ajusteurs, poseurs, peintres) (fab. de).............................	»	»	»	6
1209	**Vitriers**, coupeurs, poseurs de vitres e' glaces...........................	»	»	»	6
1210	**Voiliers**........................	»	1	»	»
1211	**Voliges** (fab. et poseurs de)...............	»	»	»	3 (1ᵉʳ Sec.)
	W				
1212	**Wagons** et tramways (constructeurs de) ...	1	»	»	»

Numéros d'ordre	PROFESSIONS	Métaux Industries diverses — Nos des Catégories	Tissus — Nos des Catégories	Produits Chimiques — Nos des Catégories	Bâtiment — Nos des Catégories
	Y				
1213	**Yeux** artificiels (fab. de)	»	»	**4**	»
	Z				
1214	**Zincographie**	»	»	**3**	»
1215	**Zingueurs-ferblantiers**.	**4**	»	»	»
1216	**Zingueurs** pour plomberie et zingage......	»	»	»	**2**

RÉCAPITULATION PAR CONSEIL

Du nombre des Professions composant chaque catégorie

NUMÉROS des CATÉGORIES	CONSEILS DES				OBSERVATIONS
	MÉTAUX et INDUSTRIES DIVERSES	TISSUS	PRODUITS CHIMIQUES	BATIMENT	
1	123	140	186	25	
2	64	31	47	11	
3	61	30	74	52	
4	43	43	40	15	
5	30	13	39	26	
6	49	»	»	13	
7	»	»	»	14	
8	»	»	»	23	
9	»	»	»	24	
Totaux.	370	257	386	203	

DÉCRET réduisant la journée de travail et supprimant le marchandage.

(2, 4 mars 1848)

Considérant : 1° qu'un travail manuel trop prolongé non seulement ruine la santé du travailleur, mais encore, l'empêchant de cultiver son intelligence, porte atteinte à la dignité de l'homme ; 2° que l'exploitation des ouvriers par les sous-entrepreneurs ouvriers, dits marchandeurs ou tâcherons, est essentiellement injuste, vexatoire et contraire au principe de la fraternité.

Le Gouvernement provisoire de la République décrète :

1° La journée de travail est diminuée d'une heure ; en conséquence à Paris où elle était de onze heures elle est réduite à dix ; et en province, où elle avait été jusqu'ici de douze heures, elle est réduite à onze (alinéa abrogée par le décret-loi du 9 septembre 1848) ;

2° L'exploitation des ouvriers par des sous-entrepreneurs ou marchandage est abolie.

Il est bien entendu que les associations d'ouvriers, qui n'ont point pour objet l'exploitation des ouvriers les uns par les autres, ne sont pas considérées comme marchandage.

ARRÊTÉ relatif à la répression de l'exploitation de l'ouvrier par voie de marchandage.

(21 mars 1848)

Considérant que le décret du 2 mars, qui détermine la durée du travail effectif et qui supprime l'exploitation de l'ouvrier par voie de marchandage, n'est pas universellement exécuté en ce qui touche à cette dernière disposition.

Considérant que les deux dispositions contenues dans le décret précité sont d'une égale importance, et doivent avoir force de loi ;

Le gouvernement provisoire de la République, tout en réservant la question du travail à la tâche,

ARRÊTE :

Toute exploitation de l'ouvrier par voie de marchandage sera puni d'une amende de cinquante à cent francs pour la première fois ; de cent à deux cents francs en cas de récidive ; et, s'il y avait double récidive, d'un emprisonnement qui pourrait aller de un à six mois. Le produit des amendes sera destiné à secourir les invalides du travail.

LOI sur les moyens de constater les Conventions entre Patrons et Ouvriers, en matière de Tissage et de Bobinage.

Des 29 novembre 1849, 29 janvier et 7 mars 1850.

L'Assemblée nationale a adopté la loi dont la teneur suit :

ARTICLE PREMIER. — Tout fabricant, commissionnaire ou

intermédiaire qui livrera des fils pour être tissés, sera tenu d'inscrire, au moment de la livraison, sur un livret spécial, appartenant à l'ouvrier et laissé entre ses mains :

1° Le poids et la longueur de la chaîne;

2° Le poids de la trame et le nombre de fils de trame à introduire par unité de surface de tissu;

3° Les longueur et largeur de la pièce à fabriquer;

4° Le prix de façon, soit au mètre de tissu fabriqué, soit au mètre de longueur ou au kilogramme de la trame introduite dans le tissu.

Art. 2. — Tout fabricant, commissionnaire ou intermédiaire qui livrera des fils pour être bobinés, sera tenu d'inscrire, sur un livret spécial, appartenant à l'ouvrier et laissé entre ses mains :

1° Le poids brut et le poids net de la matière à travailler ;

2° Le numéro du fil ;

3° Le prix de façon, soit au kilogramme de matière travaillée, soit au mètre de longueur de cette même matière.

Art. 3. — Le prix de façon sera indiqué en monnaie légale sur le livret par le fabricant, commissionnaire ou intermédiaire.

Toute convention contraire sera mentionnée, par lui, sur le livret.

Art. 4. — L'ouvrage exécuté sera remis au fabricant, commissionnaire ou intermédiaire de qui l'ouvrier aura directement reçu la matière première.

Le compte de façon sera arrêté au moment de cette remise.

Toute convention contraire aux deux paragraphes précédents sera mentionnée sur le livret par le fabricant, commissionnaire ou intermédiaire.

Art. 5. — Le fabricant, commissionnaire ou intermédiaire inscrira sur un registre d'ordre toutes les mentions portées au livret spécial de l'ouvrier.

Art. 6. — Le fabricant, commissionnaire ou intermédiaire tiendra constamment exposé aux regards, dans le lieu où se règlent habituellement les comptes entre lui et l'ouvrier : 1° les instruments nécessaires à la vérification des poids et mesures; 2° un exemplaire de la présente loi en forme de placard.

Art. 7. — A l'égard des industries spéciales auxquelles serait inapplicable la fixation du prix de façon, soit au mètre de tissu fabriqué, soit au mètre de longueur de la trame introduite dans le tissu, ou bien soit au kilogramme de matière travaillée, soit au mètre de longueur de cette même matière, le pouvoir exécutif pourra déterminer un autre mode, par des arrêtés en forme de règlements d'administration publique, après avoir pris l'avis des chambres de commerce, des chambres consultatives et des conseils de prud'hommes, et, à leur défaut, des conseils de préfecture.

Il pourra pareillement, par des arrêtés rendus en la même

forme, étendre les dispositions de la présente loi aux industries qui se rattachent au tissage et au bobinage.

En l'un et l'autre cas, ces arrêtés seront soumis à l'approbation de l'assemblée législative dans les trois ans qui suivront leur promulgation.

Art. 8. — Seront punies d'une amende de onze à quinze francs :

1° Les contraventions aux articles 1, 2, 3, 5 et 6 ;

2° Les contraventions à la disposition finale de l'article 4 et aux arrêtés pris en exécution de l'article 7.

Il sera prononcé autant d'amendes qu'il aura été commis de contraventions distinctes.

Art. 9. — Si, dans les douze mois qui ont précédé la contravention, le contrevenant a encouru une condamnation pour infraction à la présente loi ou aux arrêtés pris en exécution de l'article 7 de cette loi, le tribunal peut ordonner l'insertion du nouveau jugement dans un journal de la localité, aux frais du condamné.

Délibéré en séance publique, à Paris, les 29 novembre 1849, 29 janvier et 7 mars 1850.

Le Président et les Secrétaires,

Signé : Benoist d'Azy, vice-président ; Arnaud (de l'Ariège), Peupin, Lacaze, Chapot, Bérard.

La présente loi sera promulguée et scellée du sceau de l'Etat.

Le Président de la République,
Signé : Louis-Napoléon Bonaparte.

Le Garde des Sceaux, Ministre de la Justice,
Signé : E. Rouher.

LOI relative aux Contrats d'apprentissage.

Des 22 janvier, 3 et 22 février 1851.

(Promulguée le 4 mars 1851.)

L'Assemblée nationale a adopté la loi dont la teneur suit :

TITRE PREMIER
Du Contrat d'apprentissage.

PREMIÈRE SECTION
De la nature et de la forme du Contrat.

Article premier. — Le contrat d'apprentissage est celui par lequel un fabricant, un chef d'atelier ou un ouvrier s'oblige à enseigner la pratique de sa profession à une autre personne, qui s'oblige, en retour, à travailler pour lui ; le tout à des conditions et pendant un temps convenus.

Art. 2. — Le contrat d'apprentissage est fait par acte public ou par acte sous seing privé.

Il peut aussi être fait verbalement; mais la preuve testimoniale n'en est reçue que conformément au titre du Code civil *Des Contrats ou des Obligations conventionnelles en général.*

Les notaires, les secrétaires des conseils de prud'hommes et les greffiers de justice de paix peuvent recevoir l'acte d'apprentissage.

Cet acte est soumis pour l'enregistrement au droit fixe d'un franc, lors même qu'il contiendrait des obligations de sommes ou valeurs mobilières, ou des quittances.

Les honoraires dus aux officiers publics sont fixés à deux francs.

Art. 3. — L'acte d'apprentissage contiendra :

1° Les nom, prénoms, âge, profession et domicile du maître ;

2° Les nom, prénoms, âge et domicile de l'apprenti ;

3° Les noms, prénoms, professions et domicile de ses père et mère, de son tuteur, ou de la personne autorisée par les parents, et, à leur défaut, par le juge de paix ;

4° La date et la durée du contrat;

5° Les conditions de logement, de nourriture, de prix, et toutes autres arrêtées entre les parties.

Il devra être signé par le maître et par les représentants de l'apprenti.

DEUXIÈME SECTION

Des conditions du Contrat.

Art. 4. — Nul ne peut recevoir des apprentis mineurs, s'il n'est âgé de vingt et un ans au moins.

Art. 5. — Aucun maître, s'il est célibataire ou en état de veuvage, ne peut loger, comme apprenties, des jeunes filles mineures.

Art. 6. — Sont incapables de recevoir des apprentis :

Les individus qui ont subi une condamnation pour crime ;

Ceux qui ont été condamnés pour attentat aux mœurs ;

Ceux qui ont été condamnés à plus de trois mois d'emprisonnement pour les délis prévus par les articles 388, 401, 405, 406, 407, 408. 423 du Code pénal.

Art. 7. — L'incapacité résultant de l'article 6 pourra être levée par le préfet, sur l'avis du maire, quand le condamné, après l'expiration de sa peine, aura résidé pendant trois ans dans la même commune.

A Paris, les incapacités seront levées par le préfet de police.

TROISIÈME SECTION

Devoirs des Maîtres et des Apprentis.

Art. 8. — Le maître doit se conduire envers l'apprenti en bon père de famille, surveiller sa conduite et ses mœurs, soit dans la maison, soit au dehors, et avertir ses parents ou leurs représentants des fautes graves qu'il pourrait commettre ou des penchants vicieux qu'il pourrait manifester.

Il doit aussi les prévenir, sans retard, en cas de maladie, d'absence, ou de tout fait de nature à motiver leur intervention.

Il n'emploiera l'apprenti, sauf conventions contraires, qu'aux travaux et services qui se rattachent à l'exercice de sa profession. Il ne l'emploiera jamais à ceux qui seraient insalubres ou au-dessus de ses forces.

ART. 9. — La durée du travail effectif des apprentis âgés de moins de quatorze ans ne pourra dépasser dix heures par jour.

Pour les apprentis âgés de quatorze à seize ans, elle ne pourra dépasser douze heures.

Aucun travail de nuit ne peut être imposé aux apprentis âgés de moins de seize ans.

Est considéré comme travail de nuit tout travail fait entre neuf heures du soir et cinq heures du matin.

Les dimanches et jours de fêtes reconnues ou légales, les apprentis, dans aucun cas, ne peuvent être tenus, vis-à-vis de leur maître, à aucun travail de leur profession.

Dans le cas où l'apprenti serait obligé, par suite des conventions ou conformément à l'usage, de ranger l'atelier aux jours ci-dessus marqués, ce travail ne pourra se prolonger au-delà de dix heures du matin.

Il ne pourra être dérogé aux dispositions contenues dans les trois premiers paragraphes du présent article que par un arrêté rendu par le préfet, sur l'avis du maire.

ART. 10. — Si l'apprenti âgé de moins de seize ans ne sait pas lire, écrire et compter, ou s'il n'a pas encore terminé sa première éducation religieuse, le maître est tenu de lui laisser prendre, sur la journée de travail, le temps et la liberté nécessaires pour son instruction.

Néanmoins, ce temps ne pourra pas excéder deux heures par jour.

ART. 11. — L'apprenti doit à son maître fidélité, obéissance et respect ; il doit l'aider, par son travail, dans la mesure de son aptitude et de ses forces.

Il est tenu de remplacer, à la fin de l'apprentissage, le temps qu'il n'a pu employer par suite de maladie ou d'absence ayant duré plus de quinze jours.

ART. 12. — Le maître doit enseigner à l'apprenti, progressivement et complètement, l'art, le métier ou la profession spéciale qui fait l'objet du contrat.

Il lui délivrera, à la fin de l'apprentissage, un congé d'acquit, ou certificat constatant l'exécution du contrat.

ART. 13. — Tout fabricant, chef d'atelier ou ouvrier, convaincu d'avoir détourné un apprenti de chez son maître, pour l'employer en qualité d'apprenti ou d'ouvrier, pourra être passible de tout ou partie de l'indemnité à prononcer au profit du maître abandonné.

QUATRIÈME SECTION

De la résolution du Contrat.

Art. 14. — Les deux premiers mois de l'apprentissage sont considérés comme un temps d'essai pendant lequel le contrat peut être annulé par la seule volonté de l'une des parties. Dans ce cas, aucune indemnité ne sera allouée à l'une ou à l'autre partie, à moins de conventions expresses.

Art. 15. — Le contrat d'apprentissage sera résolu de plein droit :

1° Par la mort du maître ou de l'apprenti ;

2° Si l'apprenti ou le maître est appelé au service militaire ;

3° Si le maître ou l'apprenti vient à être frappé d'une des condamnations prévues en l'article 6 de la présente loi ;

4° Pour les filles mineures, dans le cas de décès de l'épouse du maître, ou de toute autre femme de la famille qui dirigeait la maison à l'époque du contrat.

Art. 16. — Le contrat peut être résolu sur la demande des parties ou de l'une d'elles :

1° Dans le cas où l'une des parties manquerait aux stipulations du contrat ;

2° Pour cause d'infraction grave ou habituelle aux prescriptions de la présente loi ;

3° Dans le cas d'inconduite habituelle de la part de l'apprenti ;

4° Si le maître transporte sa résidence dans une autre commune que celle qu'il habitait lors de la convention.

Néanmoins, la demande en résolution de contrat fondée sur ce motif ne sera recevable que pendant trois mois, à compter du jour où le maître aura changé de résidence.

5° Si le maître ou l'apprenti encourait une condamnation emportant un emprisonnement de plus d'un mois ;

6° Dans le cas où l'apprenti viendrait à contracter mariage.

Art. 17. — Si le temps convenu pour la durée de l'apprentissage dépasse le maximum de la durée consacré par les usages locaux, ce temps peut être réduit ou le contrat résolu.

TITRE II

De la Compétence.

Art. 18. — Toute demande à fin d'exécution ou de résolution de contrat sera jugée par le conseil des prud'hommes dont le maître est justiciable, et, à défaut, par le juge de paix du canton.

Les réclamations qui pourraient être dirigées contre les tiers, en vertu de l'article 13 de la présente loi, seront portées devant le conseil des prud'hommes ou devant le juge de paix du lieu de leur domicile.

Art. 19. — Dans les divers cas de résolution prévus en la section IV du titre 1ᵉʳ, les indemnités ou les restitutions qui pourraient être dues à l'une ou à l'autre des parties seront, à défaut de stipulations expresses, réglées par le conseil des prud'hommes, ou par le juge de paix dans les cantons qui ne ressortissent point à la juridiction d'un conseil de prud'hommes.

Art. 20. — Toute contravention aux articles 4, 5, 6, 9 et 10 de la présente loi sera poursuivie devant le tribunal de police et punie d'une amende de cinq à quinze francs.

Pour les contraventions aux articles 4, 5, 9 et 10, le tribunal de police pourra, dans le cas de récidive, prononcer, outre l'amende, un emprisonnement d'un à cinq jours.

En cas de récidive, la contravention à l'article 6 sera poursuivie devant les tribunaux correctionnels, et punie d'un emprisonnement de quinze jours à trois mois, sans préjudice d'une amende, qui pourra s'élever de cinquante francs à trois cents francs.

Art. 21. — Les dispositions de l'article 463 du Code pénal sont applicables aux faits prévus par la présente loi.

Art. 22. — Sont abrogés les articles 9, 10 et 11 de la loi du 22 germinal an xi.

Délibéré en séance publique, à Paris, les 22 janvier, 3 et 22 février 1851.

Le Président et les Secrétaires,

Signé : Dupin; Arnaud (de l'Ariège), Lacaze, Chapot, Peupin, Bérard, de Heeckeren.

La présente loi sera promulguée et scellée du sceau de l'Etat.

Le Président de la République,
Signé : Louis-Napoléon Bonaparte.

Le Garde des Sceaux, Ministre de la Justice,
Signé : E. de Royer.

LOI ayant pour objet d'abroger les dispositions relatives aux Livrets d'ouvriers.

Du 2 juillet 1890

Le Sénat et la Chambre des députés ont adopté,
Le Président de la République promulgue la loi dont la teneur suit:

Article premier. — Sont abrogés : la loi du 22 juin 1854, le décret du 30 avril 1855, la loi du 14 mai 1851, l'article 12 du décret du 13 février 1852, sur les obligations des travailleurs aux colonies et toutes les autres dispositions de lois ou décrets relatifs aux livrets d'ouvriers.

Néanmoins continueront à être exécutés : les dispositions de la loi du 18 mars 1806 sur les livrets d'acquit de la fabrique de Lyon; celles de la loi du 7 mars 1850 sur les livrets de compte pour le tissage et le bobinage, et l'article 10 de la loi du 19 mai 1874 relatif aux livrets des enfants et des filles mineures employés dans l'industrie, lequel sera applicable aux enfants et aux filles mineures employés comme apprentis ou autrement.

Art. 2. — Le contrat de louage d'ouvrage, entre les chefs ou directeurs des établissements industriels et leurs ouvriers, est soumis aux règles du droit commun et peut être constaté dans les formes qu'il convient aux parties contractantes d'adopter.

Cette nature de contrat est exempte de timbre et d'enregistrement.

Art. 3. — Toute personne qui engage ses services peut, à l'expiration du contrat, exiger de celui à qui elle les a loués, sous peines de dommages et intérêts, un certificat contenant exclusivement la date de son entrée, celle de sa sortie et l'espèce de travail auquel elle à été employée.

Ce certificat est exempt de timbre et d'enregistrement.

La présente loi, délibérée et adoptée par le Sénat et par la Chambre des députés, sera exécutée comme loi de l'État.

Fait à Paris, le 2 Juillet 1890.

Signé : CARNOT

Le Ministre du Commerce, de l'Industrie
Le Ministre de l'Intérieur,   *et des Colonies,*

Signé : Constans.   Signé : Jules Roche.

LOI sur le Contrat de Louage et sur les rapports des Agents des chemins de fer avec les Compagnies.

Du 27 décembre 1890

Le Sénat et la Chambre des députés ont adopté,
Le Prèsident de la République promulgue la loi dont la teneur suit :

Article premier. — L'article 1780 du code civil est complété comme il suit :

Le louage de service, fait sans détermination de durée, peut toujours cesser par la volonté d'une des parties contractantes.

Néanmoins, la résiliation du contrat par la volonté d'un seul des contractants peut donner lieu à des dommages-intérêts.

Pour la fixation de l'indemnité à allouer, le cas échéant, il est tenu compte des usages, de la nature des services engagés, du temps écoulé, des retenues opérées et des versements effectuées en vue d'une pension de retraite, et, en général, de toutes les circonstances qui peuvent justifier l'existence et déterminer l'étendue du préjudice causé.

Les parties ne peuvent renoncer a l'avance au droit éventuel de demander des dommages-intérêts en vertu des dispositions ci-dessus.

Les contestations auxquelles pourra donner lieu l'application des paragraphes précédents, lorsqu'elles seront portées devant les tribunaux civils et devant les cours d'appel, seront instruites comme affaires sommaires et jugées d'urgence.

Art. 2. Dans le délai d'une année, les compagnies et administrations de chemins de fer devront soumettre à l'homologation ministérielle les statuts et règlements de leurs caisses de retraites et de secours.

La présente loi, délibérée et adoptée par le Sénat et par la Chambre des députés, sera exécutée comme loi de l'Etat.

Fait à Paris, le 27 Décembre 1890.

Signé: CARNOT.

Par le Président de la République:

Le Ministre des Travaux Publics,
Signé: Yves Guyot.

*Le Garde des Sceaux, Ministre de la Justice
et des Cultes,*
Signé: A. Fallières.

*Le Ministre du Commerce, de l'Industrie
et des Colonies,*
Signé: Jules Roche.

LOI sur la Conciliation et l'Arbitrage en matière de différends collectifs entre Patrons et Ouvriers ou Employés.

Du 27 décembre 1892.

Le Sénat et la Chambre des députés ont adopté,
Le Président de la République promulgue la loi dont la teneur suit:

Article premier. — Les patrons, ouvriers ou employés entre lesquels s'est produit un différend d'ordre collectif portant sur les conditions du travail peuvent soumettre les questions qui les divisent à un comité de conciliation et, à défaut d'entente dans ce comité, à un conseil d'arbitrage, lesquels seront constitués dans les formes suivantes:

Art. 2. — Les patrons, ouvriers ou employés adressent, soit ensemble, soit séparément, en personne ou par mandataires, au juge de paix du canton ou de l'un des cantons où existe le différend, une déclaration écrite contenant:

1° Les noms, qualités et domiciles des demandeurs ou de ceux qui les représentent;

2° L'objet du différend, avec l'exposé succinct des motifs allégués par la partie;

3° Les noms, qualités et domiciles des personnes auxquelles la proposition de conciliation ou d'arbitrage doit être notifiée:

4° Les noms, qualités et domiciles des délégués choisis

parmi les intéressés par les demandeurs pour les assister ou les représenter, sans que le nombre des personnes désignées puisse être supérieur à cinq.

Art. 3. — Le juge de paix délivre récépissé de cette déclaration, avec indication de la date et l'heure du dépôt, et la notifie sans frais, dans les vingt-quatre heures, à la partie adverse ou à ses représentants, par lettre recommandée ou au besoin par affiches apposées aux portes de la justice de paix des cantons et à celles de la mairie des communes sur le territoire desquelles s'est produit le différend.

Art. 4. — Au reçu de cette notification, et au plus tard dans les trois jours, les intéressés doivent faire parvenir leur réponse au juge de paix. Passé ce délai, leur silence est tenu pour refus.

S'ils acceptent, ils désignent dans leur reponse les noms, qualités et domiciles des délégués choisis pour les assister ou les représenter, sans que le nombre des personnes désignées puisse être supérieur à cinq.

Si l'éloignement ou l'absence des personnes auxquelles la proposition est notifiée, ou la nécessité de consulter des mandants, des associés ou un conseil d'administration, ne permettent pas de donner une réponse dans les trois jours. les représentants desdites personnes doivent, dans ce délai de trois jours, déclarer quel est le délai nécessaire pour donner cette réponse.

Cette déclaration est transmise par le juge de paix aux demandeurs dans les vingt-quatre heures.

Art. 5. — Si la proposition est acceptée, le juge de paix invite d'urgence les parties ou les délégués désignés par elles à se réunir en comité de conciliation.

Les réunions ont lieu en présence du juge de paix, qui est à la disposition du comité pour diriger les débats.

Art. 6. — Si l'accord s'établit, dans ce comité, sur les conditions de la conciliation. ces conditions sont consignées dans un procès-verbal dressé par le juge de paix et signés par les parties ou leurs délégués.

Art. 7. — Si l'accord ne s'établit pas, le juge de paix invite les parties à désigner, soit chacune un ou plusieurs arbitres, soit un arbitre commun.

Si les arbitres ne s'entendent pas sur la solution à donner différend, ils pourront choisir un nouvel arbitre pour les départager.

Art. 8. — Si les arbitres n'arrivent à s'entendre ni sur la solution à donner au différend, ni pour le choix d'arbitre départiteur, ils le déclareront sur le procès-verbal, et cet arbitre sera nommé par le président du tribunal civil, sur le vu du procès-verbal qui lui sera transmis d'urgence par le juge de paix.

Art. 9. — La décision sur le fond, prise, rédigée et signée par les arbitres, est remise au juge de paix.

Art. 10. — En cas de grève, à défaut d'initiative de la part des intéressés, le juge de paix invite d'office, et par les moyens indiqués à l'article 3, les patrons, ouvriers ou employés ou leurs représentants à lui faire connaître dans les trois jours :

1° L'objet du différend, avec l'exposé succinct des motifs allégués ;

2° Leur acceptation ou refus de recourir à la conciliation et à l'arbitrage ;

3° Les noms, qualités et domiciles des délégués choisis, le cas échéant, par les parties, sans que le nombre des personnes désignées de chaque côté puisse être supérieur à cinq.

Le délai de trois jours pourra être augmenté pour les causes et dans les conditions indiquées à l'article 4.

Si la proposition est acceptée, il sera procédé conformément aux articles 5 et suivants.

Art. 11. — Les procès-verbaux et décisions mentionnés aux articles 6, 8 et 9 ci-dessus sont conservés en minute au greffe de la justice de paix, qui en délivre gratuitement une expédition à chacune des parties et en adresse une autre au ministre du commerce et de l'industrie par l'entremise du préfet.

Art. 12. — La demande de conciliation et d'arbitrage, le refus ou l'absence de réponse de la partie adverse, la décision du comité de conciliation ou celle des arbitres, notifiés par le juge de paix au maire de chacune des communes où s'étendait le différend, sont, par chacun de ces maires, rendus publics par affichage à la place réservée aux publications officielles.

L'affichage de ces décisions pourra en outre se faire par les parties intéressées. Les affiches seront dispensées du timbre.

Art. 13. — Les locaux nécessaires à la tenue des comités de conciliation et aux réunions des arbitres sont fournis, chauffés et éclairés par les communes où ils siègent.

Les frais qui en résultent sont compris dans les dépenses obligatoires des communes.

Les dépenses des comités de conciliation et d'arbitrage seront fixées par arrêté du préfet du département et portées au budget départemental comme dépenses obligatoires.

Art. 14. — Tous actes faits en exécution de la présente loi seront dispensés du timbre et enregistrés gratis.

Art. 15. — Les arbitres et les délégués nommés en exécution de la présente loi devront être citoyens français.

Dans les professions ou industries où les femmes sont employées, elles pourront être désignées comme déléguées, à la condition d'appartenir à la nationalité française.

Art. 16. — La présente loi est applicable aux colonies de la Guadeloupe, de la Martinique et de la Réunion.

La présente loi, délibérée et adoptée par le Sénat et par la Chambre des députés, sera exécutée comme loi de l'État.

Fait à Paris, le 27 Décembre 1892.

Signé : CARNOT.

Le Ministre du Commerce et de l'Industrie,
Signé : JULES SIEGFRIED.

LOI relative à la saisie-arrêt sur les salaires et petits traitements des ouvriers ou employés.

Du 12 janvier 1895.

Le Sénat et la Chambre des députés ont adopté,
Le Président de la République promulgue la loi dont la teneur suit :

TITRE PREMIER
Saisie-arrêt.

ARTICLE PREMIER. — Les salaires des ouvriers et gens de service ne sont saisissables que jusqu'à concurrence du dixième, quel que soit le montant de ces salaires.

Les appointements ou traitements des employés ou commis et des fonctionnaires ne sont également saisissables que jusqu'à concurrence du dixième, lorsqu'ils ne dépassent pas deux mille francs (2,000 fr.) par an.

ART. — 2. — Les salaires, appointements et traitements visés par l'article premier ne pourront être cédés que jusqu'à concurrence d'un autre dixième.

ART. 3. — Les cessions et saisies faites pour le payement des dettes alimentaires prévues par les articles 203, 205, 206, 207, 214 et 349 du Code civil ne sont pas soumises aux restrictions qui précèdent.

ART. 4. — Aucune compensation ne s'opère au profit des patrons entre le montant des salaires dus par eux à leurs ouvriers et les sommes qui leur seraient dues à eux-mêmes pour fournitures diverses, qu'elle qu'en soit la nature, à l'exception toutefois :

1° Des outils ou instruments nécessaires au travail ;

2° Des matières et matériaux dont l'ouvrier a la charge et l'usage ;

3° Des sommes avancées pour l'acquisition de ces mêmes objets.

ART. 5. — Tout patron qui fait une avance en espèces en dehors du cas prévu par le paragraphe 3 de l'article 4 qui précède ne peut se rembourser qu'au moyen de retenues successives ne dépassant pas le dixième du montant des salaires ou appointements exigibles.

La retenue opérée de ce chef ne se confond ni avec la partie saisissable ni avec la partie cessible portée en l'article 2.

Les acomptes sur un travail en cours ne sont pas considérés comme avances.

TITRE II
Procédure de saisie-arrêt sur les salaires et petits traitements.

ART. 6. — La saisie-arrêt sur les salaires et les appointements ou traitements ne dépassant pas annuellement 2,000 francs, dont il s'agit à l'article premier de la présente loi, ne pourra être pratiquée, s'il y a titre, que sur le visa du greffier de la justice de paix du domicile du débiteur saisi.

S'il n'y a point de titre, la saisie-arrêt ne pourra être pratiquée qu'en vertu de l'autorisation du juge de paix du domicile du débiteur saisi. Toutefois, avant d'accorder l'autorisation, le juge de paix pourra, si les parties n'ont déjà été appelées en conciliation, convoquer devant lui, par simple avertissement, le créancier et le débiteur; s'il intervient un arrangement il en sera tenu note par le greffier, sur un registre spécial exigé par l'article 14.

L'exploit de saisie-arrêt contiendra en tête l'extrait du titre, s'il y en a un, ainsi que la copie du visa, et, à défaut de titre, copie de l'autorisation du juge. — L'exploit sera signifié au tiers saisi ou à son représentant préposé au payement des salaires ou traitement, dans le lieu où travaille le débiteur saisi.

ART. 7. — L'autorisation accordée par le juge évaluera ou énoncera la somme pour laquelle la saisie-arrêt sera formée.

Le débiteur pourra toucher du tiers saisi la portion non saisissable de ses salaires, gages ou appointements.

Une seule saisie-arrêt doit être autorisée par le juge. S'il survient d'autres créanciers, leur réclamation, signée et déclarée sincère par eux et contenant toutes les pièces de nature à mettre le juge à même de faire l'évaluation de la créance, sera inscrite par le greffier sur le registre exigé par l'article 14. Le greffier se bornera à en donner avis dans les quarante-huit heures au débiteur saisi et au tiers saisi, par lettre recommandée qui vaudra opposition.

ART. 8. — L'huissier saisissant sera tenu de faire parvenir au juge de paix, dans le délai de huit jours à dater de la saisie, l'original de l'exploit, sous peine d'une amende de dix francs (10 fr.) qui sera prononcée par le juge de paix en audience publique.

ART. 9. — Tout créancier saisissant, le débiteur et le tiers saisi pourront requérir la convocation des intéressés devant le juge de paix du débiteur saisi, par une déclaration consignée sur le registre spécial prévu en l'article 14.

Dans les quarante-huit heures de cette réquisition, le greffier adressera: 1° au saisi; 2° au tiers saisi; 3° à tous autres créanciers opposants, un avertissement recommandé à comparaître devant le juge de paix à l'audience que celui-ci aura fixée.

A cette audience ou à toute autre fixée par lui, le juge de paix, prononçant sans appel, dans la limite de sa compétence et à charge d'appel à quelque valeur que la demande puisse s'élever, statuera sur la validité, la nullité ou la mainlevée de la saisie, ainsi que sur la déclaration affirmative que le tiers saisi sera tenu de faire audience tenante.

Le tiers saisi qui ne comparaîtra pas, ou qui ne fera pas sa déclaration, ainsi qu'il est dit ci-dessus, sera déclaré débiteur pur et simple des retenues non opérées et condamné aux frais par lui occasionnés.

Art. 10. — Si le jugement est rendu par défaut, avis de ses dispositions sera transmis par le greffier à la partie défaillante, par lettre recommandée, dans les cinq jours du prononcé.

L'opposition, qui ne sera recevable que dans les huit jours de la date de la lettre, consistera dans une déclaration à faire au greffe de la justice de paix, sur le registre prescrit par l'article 14.

Toutes parties intéressées seront prévenues, par lettre recommandée du greffier, pour la plus prochaine audience utile. Le jugement qui interviendra sera réputé contradictoire. L'appel relevé contre le jugement contradictoire sera formé dans les dix jours du prononcé du jugement, et, dans le cas où il aurait été rendu par défaut, du jour de l'expiration des délais d'opposition, sans que, dans le cas du jugement contradictoire, il soit besoin de le signifier.

Art. 11. — Après l'expiration des délais de recours, le juge de paix pourra surseoir à la convocation des parties intéressées, tant que la somme à distribuer n'atteindra pas, d'après la déclaration du tiers saisi, et déduction faite des frais à prélever et des créances privilégiées, un chiffre suffisant pour distribuer aux créanciers connus un dividende de vingt pour cent (20 °/₀) au moins. S'il y a somme suffisante, et si les parties ne se sont pas amiablement entendues pour la répartition, le juge procédera à la distribution entre les ayants droit. Il établira son état de répartition sur le registre prescrit par l'article 14. Une copie de cet état, signée du juge et du greffier, indiquant le montant des frais à prélever, le montant des créances privilégiées, s'il en existe, et le montant des sommes attribuées dans la répartition à chaque ayant droit, sera transmise par le greffier, par lettre recommandée, au débiteur saisi ou au tiers saisi, et à chaque créancier colloqué.

Ces derniers auront une action directe contre le tiers saisi en payement de leur collocation. Les ayants droit aux frais et aux collocations utiles donneront quittance en marge de l'état de répartition remis au tiers saisi, qui se trouvera libéré d'autant.

Art. 12. — Les effets de la saisie-arrêt et les oppositions consignées par le greffier sur le registre spécial subsisteront jusqu'à complète libération du débiteur.

Art. 13. — Les frais de saisie-arrêt et de distribution seront à la charge du débiteur saisi. Ils seront prélevés sur la somme à distribuer.

Tous frais de contestation jugée mal fondée seront mis à la charge de la partie qui aura succombé.

Art. 14. — Pour l'exécution de la présente loi, il sera tenu au greffe de chaque justice de paix un registre sur papier non timbré, qui sera coté et paraphé par le juge de paix et sur lequel seront inscrits :

1° Les visas ou ordonnances autorisant la saisie-arrêt;

2° Le dépôt de l'exploit;

3° La réquisition de la convocation des parties ;

4° Les arrangements intervenus ;

5° Les interventions des autres créanciers ;

6° La déclaration faite par le tiers saisi ;

7° La mention des avertissements ou lettres recommandées transmises aux parties ;

8° Les décisions du juge de paix ;

9° La répartition établie entre les ayants droit.

ART. 15. — Tous les exploits, autorisations, jugements, décisions, procès-verbaux et états de répartition, qui pourront intervenir en exécution de la présente loi, seront rédigés sur papier non timbré et enregistrés gratis. Les avertissements et lettres recommandées et les copies d'état de répartition sont exempts de tout droit de timbre et d'enregistrement.

ART. 16. — Un décret determinera les émoluments à allouer aux greffiers pour l'envoi des lettres recommandées et pour dresse de tous extraits et copies d'état de répartition.

ART. 17. — Les lois et décrets antérieurs sont abrogés en ce qu'ils ont de contraire à la présente loi.

ART. 18. — La présente loi est applicable à l'Algérie et aux colonies.

La présente loi, délibérée et adoptée par le Sénat et par la Chambre des députés, sera exécutée comme loi de l'État.

Fait à Paris, le 12 Janvier 1895.

Signé : CASIMIR-PÉRIER.

Par le Président de la République :

Le Ministre du Commerce, de l'Industrie, des Postes et Télégraphes,

Signé : V. LOURTIES.

Le Garde des Sceaux, Ministre de la Justice,

Signé : GUÉRIN.

LOI sur les Délégués à la Sécurité des ouvriers mineurs

Du 8 Juillet 1890

Le Sénat et la Chambre des députés ont adopté,

Le Président de la République promulgue la loi dont la teneur suit :

ARTICLE PREMIER. — Des délégués à la sécurité des ouvriers mineurs sont institués conformément aux dispositions de la présente loi, pour visiter les travaux souterrains des mines, minières ou carrières, dans le but exclusif d'en examiner les conditions de sécurité pour le personnel qui y est occupé, et, d'autre part, en cas d'accident, les conditions dans lesquelles cet accident se serait produit.

Un délégué et un délégué suppléant exercent leurs fonctions

dans une circonscription souterraine dont les limites sont déterminées par un arrêté du préfet rendu sous l'autorité du ministre des travaux publics après rapport des ingénieurs des mines, l'exploitant entendu.

Tout ensemble de puits, galeries et chantiers dépendant d'un même exploitant et dont la visite détaillée n'exige pas plus de six jours, ne constitue qu'une seule circonscription. Les autres exploitations sont subdivisées en deux, trois, etc., circonscriptions selon que la visite n'exige pas plus de douze, dix-huit, etc., jours. Un même arrêté statue sur la délimitation des diverses circonscriptions entre lesquelles est ainsi divisé, s'il y a lieu, l'ensemble des puits, galeries et chantiers voisins dépendant d'un même exploitant, sous le territoire d'une même commune ou de plusieurs communes contiguës.

A toute époque, le préfet peut, par suite de changements survenus dans les travaux, modifier, sur le rapport des ingénieurs des mines, l'exploitant entendu, le nombre et les limites des circonscriptions.

A l'arrêté préfectoral est annexé un plan donnant la délimitation de chaque circonscription et portant les limites des communes sous le territoire desquelles elle s'étend. Ce plan est fourni par l'exploitant en triple expédition, sur la demande du préfet et conformément à ses indications.

L'arrêté préfectoral est notifié dans la huitaine à l'exploitant, auquel sera remis en même temps un des plans annexés audit arrêté.

Ampliation de l'arrêté préfectoral, avec un des plans annexés, reste déposée à la mairie de la commune qui est désignée dans l'arrêté parmi celles sous lesquelles s'étendent les circonscriptions qu'il délimite ; elle y est tenue, sans déplacement, à la disposition de tous les intéressés.

Un arrêté du préfet, rendu sur le rapport des ingénieurs des mines, peut dispenser de délégués toute concession de mines, ou tout ensemble de concessions de mines contiguës, ou tout ensemble de travaux souterrains de minières ou carrières qui, dépendant d'un même exploitant, emploierait moins de vingt-cinq ouvriers travaillant au fond.

Art. 2. — Le délégué doit visiter deux fois par mois tous les puits, galeries et chantiers de sa circonscription. Il visitera également les appareils servant à la circulation et au transport des ouvriers.

Il doit, en outre, procéder sans délai à la visite des lieux où est survenu un accident ayant occasionné la mort ou des blessures graves à un ou plusieurs ouvriers, ou pouvant compromettre la sécurité des ouvriers. Avis de l'accident doit être donné sur-le-champ au délégué par l'exploitant.

Le délégué, dans ses visites, est tenu de se conformer à toutes les mesures prescrites par les règlements en vue d'assurer l'ordre et la sécurité dans les travaux.

Le délégué suppléant ne remplace le délégué qu'en cas d'empèchement motivé de celui-ci, sur l'avis que le délégué en a donné tant à l'exploitant qu'au délégué suppléant.

ART. 3. — Les observations relevées par le délégué dans chacune de ses visites doivent être, le jour même ou au plus tard le lendemain, consignées par lui sur un registre spécial fourni par l'exploitant, et constamment tenu sur le carreau de l'exploitation à la disposition des ouvriers.

Le délégué inscrit sur le registre les heures auxquelles il a commencé et terminé sa visite, ainsi que l'itinéraire suivi par lui.

L'exploitant peut consigner ses observations et dires sur le même registre, en regard de ceux du délégué.

Des copies des uns et des autres sont immédiatement et respectivement envoyées par les auteurs au préfet, qui les communique aux ingénieurs des mines.

Lors de leurs tournées, les ingénieurs des mines et les contrôleurs des mines doivent viser le registre de chaque circonscription. Ils peuvent toujours se faire accompagner dans leurs visites par le délégué de la circonscription.

ART. 4. — Le délégué et le délégué suppléant sont élus au scrutin de liste dans les formes prévues aux articles suivants.

ART. 5. — Sont électeurs dans une circonscription les ouvriers qui y travaillent au fond, à la condition :

1° D'être Français et de jouir de leurs droits politiques ;

2° D'être inscrits sur la feuille de la dernière paye effectuée pour la circonscription avant l'arrêté de convocation des électeurs.

ART. 6. — Sont éligibles dans une circonscription, à la condition de savoir lire et écrire, et, en outre, de n'avoir jamais encouru de condamnation pour infraction aux dispositions soit de la présente loi, soit de la loi du 21 avril 1810 et du décret du 3 janvier 1813, soit des articles 414 et 415 du Code pénal : (1)

1° Les électeurs ci-dessus désignés, âgés de vingt-cinq ans accomplis, travaillant au fond depuis cinq ans au moins dans la circonscription ou dans l'une des circonscriptions voisines dépendant du même exploitant, qui sont délimitées par le même arrêté préfectoral conformément au paragraphe 3 de l'article premier ci-dessus ;

2° Les anciens ouvriers domiciliés dans les communes sous le territoire desquelles s'étend l'ensemble des circonscriptions comprises avec la circonscription en question dans le même arrêté de délimitation, conformément au susdit paragraphe 3 de l'article premier, à la condition qu'ils soient âgés de vingt-cinq ans accomplis, qu'ils soient Français, qu'ils jouissent de leurs droits politiques, qu'ils aient travaillé au fond pendant cinq ans au moins dans les circonscriptions comprises dans l'arrêté précité, et qu'il n'aient pas cessé d'y être employés depuis plus de dix ans, soit comme ouvrier du fond, soit comme délégué ou délégué suppléant ;

3° Les anciens ouvriers ne seront éligibles que s'ils ne sont

____

(1) Voir page 201 la teneur de ces articles.

pas déjà délégués non seulement pour une circonscription de la mine de l'exploitant, mais encore pour une circonscription d'une autre mine située dans ou en dehors du territoire de la commune.

Pendant les cinq premières années qui suivront l'ouverture à l'exploitation d'une nouvelle circonscription, pourront être élus les électeurs justifiant de cinq ans de travail au fond, dans une mine, minière ou carrière souterraine de même nature.

ART. 7. — Dans les huit jours qui suivent la publication de l'arrêté préfectoral convoquant les électeurs, la liste électorale de la circonscription, dressée par l'exploitant, est remise par lui en trois exemplaires au maire de chacune des communes sous lesquelles s'étend la circonscription. Le maire fait immédiatement afficher cette liste à la porte de la mairie et dresse procès-verbal de cet affichage ; il envoie les deux autres exemplaires au préfet et au juge de paix avec copie du procès-verbal d'affichage. Dans le même délai de huit jours, l'exploitant fait afficher ladite liste aux lieux habituels pour les avis donnés aux ouvriers.

Si l'exploitant ne remet pas aux maires et ne fait pas afficher la liste électorale dans les délais et conditions ci-dessus prévus, le préfet fait dresser et afficher cette liste, aux frais de l'exploitant, sans préjudice des peines qui pourront être prononcées contre ce dernier pour contravention à la présente loi.

En cas de réclamation des intéressés, le recours doit être formé cinq jours au plus après celui où l'affichage a été effectué par le maire le moins diligent, devant le juge de paix qui statue d'urgence et en dernier ressort.

Si une circonscription s'étend sous deux ou plusieurs cantons, le juge de paix compétent est celui dont le canton comprend la mairie de la commune désignée comme lieu du vote par l'arrêté préfectoral de convocation des électeurs.

ART. 8. — Les électeurs d'une circonscription sont convoqués par un arrêté du préfet.

L'arrêté doit être publié et affiché dans les communes sous le territoire desquelles s'étend la circonscription quinze jours au moins avant l'élection, qui doit toujours avoir lieu un dimanche.

L'arrêté fixe la date de l'élection, ainsi que les heures auxquelles sera ouvert et fermé le scrutin.

Le vote a lieu à la mairie de la commune désignée par l'arrêté de convocation parmi celles sous le territoire desquelles s'étend la circonscription.

ART. 9. — Le bureau électoral est présidé par le maire, qui prend comme assesseurs le plus âgé et le plus jeune des électeurs présents au moment de l'ouverture du scrutin et, à défaut d'électeurs présents ou consentant à siéger, deux membres du conseil municipal.

Chaque bulletin porte deux noms avec l'indication de la qualité de délégué ou de délégué suppléant à chaque candidat. Nul n'est élu au premier tour de scrutin s'il n'a obtenu la majorité absolue des suffrages exprimés et un nombre de voix au moins égal au quart du nombre des électeurs inscrits.

Au deuxième tour de scrutin, la majorité relative suffit, quel que soit le nombre des votants.

En cas d'égalité de suffrages, le plus âgé des candidats est élu.

Si un second tour de scrutin est nécessaire, il y est procédé le dimanche suivant dans les mêmes conditions de forme et de durée.

Le vote a lieu, sous peine de nullité, sous enveloppe d'un type uniforme déposé à la préfecture.

Art. 10. — Ceux qui, soit par voies de fait, violences, menaces, dons ou promesses, soit en faisant craindre à un électeur de perdre son emploi, d'être privé de son travail, ou d'exposer à un dommage sa personne, sa famille ou sa fortune, auront influencé le vote, seront punis d'un emprisonnement d'un mois à un an et d'une amende de cent francs (100 fr.) à deux mille francs (2,000 fr).

L'article 463 du Code pénal pourra être appliqué.

Art. 11. — Pourra être annulée toute élection dans laquelle les candidats élus auraient influencé le vote en promettant de s'immiscer dans des questions ou revendications étrangères à l'objet des fonctions de délégué, telles qu'elles sont définies au paragraphe premier de l'article premier.

Art. 12 — Après le dépouillement du scrutin, le président proclame le résulat du vote; il dresse et transmet au préfet le procès-verbal des opérations.

Les protestations doivent être consignées au procès-verbal ou être adressées à peine de nullité, dans les trois jours qui suivent l'élection, au préfet qui en accuse réception.

Les exploitants peuvent, comme les électeurs, adresser dans le même délai leurs protestations au préfet.

En cas de protestation, ou si le préfet estime que les conditions prescrites par la loi ne sont pas remplies, le dossier est transmis, au plus tard le cinquième jour après l'élection, au conseil de préfecture, qui doit statuer dans les huit jours suivants.

En cas d'annulation, il est procédé à l'élection dans le délai d'un mois.

Art. 13. — Les délégués et délégués suppléants sont élus pour trois ans; toutefois ils doivent continuer leurs fonctions tant qu'ils n'ont pas été remplacés.

A l'expiration de trois ans, il est procédé à de nouvelles élections dans le délai d'un mois.

Il est pourvu dans le mois qui suit la vacance au remplacement du délégué ou du délégué suppléant décédé ou démissionnaire, ou révoqué, ou déchu des qualités requises pour l'éligibilité.

Le nouvel élu est nommé pour le temps restant à courir jusqu'au terme qui était assigné aux fonctions de celui qu'il remplace.

Il devra être procédé à de nouvelles élections pour les circonscriptions qui seront créées ou modifiées par application du paragraphe 4 de l'article premier de la présente loi.

Art. 14. — L'article 7, paragraphe 3, du décret du 3 janvier 1813 est ainsi modifié :

« En cas de contestations, trois experts seront chargés de procéder aux vérifications nécessaires. Le premier sera nommé par le préfet, le second par l'exploitant et le troisième sera de droit le délégué de la circonscription, ou sera désigné par le juge de paix, s'il n'existe pas de circonscription.

« Si la vérification intéresse plusieurs circonscriptions, les délégués de ces circonscriptions nommeront parmi eux le troisième, expert. »

Art. 15 — Tout délégué ou délégué suppléant peut, pour négligence grave ou abus dans l'exercice de ses fonctions, ou à la suite de condamnations prononcées en vertu des articles 414 et 415 du Code pénal(1), être suspendu pendant trois mois au plus, par arrêté du préfet, pris après enquête, sur avis motivé des ingénieurs des mines et le délégué entendu.

L'arrêté de suspension est, dans la quinzaine, soumis par le préfet au ministre des travaux publics, lequel peut lever ou réduire la suspension et, s'il y a lieu, prononcer la révocation du délégué.

Les délégués et délégués suppléants révoqués ne peuvent être réélus avant un délai de trois ans.

Art. 16. — Les visites prescrites par la présente loi sont payées par le trésor au délégué comme journées de travail.

Au mois de décembre de chaque année, le préfet, sur l'avis des ingénieurs des mines et sous l'autorité du ministre des travaux publics, fixe pour l'année suivante et pour chaque circonscription le nombre maximum des journées que le délégué doit employer à ses visites et le prix de la journée. Il fixe également le minimum de l'indemnité mensuelle pour les circonscriptions comprenant au plus cent vingt ouvriers.

Dans les autres cas, l'indemnité à accorder aux délégués pour les visites mensuelles réglementaires ne pourra être inférieure au prix de dix journées de travail par mois.

Les visites supplémentaires faites par un délégué, soit pour accompagner les ingénieurs ou contrôleurs des mines, soit à la suite d'accidents, lui seront payées en outre et au même prix.

Le délégué dresse mensuellement un état des journées employées aux visites tant par lui-même que par son suppléant. Cet état est vérifié par les ingénieurs des mines et arrêté par le préfet.

La somme due à chaque délégué lui est payée par le trésor sur mandat mensuel délivré par le préfet.

Les frais avancés par le trésor sont recouvrés sur les exploitants comme en matière de contributions directes.

----

(1) Voir page 201 pour la teneur de ces articles.

Art. 17. — Seront poursuivis et punis conformément à la loi du 21 avril 1810 :

Tous ceux qui apporteraient une entrave aux visites et constatations, ou contreviendraient aux dispositions de la présente loi.

Art. 18. — Les exploitations de mines, minières et carrières à ciel ouvert pourront, en raison des dangers qu'elles présenteront, être assimilées aux exploitations souterraines pour l'application de la présente loi, par arrêté du préfet, rendu sur le rapport des ingénieurs des mines.

Dans ce cas, les ouvriers attachés à l'extraction devront être assimilés aux ouvriers du fond pour l'électorat et l'éligibilité.

La présente loi, délibérée et adopté par le Sénat et par la Chambre des députés, sera exécutée comme loi de l'Etat.

Fait à Paris, le 8 Juillet 1890.

Signé : CARNOT.

Le Ministre des travaux publics,
Signé : Yves Guyot.

LOI sur le Travail des Enfants, des Filles mineures et des Femmes dans les Établissements industriels.

(Du 2 novembre 1892)

Le Sénat et la Chambre des députés ont adopté,

Le Président de la République promulgue la loi dont la teneur suit :

PREMIÈRE SECTION

Dispositions générales.— Age d'admission.— Durée du travail

Article premier. — Le travail des enfants, des filles mineures et des femmes dans les usines, manufactures, mines, minières et carrières, chantiers, ateliers et leurs dépendances, de quelque nature que ce soit, publics ou privés, laïques ou religieux, même lorsque ces établissements ont un caractère d'enseignement professionnel ou de bienfaisance, est soumis aux obligations déterminées par la présente loi.

Toutes les dispositions de la présente loi s'appliquent aux étrangers travaillant dans les établissements ci-dessus désignés.

Sont exceptés les travaux effectués dans les établissements où ne sont employés que les membres de la famille sous l'autorité soit du père, soit de la mère, soit du tuteur.

Néanmoins, si le travail s'y fait à l'aide de chaudière à vapeur ou de moteur mécanique, ou si l'industrie exercée est classée au nombre des établissements dangereux ou insalubres, l'inspecteur aura le droit de prescrire les mesures de sécurité et de salubrité à prendre conformément aux articles 12, 13 et 14.

Art. 2. — Les enfants ne peuvent être employés par les patrons ni être admis dans les établissements énumérés dans l'article 1er avant l'âge de treize ans révolus.

Toutefois, les enfants munis du certificat d'études primaires institué par la loi du 28 mars 1882 peuvent être employés à partir de l'âge de douze ans.

Aucun enfant âgé de moins de treize ans ne pourra être admis au travail dans les établissements ci-dessus visés, s'il n'est muni d'un certificat d'aptitude physique délivré, à titre gratuit, par l'un des médecins inspecteurs des écoles, ou tout autre médecin chargé d'un service public, désigné par le préfet. Cet examen sera contradictoire, si les parents le réclament.

Les inspecteurs du travail pourront toujours requérir un examen médical de tous les enfants au-dessous de seize ans, déjà admis dans les établissements susvisés, à l'effet de constater si le travail dont ils sont chargés excède leurs forces.

Dans ce cas, les inspecteurs auront le droit d'exiger leur renvoi de l'établissement sur l'avis conforme de l'un des médecins désignés au paragraphe 3 du présent article, et après examen contradictoire si les parents le réclament.

Dans les orphelinats et institutions de bienfaisance visés à l'article 1er, et dans lesquels l'instruction primaire est donnée, l'enseignement manuel ou professionnel, pour les enfants âgés de moins de treize ans, sauf pour les enfants âgés de douze ans munis du certificat d'études primaires, ne pourra pas dépasser trois heures par jour.

Art. 3. — Les enfants de l'un et l'autre sexe, âgés de moins de seize ans, ne peuvent être employés à un travail effectif de plus de dix heures par jour.

Les jeunes ouvriers ou ouvrières de seize à dix-huit ans ne peuvent être employés à un travail effectif de plus de soixante heures par semaine, sans que le travail journalier puisse excéder onze heures.

Les filles au-dessus de dix-huit ans et les femmes ne peuvent être employées à un travail effectif de plus de onze heures par jour.

Les heures de travail ci-dessus indiquées seront coupées par un ou plusieurs repos dont la durée totale ne pourra être inférieure à une heure, et pendant lesquels le travail sera interdit.

DEUXIÈME SECTION

Travail de nuit. — Repos hebdomadaire

Art. 4. — Les enfants âgés de moins de dix-huit ans, les filles mineures et les femmes ne peuvent être employés à aucun travail de nuit dans les établissements énumérés à l'article 1er.

Tout travail entre neuf heures du soir et cinq heures du matin est considéré comme travail de nuit ; toutefois, le travail sera autorisé de quatre heures du matin à dix heures du soir quand il sera réparti entre deux postes d'ouvriers ne travaillant pas plus de neuf heures chacun.

Le travail de chaque équipe sera coupé par un repos d'une heure au moins.

Il sera accordé pour les femmes et les filles âgées de plus de dix-huit ans, à certaines industries qui seront déterminées par un règlement d'administration publique et dans les conditions d'application qui seront précisées dans ledit règlement, la faculté de prolonger le travail jusqu'à onze heures du soir, à certaines époques de l'année, pendant une durée totale qui ne dépassera pas soixante jours. En aucun cas, la journée de travail effectif ne pourra être prolongée au-delà de douze heures.

Il sera accordé à certaines industries, déterminées par un règlement d'administration publique, l'autorisation de déroger d'une façon permanente aux dispositions des paragraphes 1 et 2 du présent article, mais sans que le travail puisse, en aucun cas, dépasser sept heures par vingt-quatre heures.

Le même règlement pourra autoriser, pour certaines industries, une dérogation temporaire aux dispositions précitées.

En outre, en cas de chômage résultant d'une interruption accidentelle ou de force majeure, l'interdiction ci-dessus peut, dans n'importe quelle industrie, être temporairement levée par l'inspecteur pour un délai déterminé.

Art. 5. — Les enfants âgés de moins de dix-huit ans et les femmes de tout âge ne peuvent être employés dans les établissements énumérés à l'article 1er plus de six jours par semaine, ni les jours de fêtes reconnues par la loi, même pour rangement d'atelier.

Une affiche apposée dans les ateliers indiquera le jour adopté pour le repos hebdomadaire.

Art. 6. — Néanmoins dans les usines à feu continu, les femmes majeures et les enfants du sexe masculin peuvent être employés tous les jours de la semaine, la nuit, aux travaux indispensables, sous la condition qu'ils auront au moins un jour de repos par semaine.

Les travaux tolérés et le laps de temps pendant lequel ils peuvent être exécutés seront déterminés par un règlement d'administration publique.

Art. 7. — L'obligation du repos hebdomadaire et les restrictions relatives à la durée du travail peuvent être temporairement levées par l'inspecteur divisionnaire, pour les travailleurs visés à l'article 5, pour certaines industries à désigner par le susdit règlement d'administration publique.

Art. 8. — Les enfants des deux sexes, âgés de moins de treize ans, ne peuvent être employés comme acteurs, figurants, etc., aux représentations données dans les théâtres et cafés-concerts sédentaires.

Le ministre de l'instruction publique et des beaux-arts, à Paris, et les préfets, dans les départements, pourront exceptionnellement autoriser l'emploi d'un ou plusieurs enfants dans les théâtres pour la représentation de pièces déterminées.

TROISIÈME SECTION

Travaux souterrains

ART. 9. — Les filles et les femmes ne peuvent être admises dans les travaux souterrains des mines, minières et carrières.

Des règlements d'administration publique détermineront les conditions spéciales du travail des enfants de treize à dix-huit ans du sexe masculin dans les travaux souterrains ci-dessus visés.

Dans les mines spécialement désignées par des règlements d'administration publique, comme exigeant, en raison de leurs conditions naturelles, une dérogation aux prescriptions du paragraphe 2 de l'article 4, ces règlements pourront permettre le travail des enfants à partir de quatre heures du matin et jusqu'à minuit, sous la condition expresse que les enfants ne soient pas assujettis à plus de huit heures de travail effectif ni à plus de dix heures de présence dans la mine, par vingt-quatre heures.

QUATRIÈME SECTION

Surveillance des enfants

ART. 10. — Les maires sont tenus de délivrer gratuitement aux père, mère, tuteur ou patron, un livret sur lequel sont portés les nom et prénoms des enfants des deux sexes âgés de moins de dix-huit ans, la date, le lieu de leur naissance et leur domicile.

Si l'enfant a moins de treize ans, le livret devra mentionner qu'il est muni du certificat d'études primaires institué par la loi du 28 mars 1882.

Les chefs d'industrie ou patrons inscriront sur le livret la date de l'entrée dans l'atelier et celle de la sortie; ils devront également tenir un registre sur lequel seront mentionnées toutes les indications insérées au présent article.

ART. 11. — Les patrons ou chefs d'industrie et loueurs de force motrice sont tenus de faire afficher dans chaque atelier les dispositions de la présente loi, les règlements d'administration publique relatifs à son exécution et concernant plus spécialement leur industrie, ainsi que les adresses et les noms des inspecteurs de la circonscription.

Ils afficheront également les heures auxquelles commencera et finira le travail, ainsi que les heures et la durée des repos. Un duplicata de cette affiche sera envoyé à l'inspecteur, un autre sera déposé à la mairie.

L'organisation de relais, qui aurait pour effet de prolonger au delà de la limite légale la durée de la journée de travail, est interdite pour les personnes protégées par la présente loi.

Dans toutes les salles de travail des ouvroirs, orphelinats, ateliers de charité ou de bienfaisance dépendant des établissements religieux ou laïques, sera placé d'une façon permanente un tableau indiquant, en caractères facilement lisibles, les conditions du travail des enfants telles qu'elles résultent des articles 2, 3, 4 et 5 et déterminant l'emploi de la journée, c'est-à-dire les heures du travail manuel, du repos, de l'étude et des repas. Ce tableau sera visé par l'inspecteur et revêtu de sa signature.

Un état nominatif complet des enfants élevés dans les établissements ci-dessus désignés, indiquant leurs noms et prénoms, la date et le lieu de naissance, et certifié conforme par les directeurs de ces établissements, sera remis tous les trois mois à l'inspecteur et fera mention de toutes les mutations survenues depuis la production du dernier état.

CINQUIÈME SECTION

Hygiène et sécurité des travailleurs

Art. 12. — Les différents genres de travail présentant des causes de danger, ou excédant les forces, ou dangereux pour la moralité, qui seront interdits aux femmes, filles et enfants, seront déterminés par des règlements d'administration publique.

Art. 13. — Les femmes, filles et enfants ne peuvent être employés dans des établissements insalubres ou dangereux, où l'ouvrier est exposé à des manipulations ou à des émanations préjudiciables à sa santé, que sous les conditions spéciales déterminées par des règlements d'administration pour chacune de ces catégories de travailleurs.

Art. 14. — Les établissements visés dans l'article 1er et leurs dépendances doivent être tenus dans un état constant de propreté, convenablement éclairés et ventilés, ils doivent présenter toutes les conditions de sécurité et de salubrité nécessaires à la santé du personnel.

Dans tout établissement contenant des appareils mécaniques, les roues, les courroies, les engrenages ou tout autre organe pouvant offrir une cause de danger, seront séparés des ouvriers de telle manière que l'approche n'en soit possible que pour les besoins du service.

Les puits, trappes et ouvertures de descente doivent être clôturés.

Art. 15. — Tout accident ayant occasionné une blessure à un ou plusieurs ouvriers, survenu dans un des établissements mentionnés à l'article 1er, sera l'objet d'une déclaration par le chef de l'entreprise ou, à son défaut et en son absence, par son préposé.

Cette déclaration contiendra le nom et l'adresse des témoins de l'accident; elle sera faite dans les quarante-huit heures au maire de la commune, qui en dressera procès-verbal dans la forme à déterminer par un règlement d'administration publique. A cette déclaration sera joint, produit par le patron, un certificat du médecin indiquant l'état du blessé, les suites probables de l'accident et l'époque à laquelle il sera possible d'en connaître le résultat définitif.

Récépissé de la déclaration et du certificat médical sera remis, séance tenante, au déposant.

Avis de l'accident est donné immédiatement par le maire à l'inspecteur divisionnaire ou départemental.

ART. 16. — Les patrons ou chefs d'établissements doivent, en outre, veiller au maintien des bonnes mœurs et à l'observation de la décence publique.

SIXIÈME SECTION

Inspection

ART. 17. — Les inspecteurs du travail sont chargés d'assurer l'exécution de la présente loi et de la loi du 9 septembre 1848.

Ils sont chargés, en outre, concurremment avec les commissaires de police, de l'exécution de la loi du 7 décembre 1874, relative à la protection des enfants employés dans les professions ambulantes.

Toutefois, en ce qui concerne les exploitations des mines, minières et carrières, l'exécution de la loi est exclusivement confiée aux ingénieurs et contrôleurs des mines, qui, pour ce service, sont placés sous l'autorité du ministre du commerce et de l'industrie.

ART. 18. — Les inspecteurs du travail sont nommés par le ministre du commerce et de l'industrie.

Ce service comprendra :

1° Des inspecteurs divisionnaires ;

2° Des inspecteurs ou inspectrices départementaux.

Un décret rendu après avis du Comité des arts et manufactures et de la Commission supérieure du travail ci-dessous instituée déterminera les départements dans lesquels il y aura lieu de créer des inspecteurs départementaux. Il fixera le nombre, le traitement et les frais de tournée de ces inspecteurs.

Les inspecteurs ou inspectrices départementaux sont placés sous l'autorité de l'inspecteur divisionnaire.

Les inspecteurs du travail prêtent serment de ne point révéler les secrets de fabrication et, en général, les procédés d'exploitation dont ils pourraient prendre connaissance dans l'exercice de leurs fonctions.

Toute violation de ce serment est punie conformément à l'article 378 du Code pénal.

ART. 19. — Désormais ne seront admissibles aux fonctions d'inspecteur divisionnaire ou départemental que les candidats ayant satisfait aux conditions et aux concours visés par l'article 22.

La nomination au poste d'inspecteur titulaire ne sera définitive qu'après un stage d'un an.

Art. 20. — Les inspecteurs et inspectrices ont entrée dans tous les établissements visés par l'article 1er; ils peuvent se faire représenter le registre prescrit par l'art. 10, les livrets, les règlements intérieurs, et, s'il y a lieu, le certificat d'aptitude physique mentionné à l'article 2.

Les contraventions sont constatées par les procès-verbaux des inspecteurs et inspectrices, qui font foi jusqu'à preuve contraire.

Ces procès-verbaux sont dressés en double exemplaire, dont l'un est envoyé au préfet du département et l'autre déposé au parquet.

Les dispositions ci-dessus ne dérogent point aux règles du droit commun, quant à la constatation et à la poursuite des infractions à la présente loi.

Art 21. — Les inspecteurs ont pour mission, en dehors de la surveillance qui leur est confiée, d'établir la statistique des conditions du travail industriel dans la région qu'ils sont chargés de surveiller,

Un rapport d'ensemble résumant ces communications sera publié tous les ans par les soins du ministre du commerce et de l'industrie.

SEPTIÈME SECTION

Commissions supérieure et départementales

Art. 22. — Une Commission supérieure composée de neuf membres, dont les fonctions sont gratuites, est établie auprès du ministre du commerce et de l'industrie. Cette commission comprend deux sénateurs, deux députés élus par leurs collègues et cinq membres nommés pour une période de quatre ans, par le président de la République. Elle est chargée :

1° De veiller à l'application uniforme et vigilante de la présente loi ;

2° De donner son avis sur les règlements à faire et généralement sur les diverses questions intéressant les travailleurs protégés ;

3° Enfin d'arrêter les conditions d'admissibilité des candidats à l'inspection divisionnaire et départementale et le programme du concours qu'ils devront subir.

Les inspecteurs divisionnaires nommés en vertu de la loi du 19 mai 1874, et actuellement en fonctions, seront répartis entre les divers postes d'inspecteurs divisionnaires et d'inspecteurs départementaux établis en exécution de la présente loi, sans être assujettis à subir le concours.

Les inspecteurs départementaux pourront être conservés sans subir un nouveau concours.

Art. 23. — Chaque année, le président de la Commission supérieure adresse au Président de la République un rapport général sur les résultats de l'inspection et sur les faits relatifs à l'exécution de la présente loi.

Ce rapport doit être, dans le mois de son dépôt, publié au *Journal officiel*.

ART. 24. — Les Conseils généraux devront instituer une ou plusieurs commissions chargées de présenter, sur l'exécution de la loi et les améliorations dont elle serait susceptible, des rapports qui seront transmis au ministre et communiqués à la Commission supérieure.

Les inspecteurs divisionnaires et départementaux, les président et vice-présidents du Conseil de prud'hommes du chef-lieu ou du principal centre industriel du département et, s'il y a lieu, l'ingénieur des mines, font partie de droit de ces Commissions dans leurs circonscriptions respectives.

Les Commissions locales instituées par les articles 20, 21 et 22 de la loi du 19 mai 1874 sont abolies.

ART. 25. — Il sera institué dans chaque département des Comités de patronage ayant pour objet :

1° La protection des apprentis et des enfants employés dans l'industrie ;

2° Le développement de leur instruction professionnelle.

Le Conseil général, dans chaque département, déterminera le nombre et la circonscription des Comités de patronage, dont les statuts seront approuvés dans le département de la Seine par le ministre du commerce et de l'industrie, et par les préfets dans les autres départements.

Les Comités de patronage seront administrés par une Commission composée de sept membres, dont quatre seront nommés par le Conseil général et trois par le préfet.

Ils sont renouvelables tous les trois ans. Les membres sortants pourront être appelés de nouveau à en faire partie.

Leurs fonctions sont gratuites. .

HUITIÈME SECTION

Pénalités

ART. 26. — Les manufacturiers, directeurs ou gérants d'établissements visés dans la présente loi, qui auront contrevenu aux prescriptions de ladite loi et des règlements d'administration publique relatifs à son exécution, seront poursuivis devant le tribunal de simple police et passibles d'une amende de 5 à 15 francs.

L'amende sera appliquée autant de fois qu'il y aura de personnes employées dans des conditions contraires à la présente loi.

Toutefois, la peine ne sera pas applicable si l'infraction à la loi a été le résultat d'une erreur provenant de la production d'actes de naissance, livrets ou certificats contenant de fausses énonciations ou délivrés pour une autre personne.

Les chefs d'industrie seront civilement responsables des condamnations prononcées contre leurs directeurs ou gérants.

Art. 27. — En cas de récidive, le contrevenant sera poursuivi devant le tribunal correctionnel et puni d'une amende de 16 à 100 francs.

Il y a récidive lorsque, dans les douze mois antérieurs au fait poursuivi, le contrevenant a déjà subi une condamnation pour une contravention identique.

En cas de pluralité de contraventions entraînant ces peines de la récidive, l'amende sera appliquée autant de fois qu'il aura été relevé de nouvelles contraventions.

Les tribunaux correctionnels pourront appliquer les dispositions de l'article 463 du code pénal sur les circonstances atténuantes, sans qu'en aucun cas l'amende, pour chaque contravention, puisse être inférieure à 5 francs.

Art. 28. — L'affichage du jugement peut, suivant les circonstances et en cas de récidive seulement, être ordonné par le tribunal de police correctionnelle.

Le tribunal peut également ordonner, dans le même cas, l'insertion du jugement aux frais du contrevenant dans un ou plusieurs journaux du département.

Art. 29. — Est puni d'une amende de 100 à 500 fr. quiconque aura mis obstacle à l'accomplissement des devoirs d'un inspecteur.

En cas de récidive, l'amende sera portée de 500 à 1.000 fr.

L'article 463 du Code pénal est applicable aux condamnations prononcées en vertu de cet article.

NEUVIÈME SECTION

Dispositions spéciales

Art. 30. — Les règlements d'administration publique nécessaires à l'application de la présente loi seront rendus après avis de la Commission supérieure du travail et du Comité consultatif des arts et manufactures.

Le Conseil général des mines sera appelé à donner son avis sur les règlements prévus en exécution de l'article 9.

Art. 31. — Les dispositions de la présente loi sont applicables aux enfants placés en apprentissage et employés dans un des établissements visés à l'article 1er.

Art. 32. — Les dispositions édictées par la présente loi ne seront applicables qu'à dater du 1er janvier 1893.

La loi du 19 mai 1874 et les règlements d'administration publique rendus en exécution de ses dispositions seront abrogés à la date susindiquée.

La présente loi, délibérée et adoptée par le Sénat et par la Chambre des députés, sera exécutée comme loi de l'Etat.

Fait à Paris, le 2 novembre 1892.

Par le Président de la République :   CARNOT.

Le ministre du commerce et de l'industrie.

JULES ROCHE.

Le garde des sceaux, ministre de la justice et des cultes,

L. RICARD.

DÉCRET portant Règlement d'administration publique pour l'application de la loi du 2 novembre 1892, relativement à la durée du Travail effectif des enfants du sexe masculin dans les Mines, Minières et Carrières.

Du 3 mai 1893.

Le Président de la République française,

Sur le rapport du ministre du commerce, de l'industrie et des colonies :

Vu la loi du 2 novembre 1892 et en particulier son article 9 ainsi conçu :

« Les filles mineures et les femmes ne peuvent être admises dans les travaux souterrains des mines, minières et carrières ;

« Des règlements d'administration publique détermineront les conditions spéciales du travail des enfants de treize à dix-huit ans, du sexe masculin, dans les travaux souterrains ci-dessus visés.

« Dans les mines spécialement désignées par des règlements d'administration publique comme exigeant, en raison de leurs conditions naturelles, une dérogation aux prescriptions du paragraphe 2 de l'article 4, ces règlements pourront permettre le travail des enfants à partir de quatre heures du matin jusqu'à minuit, à la condition expresse que les enfants ne soient pas assujettis à plus de huit heures de travail effectif ni à plus de dix heures de présence dans la mine par vingt-quatre heures » ;

Vu l'avis du conseil général des mines ;

Vu l'avis du comité consultatif des arts et manufactures ;

Vu l'avis de la commission supérieure du travail dans l'industrie instituée par la loi du 2 novembre 1892 ;

Le Conseil d'État entendu,

Décrète :

ARTICLE PREMIER. — La durée du travail effectif des enfants du sexe masculin au-dessous de seize ans, dans les galeries souterraines des mines, minières et carrières ne peut excéder huit heures par poste et par vingt-quatre heures.

La durée du travail effectif des jeunes ouvriers de seize à dix-huit ans ne peut excéder dix heures par jour ni cinquante-quatre heures par semaine.

Ne sont pas compris dans les durées précitées du travail effectif le temps de la remonte et de la descente ni celui employé à aller au chantier et à en venir, ni les repos, dont la durée totale ne pourra être inférieure à une heure.

ART. 2. — Les enfants et les jeunes ouvriers peuvent être employés au triage et au chargement du minerai, à la manœuvre et au roulage des wagonnets, à la garde et à la manœuvre des portes d'aérage, à la manœuvre des ventilateurs à bras et autres travaux accessoires n'excédant pas leur force.

Ils ne doivent pas être occupés à la manœuvre des ventilateurs à bras pendant plus d'une demi-journée de travail coupée par un repos d'une demi-heure au moins.

Les jeunes ouvriers de seize à dix-huit ans ne peuvent être occupés aux travaux proprement dits du mineur qu'à titre d'aides ou d'apprentis et pour une durée maxima de cinq heures par jour.

En dehors des exceptions prévues aux paragraphes précédents, tout travail est interdit dans les galeries souterraines aux enfants et aux jeunes ouvriers.

ART. 3.—Les dispositions spéciales prévues par l'article 3. § 3. de la loi du 2 novembre 1892 pourront dès à présent être appliquées aux exploitations des couches minces de houille dans lesquelles le travail est mené à double poste et lorsque le travail de l'un des postes consiste à exécuter aux chantiers d'abatage l'enlèvement des roches encaissantes et le remblaiement qui n'ont pu s'effectuer pendant le poste d'extraction.

L'exploitant qui voudra recourir à ce régime devra au préalable en avoir donné avis à l'ingénieur en chef des mines. En cas d'opposition de ce dernier. l'exploitant devra obtenir l'autorisation du ministre du commerce. de l'industrie et des colonies.

ART. 4. — Le ministre du commerce. de l'industrie et des colonies est chargé de l'exécution du présent décret, qui sera inséré au *Bulletin des lois* et publié au *Journal officiel* de la République française.

Fait à Paris. le 3 mai 1893.

Signé : CARNOT.

Le Ministre du commerce, de l'industrie
et des colonies,
Signé : TERRIER.

DÉCRET relatif au Travail des Enfants, des Filles mineures et des Femmes dans les Manufactures.

Du 13 mai 1893

Le Président de la République française.

Sur le rapport du ministre du commerce. de l'industrie et des colonies ;

Vu l'article 12 de la loi du 2 novembre 1892. ainsi conçu :

« Les différents genres de travail présentant des causes de danger. ou excédant les forces. ou dangereux pour la moralité. qui seront interdits aux femmes. filles et enfants. seront déterminés par des règlements d'administration » :

Vu l'article 13 de la dite loi ainsi conçu :

« Les femmes. filles et enfants ne peuvent être employés dans des établissements insalubres ou dangereux où l'ouvrier est exposé à des manipulations ou à des émanations préjudiciables à sa santé. que sous des conditions spéciales déterminées par des réglements d'administration publique pour chacune de ces catégories de travailleurs » ;

Vu l'avis du comité consultatif des arts et manufactures ;

Vu l'avis de la commission supérieure instituée par l'article 22 de la loi précitée ;

Le Conseil d'Etat entendu.

Décrète :

ARTICLE PREMIER. — Il est interdit d'employer les enfants au-dessous de dix-huit ans, les filles mineures et les femmes au graissage, au nettoyage, à la visite ou à la réparation des machines ou mécanismes en marche.

ART. 2. — Il est interdit d'employer les enfants au-dessous de dix-huit ans, les filles mineures et les femmes dans les ateliers où se trouvent des machines actionnées à la main ou par un moteur mécanique, dont les parties dangereuses ne sont point couvertes de couvre-engrenages, gardes-mains et autres organes protecteurs.

ART. 3. — Il est interdit d'employer les enfants au-dessous de dix-huit ans à faire tourner des appareils en sautillant sur une pédale.

Il est également interdit de les employer à faire tourner des roues horizontales

ART. 4. — Les enfants au-dessous de seize ans ne pourront être employés à tourner des roues verticales que pendant une durée d'une demi-journée de travail divisée par un repos d'une demi-heure au moins.

Il est également interdit d'employer les enfants au-dessous de seize ans à actionner, au moyen de pédales, les métiers dits *à la main*.

ART. 5. — Les enfants au-dessous de seize ans ne peuvent travailler aux scies circulaires ou aux scies à ruban.

ART. 6. — Les enfants au-dessous de seize ans ne peuvent être employés au travail des cisailles et autres lames tranchante mécaniques.

ART. 7. — Les enfants au-dessous de treize ans ne peuvent, dans les verreries, être employés à cueillir et à souffler le verre.

Au-dessus de treize ans jusqu'à seize ans, ils ne peuvent cueillir un poids de verre supérieur à mille grammes. Dans les fabriques de bouteilles et de verre à vitre le soufflage par la bouche est interdit aux enfants au-dessous de seize ans.

Dans les verreries où le soufflage se fait à la bouche, un embout personnel sera mis à la disposition de chaque enfant âgé de moins de dix-huit ans.

ART. 8. — Il est interdit de préposer des enfants au-dessous de seize ans au service des robinets à vapeur.

ART. 9. — Il est interdit d'employer des enfants de moins de seize ans, en qualité de doubleurs, dans les ateliers où s'opèrent le laminage et l'étirage de la verge de tréfilerie.

Toutefois, cette disposition n'est pas applicable aux ateliers dans lesquels le travail des doubleurs est garanti par des appareils protecteurs.

ART. 10. — Il est interdit d'employer des enfants de moins de seize ans à des travaux exécutés à l'aide d'échafaudages volants pour la réfection ou le nettoyage des maisons.

ART. 11. — Les jeunes ouvriers ou ouvrières au-dessous de dix-huit ans employés dans l'industrie ne peuvent porter, tant à l'intérieur qu'à l'extérieur des manufactures, usines, ateliers et chantiers, des fardeaux d'un poids supérieur aux suivants :

Garçons au-dessous de 14 ans	10 kilogr.
Garçons de 14 à 18 ans	15
Ouvrieres au-dessous de 16 ans	5
Ouvrières de 16 à 18 ans	10

Il est interdit de faire traîner ou pousser par lesdits jeunes ouvriers et ouvrières, tant à l'intérieur des établissements industriels que sur la voie publique, des charges correspondant à des efforts plus grands que ceux ci-dessus indiqués.

Les conditions d'équivalence des deux genres de travail seront déterminées par arrêté ministériel.

ART. 12. — Il est interdit d'employer des filles au-dessous de seize ans au travail des machines à coudre mues par des pédales.

ART. 13. — Il est interdit d'employer des enfants, des filles mineures ou des femmes à la confection d'écrits, d'imprimés, affiches, dessins, gravures, peintures, emblèmes, images ou autres objets dont la vente, l'offre, l'exposition, l'affichage ou la distribution sont réprimés par les lois pénales, comme contraires aux bonnes mœurs.

Il est également interdit d'occuper des enfants au-dessous de seize ans et des filles mineures dans les ateliers où se confectionnent des écrits, imprimés, affiches, gravures, peintures, emblèmes, images et autres objets qui, sans tomber sous l'application des lois pénales, sont cependant de nature à blesser leur moralité.

ART. 14. — Dans les établissements où s'effectuent les travaux dénommés au tableau A annexé au présent décret, l'accès des ateliers affectés à ces opérations est interdit aux enfants au-dessous de dix-huit ans, aux filles mineures et aux femmes.

ART. 15. — Dans les établissements où s'effectuent les travaux dénommés au tableau B annexé au présent décret, l'accès des ateliers affectés à ces opérations est interdit aux enfants au-dessous de dix-huit ans.

ART. 16. — Le travail des enfants, filles mineures et femmes n'est autorisé dans les ateliers dénommés au tableau C annexé au présent décret que sous les conditions spécifiées audit tableau.

Art. 17. — Le ministre du commerce, de l'industrie et des colonies est chargé de l'exécution du présent décret, qui sera inséré au *Bulletin des lois* et publié au *Journal officiel* de la République française.

Fait à Paris, le 13 mai 1893.

Signé : CARNOT.

Le Ministre du commerce, de l'industrie
et des colonies,
Signé : TERRIER.

TABLEAU A

Travaux interdits aux enfants au-dessous de 18 ans,
aux filles mineures et aux femmes.

TRAVAUX	Raisons de l'Interdiction
Acide arsénique (Fabrication de l') au moyen de l'acide arsénieux et de l'acide azotique.	Danger d'empoisonnement.
Acide fluorhydrique (Fabrication de l'...............	Vapeurs délétères.
Acide nitrique (Fabrique de l'...........................	*Idem.*
Acide oxalique (Fabrique de l')...........................	Danger d'empoisonnement. Vapeurs délétères.
Acide picrique (Fabrication de l')....................	Vapeurs délétères.
Acide salicylique (Fabrication de l', au moyen de l'acide phénique.	Emanations nuisibles.
Acide urique. (Voir Murexide.)	
Affinage des métaux au fourneau. (Voir Grillage des minerais.)	
Aniline. (Voir Nitrobenzine.)	
Arséniate de potasse (Fabrication de l') au moyen du salpêtre.	Danger d'empoisonnement. Vapeurs délétères.
Benzine (Dérivés de la). (Voir Nitrobenzine).	
Blanc de plomb. (Voir Céruse.)	
Bleu de Prusse (Fabrication du). (Voir Cyanure de potassium.)	
Cendres d'orfèvre (Traitement des) par le plomb........	Maladies spéciales dues aux émanations nuisibles.
Céruse ou blanc de plomb (Fabrication de la............	*Idem.*
Chairs, débris et issues (Dépôts de) provenant de l'abatage des animaux.	Emanations nuisibles, danger d'infection.
Chlore (Fabrication du)................................	Emanations nuisibles.
Chlorure de chaux (Fabrication du)...................	*Idem.*
Chlorures alcalins, eau de Javelle (Fabrication des	*Idem.*
Chlorure de plomb (Fonderie de)	*Idem.*
Chlorures de soufre (Fabrication de.................	*Idem.*
Chromate de potasse (Fabrication du	Maladies spéciales dues aux émanations.
Cristaux (Polissage à sec des)........................	Poussières dangereuses.
Cyanure de potassium et bleu de Prusse (Fabrication de .	Danger d'empoisonnement.
Cyanure rouge de potassium ou prussiate rouge de potasse.	*Idem.*
Débris d'animaux (Dépôts de). (Voir Chairs, etc.)	
Dentelles (Blanchissage à la céruse des.................	Poussières dangereuses.
Eau de Javelle (Fabrication d'. (Voir Chlorures alcalins.;	
Eau-forte. (Voir Acide nitrique.)	
Effilochage et déchiquetage des chiffons	Poussières nuisibles.
Emaux (Grattage des) dans les fabriques de verre mousseline.	*Idem.*
Engrais (Dépôts et fabriques d') au moyen de matières animales.	Emanations nuisibles.
Equarrissage des animaux (Ateliers d'	Nature du travail. Emanations nuisibles.
Etamage des glaces par le mercure (Ateliers d'	Maladies spéciales dues aux émanations.
Fonte et laminage du plomb, du zinc et du cuivre........	*Idem.*
Fulminate de mercure (Fabrication du).................	Emanations nuisibles.

TRAVAUX	Raisons de l'Interdiction
Glaces (Etamage des). (Voir Etamage.)	
Grillage des minerais sulfureux (sauf le cas prévu au tableau C).	Emanations nuisibles.
Huiles et autres corps gras extraits des débris de matières animales.	Idem.
Litharge (Fabrication de la)..........................	Maladies spéciales dues aux émanations.
Massicot (Fabrication du)............................	Idem.
Matières colorantes (Fabrication des) au moyen de l'aniline et de la nitrobenzine.	Emanations nuisibles.
Métaux (Aiguisage et polissage des)...................	Poussières dangereuses.
Meulières et meules (Extraction et fabrication des)......	Idem.
Minium (Fabrication du).............................	Maladies spéciales dues aux émanations.
Murexide (Fabrication de la) en vases clos par la réaction de l'acide azotique et de l'acide urique du guano.	Vapeurs délétères.
Nitrate de méthyle (Fabrique de)......................	Vapeurs délétères.
Nitrobenzine, aniline et matières dérivant de la benzine (Fabrication de).	Vapeurs nuisibles.
Peaux de lièvre et de lapin. (Voir Secrétage.)	
Phosphore (Fabrication du)...........................	Maladies spéciales dues aux émanations.
Plomb (Fonte et laminage du). (Voir Fonte.)	
Poils de lièvre et de lapin. (Voir Secrétage.)	
Prussiate de potasse. (Voir Cyanure de potassium.)	
Rouge de Prusse et d'Angleterre.....................	Vapeurs délétères.
Secrétage des peaux ou poils de lièvre ou de lapin......	Poussières nuisibles ou vénéneuses.
Sulfate de mercure (Fabrication du)...................	Maladies spéciales dues aux émanations.
Sulfure d'arsenic (Fabrication du).....................	Danger d'empoisonnement.
Sulfure de sodium (Fabrication du	Gaz délétère.
Triperies annexes des abattoirs.......................	Emanations nuisibles.
Verre (Polissage à sec du)..........................	Poussières dangereuses.

TABLEAU B

—

Travaux interdits aux enfants au-dessous de 18 ans.

TRAVAUX	Raisons de l'Interdiction
Amorces fulminantes (Fabrication des).................	Nécessité d'un travail prudent et attentif.
Amorces fulminantes pour pistolets d'enfants (Fabrication d').	Idem.
Artifices (Fabrication de pièces d')...................	Idem.
Cartouches de guerre (Fabriques et dépôts de).........	Idem.
Celluloïd et produits nitrés analogues (Fabrication de)...	Idem.
Chiens (Infirmerie de)..............................	Danger de morsures.
Chrysalides (Extraction des parties soyeuses des)........	Emanations nuisibles.
Dynamite (Fabriques et dépôts de)...................	Nécessité d'un travail prudent et attentif.
Etoupilles (Fabrication d') avec matières explosives......	Idem.
Poudre de mine comprimée (Fabrication de cartouches de).	Idem.

TABLEAU C

—

Établissements dans lesquels l'emploi des enfants au-dessous de 18 ans, des filles mineures et des femmes est autorisé sous certaines conditions.

ÉTABLISSEMENTS	CONDITIONS	MOTIFS
Abattoirs publics	Les enfants au-dessous de 16 ans ne seront pas employés dans les abattoirs.	Dangers d'accidents et de blessures.
Albâtre (Sciage et polissage à sec de l').	Les enfants au-dessous de 18 ans ne seront pas employés lorsque les poussières se dégageront librement dans les ateliers.	Poussières nuisibles.
Acide chlorhydrique (Production de l') par la décomposition des chlorures de magnésium, d'aluminium et autres.	Les enfants au-dessous de 18 ans, les filles mineures et femmes ne seront pas employés dans les ateliers où se dégagent des vapeurs et où l'on manipule les acides.	Dangers d'accidents.
Acide muriatique. (Voir Acide chlorhydrique.)		
Acide sulfurique (Fabrication de l')	*Idem*	*Idem.*
Affinage de l'or et de l'argent par les acides.	*Idem*	*Idem.*
Allumettes chimiques (Dépôts d').	Les enfants au-dessous de 16 ans ne seront pas employés dans les magasins.	Danger d'incendie.
Allumettes chimiques (Fabrication des).	Les enfants au-dessous de 18 ans ne seront pas employés à la fusion des pâtes et au trempage.	Maladies spéciales dues aux émanations.
Argenture sur métaux. (Voir dorure et argenture.)		
Battage, cardage et épuration des laines, crins et plumes.	Les enfants au-dessous de 18 ans ne seront pas employés dans les ateliers où se dégagent des poussières.	Poussières nuisibles.
Battages des tapis en grand.	*Idem*	*Idem.*
Batt^{eir} à écorces dans les villes	*Idem*	*Idem.*
Benzine (Fabrication et dépôt de). (Voir Huile de pétrole, de schiste, etc.)		
Blanc de zinc (Fabrication de) par la combustion du métal.	Les enfants au-dessous de 18 ans ne seront pas employés dans les ateliers de combustion et de condensation.	Vapeurs nuisibles.
Blanchiment (Toile, paille, papier).	Les enfants au-dessous de 18 ans, les filles mineures et les femmes ne seront pas employés dans les ateliers où se dégagent le chlorure et l'acide sulfureux.	*Idem.*
Boîtes de conserves (Soudure des).	Les enfants au-dessous de 16 ans ne seront pas employés à la soudure des boîtes.	Gaz délétères.
Boutonniers et autres emboutisseurs de métaux par moyens mécaniques.	Les enfants au-dessous de 18 ans ne seront pas employés dans les ateliers où se dégagent des poussières.	Poussières nuisibles.
Boyauderies..............	Les enfants au-dessous de 18 ans, les filles mineures et les femmes ne seront pas employés au soufflage.	Danger d'affections pulmonaires.
Caoutchouc (Application des enduits du).	Les enfants au-dessous de 18 ans, filles mineures et femmes ne seront pas employés dans les ateliers où se dégagent les vapeurs de sulfure de carbone et de benzine.	Vapeurs nuisibles.
Caoutchouc (Travail du) avec emploi d'huiles essentielles ou du sulfure de carbone.	Les enfants au-dessous de 18 ans, filles mineures et femmes ne seront pas employés dans les ateliers ou se dégagent les vapeurs de sulfure de carbone.	*Idem.*

ÉTABLISSEMENTS	CONDITIONS	MOTIFS
Cardage des laines, etc. (Voir Battage.)		
Chanvre (Teillage du) en grand. (Voir Teillage.)		
Chanvre imperméable. (Voir Feutre goudronné.)		
Chapeaux de feutre (Fabrication de).	Les enfants au-dessous de 18 ans ne seront pas employés lorsque les poussières se dégagent librement dans les ateliers.	Poussières nuisibles.
Chapeaux de soie ou autres préparés au moyen d'un vernis (Fabrication de).	Les enfants au-dessous de 18 ans ne seront pas employés dans les ateliers où l'on fabrique et applique le vernis.	Vapeurs nuisibles.
Chaux (Fours à)	Les enfants au-dessous de 18 ans ne seront pas employés dans les ateliers où se dégagent les poussières.	Poussières nuisibles.
Chiffons (Dépôts de)	Les enfants au-dessous de 18 ans ne seront pas employés au triage et à la manipulation des chiffons.	Idem.
Chiffons (Traitement des) par la vapeur de l'acide chlorhydrique.	Les enfants au-dessous de 18 ans, filles mineures et femmes ne seront pas employés dans les ateliers où se dégagent les acides.	Vapeurs nuisibles.
Chromolithographies	Les enfants au-dessous de 16 ans ne seront pas employés au bronzage à la machine.	Poussières nuisibles.
Ciment (Fours à)	Les enfants au-dessous de 18 ans ne seront pas employés dans les ateliers où se dégagent des poussières.	Idem.
Collodion (Fabrication du).	Les enfants au-dessous de 16 ans ne seront pas occupés dans les ateliers où l'on manipule les matières premières et les dissolvants.	Danger d'incendie.
Cotons et cotons gras (Blanchisseries des déchets de).	Les enfants au-dessous de 18 ans, filles mineures et femmes ne seront pas employés dans les ateliers où l'on manipule le sulfure de carbone.	Vapeurs nuisibles.
Cordes d'instruments en boyaux. (V. Boyauderies.)		
Corne, os et nacre (Travail à sec des).	Les enfants au-dessous de 18 ans ne seront pas employés lorsque les poussières se dégageront librement dans les ateliers.	Poussières nuisibles.
Crins (Teintures des). (Voir Teintureries.)		
Crins et soies de porc. (Voir Soies de porc.)		
Cuir verni (Fabrication de). (Voir Feutre et visières vernies.)		
Cuivre (Trituration des composés du).	Les enfants au-dessous de 18 ans ne seront pas employés dans les ateliers où les poussières se dégagent librement.	Idem.
Cuivre (Dérochage du) par les acides.	Les enfants au-dessous de 18 ans, filles mineures et femmes ne seront pas employés dans les ateliers où se dégagent les vapeurs acides.	Vapeurs nuisibles.
Déchets de laine (Dégraissage des). (Voir Peaux, étoffes, etc.)		
Dorure et argenture	Les enfants au-dessous de 18 ans, filles mineures et femmes ne seront pas employés dans les ateliers où se produisent des vapeurs acides ou mercurielles	Émanations nuisibles.
Eaux grasses (Extraction pour la fabrication des savons et autres usages des huiles contenues dans les).	Les enfants au-dessous de 18 ans, filles mineures et femmes ne seront pas employés dans les ateliers où l'on emploie le sulfure de carbone.	Idem.
Écorces (Battoir à). (Voir Battoir.)		

ÉTABLISSEMENTS	CONDITIONS	MOTIFS
Émail (Application de l') sur les métaux.	Les enfants au-dessous de 18 ans, les filles mineures et les femmes ne seront pas employés dans les ateliers où l'on broie et blute les matières.	Émanations nuisibles.
Émaux (Fabrication d') avec fours non fumivores.	Les enfants au-dessous de 18 ans, filles mineures et les femmes ne seront pas employés dans les ateliers où l'on broie et blute les matières.	Idem.
Épaillage des laines et draps par la voie humide.	Les enfants au-dessous de 18 ans, filles mineures et femmes ne seront pas employés dans les ateliers où se dégagent les vapeurs acides.	Idem.
Étoupes (Transformation en) des cordages hors de service, goudronnés ou non.	Les enfants au-dessous de 18 ans ne seront pas employés lorsque les poussières se dégageront librement dans les ateliers.	Poussières nuisibles.
Faïence (Fabriques de)......	Les enfants au-dessous de 18 ans ne seront pas employés dans les ateliers où l'on pratique le broyage, le blutage.	Idem.
Fer (Dérochage du)........	Les enfants au-dessous de 18 ans, filles mineures et femmes ne seront pas employés dans les ateliers où se dégagent des vapeurs et où l'on manipule des acides.	Vapeurs nuisibles.
Fer (Galvanisation du).....	Idem........................	Idem.
Feuilles d'étain...........	Les enfants au-dessous de 16 ans ne seront pas employés au bronzage à la main des feuilles.	Poussières nuisibles.
Feutre goudronné (Fabrication du).	Les enfants au-dessous de 18 ans ne seront pas employés lorsque les poussières se dégagent librement dans les ateliers.	Idem.
Feutres et visières vernies (Fabrication de).	Les enfants au-dessous de 18 ans ne seront pas employés à la préparation et à l'emploi des vernis.	Danger d'incendie et vapeurs nuisibles.
Filature de lin	Les enfants au-dessous de 18 ans, les filles mineures et les femmes ne seront pas employés lorsque l'écoulement des eaux ne sera pas assuré.	Humidité nuisible.
Fonderie en 2ᵉ fusion......	Les enfants au-dessous de 16 ans ne seront pas employés à enlever les crasses au moment de la coulée.	Danger de brûlures.
Fourneaux (Hauts)........	Idem.....................	Idem.
Fours à plâtre et fours à chaux (Voir Plâtre, Chaux.		
Grès (Extraction et piquage des).	Les enfants au-dessous de 18 ans ne seront pas employés lorsque les poussières se dégageront librement dans les ateliers.	Poussières nuisibles.
Grillage des minerais sulfureux quand les gaz sont condensés et que le minerai ne renferme pas d'arsenic.	Les enfants au-dessous de 18 ans, les filles mineures et les femmes ne seront pas employés dans les ateliers où l'on produit le grillage.	Émanations nuisibles.
Grillage et gazage des tissus.	Les enfants au-dessous de 18 ans, les filles mineures et les femmes ne seront pas employés lorsque les produits de combustion se dégageront librement dans les ateliers.	Idem.
Hauts fourneaux. (Voir Fonderies.)		
Huiles de pétrole, de schiste et de goudron, essences et autres hydrocarbures employés pour l'éclairage, le chauffage, la fabrication des couleurs et vernis, le dégraissage des étoffes et autres usages (Fabrication, distillation, travail en grand d').	Les enfants au-dessous de 16 ans ne seront pas employés dans les ateliers de distillation et dans les magasins.	Danger d'incendie.

ÉTABLISSEMENTS	CONDITIONS	MOTIFS
Huiles essentielles ou essences de térébenthine, d'aspic et autres. (Voir Huiles de pétrole, de schiste, etc.)		
Huiles extraites des schistes bitumeux. (Voir Huiles de pétrole, de schiste, etc.)		
Jute (Teillage du). (Voir Teillage.)		
Liège (Usines pour la trituration du.	Les enfants au-dessous de 18 ans ne seront pas employés dans les ateliers où les poussières se dégagent librement.	Poussières nuisibles.
Lin (Teillage en grand du. Voir Teillage.)		
Liquides pour l'éclairage (Dépôts de) au moyen de l'alcool et des huiles essentielles.	Les enfants au-dessous de 16 ans ne seront pas employés dans les magasins.	Danger d'incendie.
Marbres (Sciage ou polissage à sec des).	Les enfants au-dessous de 18 ans ne seront pas employés lorsque les poussières se dégageront librement dans les ateliers.	Poussières nuisibles.
Matières minérales (Broyage à sec des).	Idem	Idem.
Mégisseries	Les enfants au-dessous de 18 ans, les filles mineures et les femmes ne seront pas employés à l'épilage des peaux.	Danger d'empoisonnement.
Ménageries	Les enfants au-dessous de 18 ans, ne seront pas employés quand la ménagerie renferme des bêtes féroces ou venimeuses.	Danger accidents.
Moulins à broyer le plâtre, la chaux, les cailloux et les pouzzolanes.	Les enfants au-dessous de 18 ans ne seront pas employés quand les poussières se dégageront librement des ateliers.	Poussières nuisibles.
Nitrates métalliques obtenus par l'action directe des acides (Fabrication des).	Les enfants au-dessous de 18 ans, filles mineures et femmes ne seront pas employés dans les ateliers où se dégagent les vapeurs et où se manipulent les acides.	Vapeurs nuisibles.
Noir minéral (Fabrication du) par le broyage des résidus de la distillation des schistes bitumineux.	Les enfants au-dessous de 18 ans ne seront pas employés lorsque les poussières se dégageront librement dans les ateliers.	Poussières nuisibles.
Olives (Tourteaux d'. (Voir Tourteaux.)		
Ouates (Fabrication des)....	Idem	Idem.
Papier (Fabrication du)....	Les enfants au-dessous de 18 ans ne seront pas employés au triage et à la préparation des chiffons.	Idem.
Papiers peints. (Voir Toiles peintes.)		
Peaux, étoffes et déchets de laine (Dégraissage des) par les huiles de pétrole et autres hydrocarbures.	Les enfants au-dessous de 18 ans ne seront pas employés dans les ateliers où l'on traite par les dissolvants, où l'on trie, coupe et manipule les déchets.	Danger d'incendie. Poussières nuisibles.
Peaux (Lustrage et apprêtage des).	Les enfants au-dessous de 18 ans ne seront pas employés lorsque les poussières se dégageront librement dans les ateliers.	Poussières nuisibles.
Peaux de lapin ou de lièvre Éjarrage et coupage des poils de).	Idem	Idem.
Pétrole. (Voir Huiles de pétrole, etc.)		
Pierre (Sciage et polissage de la).	Les enfants au-dessous de 18 ans ne seront pas employés lorsque les poussières se dégageront librement dans les ateliers.	Poussières nuisibles.
Pileries mécaniques de drogues.	Idem	Idem.

ÉTABLISSEMENTS	CONDITIONS	MOTIFS
Pipes à fumer. (Fabrication des).	Les enfants au-dessous de 18 ans ne seront pas employés lorsque les poussières se dégageront librement dans les ateliers.	Poussières nuisibles.
Plâtres (Fours à)..........	Idem	Idem.
Poêliers, fournalistes, poêles et fourneaux en faïence et terre cuite (Voir Faïence).		
Porcelaine (Fabrication de la)	Idem....................	Idem.
Poteries de terre (Fabrication de) avec fours non fumivores.	Idem....................	Idem.
Pouzzolane artificielle (Fours à).	Idem....................	Idem.
Réfrigération (Appareils de) par l'acide sulfureux.	Les enfants au-dessous de 18 ans, les filles mineures et les femmes ne seront pas employés dans les ateliers où se dégagent des vapeurs acides.	Emanations nuisibles.
Sel de soude (Fabrication du) avec le sulfate de soude	Idem	Idem.
Sinapismes (Fabrication des) à l'aide des hydrocarbures.	Les enfants au-dessous de 18 ans, les filles mineures et les femmes ne seront pas employés dans les ateliers où se manipulent les disssolvants.	Vapeurs nuisibles. Danger d'incendie.
Soies de porc (Préparation des).	Les enfants au-dessous de 18 ans ne seront pas employés lorsque les poussières se dégageront librement dans les ateliers.	Poussières nuisibles.
Soude. (V. Sulfate de soude)		
Soufre (Pulvérisation et blutage du).	Idem	Idem.
Sulfate de peroxyde de fer (Fabrication du) par le sulfate de protoxyde de fer et l'acide nitrique (nitrosulfate de fer).	Les enfants au-dessous de 18 ans, les filles mineures et les femmes ne seront pas employés dans les ateliers où se dégagent les vapeurs acides.	Vapeurs nuisibles.
Sulfate de protoxyde de fer ou couperose verte par l'action de l'acide sulfurique sur la ferraille.	Idem	Idem.
Sulfate de soude (Fabrication du) par la décomposition du sel marin par l'acide sulfurique.	Idem	Idem.
Sulfure de carbone (Fabrication du).	Les enfants au-dessous de 18 ans ne seront pas employés dans les ateliers où se dégagent les vapeurs nuisibles.	Vapeurs délétères. Danger d'incendie.
Sulfure de carbone (Manufactures dans lesquelles on emploie en grand le).	Idem	Idem.
Sulfure de carbone (Dépôts de).	Idem	Idem.
Superphosphate de chaux et de potasse (Fabrication du).	Les enfants au-dessous de 18 ans, les filles mineures et les femmes ne seront pas employés dans les ateliers où se dégagent des vapeurs acides et des poussières.	Emanations nuisibles.
Tabacs (Manufactures de)...	Les enfants au-dessous de 16 ans ne seront pas employés dans les ateliers où l'on démolit les masses.	Idem.
Taffetas et toiles vernis ou cirés (Fabrication de).	Les enfants au-dessous de 16 ans ne seront pas employés dans les ateliers où l'on prépare et applique les vernis.	Danger d'incendie.
Tan (Moulins à)	Les enfants au-dessous de 18 ans ne seront pas employés quand les poussières se dégagent librement dans les ateliers	Poussières nuisibles.
Tanneries	Idem	Idem.
Tapis (Battage en grand des). (Voir Battage).		

ÉTABLISSEMENTS	CONDITIONS	MOTIFS
Teillage du lin, du chanvre et du jute en grand.	Les enfants au-dessous de 18 ans ne seront pas employés quand les poussières se dégagent librement dans les ateliers.	Poussières nuisibles.
Teintureries..............	Les enfants au-dessous de 18 ans, les filles mineures et les femmes ne seront pas employés dans les ateliers où l'on emploie des matières toxiques.	Danger d'empoisonnement.
Térébenthine (Distillation et travail en grand de la). (Voir Huiles de pétrole, de schiste etc.)		
Toiles cirées. (Voir Taffetas et toiles vernis).		
Toiles peintes (Fabriques de).	*Idem*	*Idem* .
Toiles vernies (Fabrique de). (Voir Taffetas et toiles vernis.)		
Tourteaux d'olives (Traitement des) par le sulfure de carbone.	Les enfants au-dessous de 18 ans, les filles mineures et femmes ne seront pas employés dans les ateliers où l'on manipule le sulfure de carbone.	Emanations nuisibles.
Tôles et métaux vernis.....	Les enfants au-dessous de 18 ans, les filles mineures et les femmes ne seront pas employés dans les ateliers où l'on emploie des matières toxiques.	Danger d'empoisonnement.
Vernis à l'esprit-de-vin (Fabriques de).	Les enfants au-dessous de 16 ans ne seront pas employés dans les ateliers où l'on prépare et manipule les vernis.	Danger d'incendie.
Vernis (Ateliers où l'on applique le) sur les cuirs, feutres, taffetas, toiles, chapeaux. (Voir ces mots).		
Verreries, cristalleries et manufactures de glaces.	Les enfants au-dessous de 18 ans, les filles mineures et les femmes ne seront pas employés dans les ateliers où les poussières se dégagent librement et où il est fait usage de matières toxiques.	Poussières nuisibles.
Vessies nettoyées et débarrassées de toute substance membraneuse (Atelier pour le gonflement et le séchage des).	Les enfants au-dessous de 18 ans et les filles mineures et les femmes ne seront pas employés au travail du soufflage.	Danger d'affections pulmonaires.
Visières vernies (Fabriques de). (Voir Feutres et visières).		

DÉCRET relatif au Travail des Femmes et des Filles âgées de plus de dix-huit ans.

Du 15 Juillet 1893.

Le Président de la République française,

Sur le rapport du ministre du commerce, de l'industrie et des colonies;

Vu les articles 4, 5, 6 et 7 de la loi du 2 novembre 1892, ainsi conçus :

« Art. 4. — Les enfants âgés de moins de dix-huit ans, les filles mineures et les femmes ne peuvent être employés à aucun travail de nuit dans les établissements énumérés à l'article 1er.

« Tout travail entre neuf heures du soir et cinq heures du matin est considéré comme travail de nuit ; toutefois le travail sera autorisé de quatre heures du matin à dix heures du soir quand il sera réparti entre deux postes d'ouvriers ne travaillant pas plus de neuf heures chacun.

« Le travail de chaque équipe sera coupé par un repos d'une heure au moins.

« Il sera accordé pour les femmes et les filles âgées de plus de dix-huit ans, à certaines industries qui seront déterminées par un règlement d'administration publique et dans les conditions d'application qui seront précisées dans ledit règlement, la faculté de prolonger le travail jusqu'à onze heures du soir, à certaines époques de l'année, pendant une durée totale qui ne dépassera pas soixante jours. En aucun cas, la journée de travail effectif ne pourra être prolongée au delà de douze heures.

» Il sera accordé à certaines industries déterminées par un règlement d'administration publique l'autorisation de déroger, d'une façon permanente, aux dispositions des paragraphes 1 et 2 du présent article, mais sans que le travail puisse, en aucun cas, dépasser sept heures par vingt-quatre heures.

« Le même règlement pourra autoriser, pour certaines industries, une dérogation temporaire aux dispositions précitées.

« En outre, en cas de chômage résultant d'une interruption accidentelle ou de force majeure, l'interdiction ci-dessus peut, dans n'importe qu'elle industrie, être temporairement levée par l'inspecteur pour un délai déterminé. »

« Art. 5. — Les enfants âgés de moins de dix-huit ans et les femmes de tout âge ne peuvent être employés, dans les établissements énumérés à l'article 1er, plus de six jours par semaine, ni les jours de fête reconnus par la loi, même pour rangement de l'atelier.

« Une affiche apposée dans les ateliers indiquera le jour adopté pour le repos hebdomadaire. »

« Art. 6. — Néanmoins, dans les usines à feu continu, les femmes majeures et les enfants du sexe masculin peuvent être employés tous les jours de la semaine, la nuit, aux travaux indispensables, sous la condition qu'ils auront au moins un jour de repos par semaine.

« Les travaux tolérés et le laps de temps pendant lequel ils peuvent être exécutés seront déterminés par un règlement d'administration publique. »

ART. 7. — L'obligation du repos hebdomadaire et les restrictions relatives à la durée du travail peuvent être temporairement levées par l'inspecteur divisionnaire, pour les travailleurs visés à l'article 5, pour certaines industries à déterminer par un règlement d'administration publique » ;

Vu l'avis du comité consultatif des arts et manufactures ;

Vu l'avis de la commission supérieure instituée par l'article 22 de la loi précitée ;

Le Conseil d'État entendu,

Décrète :

ARTICLE PREMIER. — Dans les industries et aux époques ci-après déterminées, les femmes et les filles âgées de plus de dix-huit ans pourront être employées jusqu'à onze heures du soir, sans qu'en aucun cas la durée du travail effectif puisse dépasser douze heures par vingt-quatre heures :

INDUSTRIES	EPOQUES DE L'ANNÉE
Ameublement, tapisserie, passementerie pour meubles	Décembre, janvier,
Bijouterie et joaillerie	Décembre, mai
Chapeaux (Confection de) en toutes matières pour hommes et femmes.	Février, mars.
Confections, coutures et lingeries pour femmes et enfants....	Décembre, avril.
Confections pour hommes	Mars, octobre.
Dorure sur bois et sur métal pour ameublement. (Voir *Ameublement*.)	
Fleurs artificielles	Février, mars.
Fourrures (Confection des)	Novembre, décembre.
Imprimeries typographiques	Du 15 novembre au 15 décembre et du 15 juin au 15 juillet.
Imprimeries lithographiques	Décembre, janvier.
Papier (Transformation du), fabrication des enveloppes du cartonnage, des cahiers d'école, des registres, des papiers de fantaisie.	Novembre, Décembre.
Papiers de tenture.................................	Mars, septembre.
Plumes de parure	Du 16 août au 15 octobre.
Reliure	Décembre, juillet.
Tabletterie et industries qui s'y rattachent	Novembre, décembre,
Teinture, apprêt, blanchiment, impression, gaufrage et moirage des étoffes.	Avril, octobre.
Tissage des étoffes de nouveauté destinées à l'habillement	Du 15 avril au 15 mai et du 15 octobre au 15 novembre.
Tulles, dentelles et laizes de soies	Du 1er février au 31 mars.

ART. 2. — Il pourra être dérogé, d'une façon permanente, aux dispositions des paragraphes 1 et 2 de l'article 4 précité, pour les industries et les catégories de travailleurs énumérées ci-dessous, mais sans que le travail puisse dépasser sept heures par vingt-quatre heures :

INDUSTRIES	TRAVAILLEURS
Imprimés (Brochage des)	Filles majeures et femmes.
Journaux (Pliage des)	Idem.
Mines (Allumage des lampes de)	Idem.

Art. 3. — Les industries énumérées ci-après sont autorisées à déroger temporairement aux dispositions relatives au travail de nuit, sans que le travail effectif des femmes, filles ou enfants employés la nuit puisse dépasser dix heures par vingt-quatre heures :

INDUSTRIES	DURÉE TOTALE des dérogations
Chapeaux (Confection de) en toutes matières pour hommes et femmes.	30 jours.
Confections, couture et lingerie pour femmes et enfants	Idem.
Confiseries	90 jours
Conserves alimentaires de fruits et de légumes	Idem.
Conserves de poissons	Idem.
Délainage des peaux de mouton	60 jours.
Fleurs artificielles................................	30 jours.
Fourrures (Confection des).........................	Idem.
Imprimeries typographiques	Idem.
Imprimeries lithographiques	Idem.
Parfum des fleurs (extraction)	90 jours.
Pâtes alimentaires	30 jours.
Plumes de parure	Idem.
Réparations urgentes de navires et de machines motrices	120 jours (enfants au-dessus de seize ans).
Tonnellerie pour l'emballage des produits de la pêche	90 jours.

Art. 4. — Dans les usines à feu continu où des femmes majeures et des enfants du sexe masculin sont employés la nuit, les travaux tolérés pour ces deux catégories de travailleurs sont les suivants :

USINES à feu continu	TRAVAILLEURS	TRAVAUX TOLÉRÉS
Distilleries de betteraves.	Enfants et femmes	Laver, peser, trier la betterave, manœuvrer les robinets à jus et à eau, aider aux batteries de diffusion et aux appareils distillatoires.
Fer et fonte émaillés (Fabrique d'objets en).	Enfants..	Manœuvrer à distance les portes des fours.
Huiles (Usines pour l'extraction des).	Idem	Remplir les sacs, les secouer après pressage, porter les sacs vides et les claies.
Papeteries	Enfants et femmes	Aider les surveillants de machines, couper, trier, ranger, rouler et apprêter le papier.
Sucre (Fabriques et raffineries de).	Idem	Laver, peser, trier la betterave, manœuvrer les robinets à jus et à eau, surveiller les filtres, aider aux batteries de diffusion, coudre des toiles, laver des appareils et ateliers, travailler le sucre en tablettes.
Usines métallurgiques.	Enfants...	Aider à la préparation des lits de fusion, aux travaux accessoires d'affinage, de laminage, de martelage et de tréfilage, de préparation des moules pour objets de fonte moulée, de rangement des paquets, des feuilles, des tubes et des fils.
Verreries	Idem	Présenter les outils, faire les premiers cueillages, aider au soufflage et au moulage, porter dans les fours à recuire, en retirer les objets, le tout dans les conditions prévues à l'article 7 du décret du 13 mai 1893.

Lorsque les femmes majeures et les enfants sont employés toute la nuit, leur travail doit être coupé par des intervalles de repos représentant un temps total de repos au moins égal à deux heures.

La durée du travail effectif ne peut d'ailleurs dépasser, dans les vingt-quatre heures, dix heures pour les femmes et les enfants.

ART. 5. — Les industries pour lesquelles l'obligation du repos hebdomadaire et les restrictions relatives à la durée du travail pourront être temporairement levées par l'inspecteur divisionnaire, pour les enfants âgés de moins de dix-huit ans et les femmes de tout âge, sont les suivantes :

Briqueteries en plein air ;

Chapeaux (Confection de) en toutes matières pour hommes et femmes ;

Conserves de fruits et confiseries, conserves de légumes et de poissons ;

Corderie en plein air ;

Délainage des peaux de mouton ;

Fleurs artificielles ;

Fleurs (Extraction des parfums des) ;

Fourrures (Confection des) ;

Imprimeries typographiques ;

Imprimeries lithographiques ;

Plumes de parure ;

Réparations urgentes de navires et de machines motrices ;

Teinture, apprêt, blanchiment, impression, gaufrage et moirage des étoffes ;

Tissage des étoffes de nouveauté destinées à l'habillement.

ART. 6. — Chaque fois que les chefs des industries dénommées à l'article 3 voudront faire usage de la faculté inscrite audit article, ils devront en donner avis douze heures à l'avance à l'inspecteur ou à l'inspectrice et au maire de la commune.

Cet avis fera connaître la date à laquelle commencera et le temps que devra durer la dérogation.

Une copie de l'avis sera immédiatement affichée dans un endroit apparent des ateliers et y restera apposée pendant toute la durée de la dérogation.

Une copie de l'autorisation sera également affichée dans les cas prévus par l'article 5.

ART. 7. — Le ministre du commerce, de l'industrie et des colonies est chargé de l'exécution du présent décret, qui sera inséré au *Bulletin des lois* et publié au *Journal officiel* de la République française.

Fait à Paris, le 15 Juillet 1893.

Signé : CARNOT.

Le Ministre du commerce, de l'industrie et des colonies,
Signé : TERRIER.

CIRCULAIRE relative à certaines professions n'ayant pas un caractère industriel au sens de la loi du 2 novembre 1892.

(Du 7 juillet 1894)

Monsieur l'Inspecteur divisionnaire, à l'occasion de la préparation du décret du 15 juillet 1893, le conseil d'État avait émis l'avis qu'il n'y avait pas lieu de reconnaître un caractère industriel, au sens de la loi du 2 novembre 1892, à certaines professions comme les pâtissiers, boulangers, restaurateurs et cuisiniers qui se rattachent plutôt à la vie domestique qu'à l'industrie proprement dite.

Depuis lors, la question a été également soulevée en ce qui concerne les bouchers et les charcutiers. Consultée à ce sujet la section des travaux publics, de l'agriculture, du commerce, de l'industrie, des postes et des télégraphes de cette haute assemblée a émis l'avis que ces professions devaient, par analogie de motifs, être assimilées aux commerces et professions se rattachant à la vie domestique, par exemple aux cuisiniers, pâtissiers et boulangers, à qui on n'avait pas cru devoir appliquer les règlements édictés en vertu de la loi du 2 novembre 1892.

En conformité de ce double avis, vous devrez désormais considérer les bouchers, charcutiers, boulangers et pâtissiers comme n'étant pas soumis à la loi du 2 novembre 1892. Vous n'aurez donc plus à exercer aucune surveillance dans leurs établissements.

Je vous prie de m'accuser réception de la présente circulaire dont je vous adresse un nombre suffisant d'exemplaires pour les inspecteurs et inspectrices placés sous vos ordres.

Le ministre du commerce
de l'industrie, des postes et des télégraphes,
V. LOURTIES.

ARRÊTÉ pris en exécution des prescriptions de l'article 11 du décret du 13 mai 1893 relatif aux charges traînées ou poussées par les jeunes ouvriers.

(Du 31 juillet 1894)

Le Ministre du commerce, de l'industrie, des postes et des télégraphes;

Vu la loi du 2 novembre 1892;

Vu, etc...;

Arrête :

La limite supérieure de la charge qui peut être traînée ou poussée par les jeunes ouvriers ou ouvrières au-dessous de 18 ans, tant à l'intérieur des établissements industriels que sur la voie publique, est fixée ainsi qu'il suit, véhicule compris :

1° Wagonnets circulant sur voie ferrée :

Garçons au-dessous de 14 ans, 300 kilogrammes;

Garçons de 14 à 18 ans, 500 kilogrammes;

Ouvrières au-dessous de 16 ans, 150 kilogrammes ;
Ouvrières de 16 à 18 ans, 300 kilogrammes ;
2° Brouettes :
Garçons de 14 à 18 ans, 40 kilogrammes ;
3° Voitures à trois ou quatre roues, dites « placières, pousseuses, pousse-à-main » :
Garçons au-dessous de 14 ans, 35 kilogrammes ;
Garçons de 14 à 18 ans, 60 kilogrammes ;
Ouvrières au-dessous de 16 ans, 35 kilogrammes ;
Ouvrières de 16 à 18 ans, 50 kilogrammes ;
4° Charrettes à bras, dites « haquets, brancards, charretons, voitures à bras, etc. » :
Garçons de 14 à 18 ans, 130 kilogrammes.

Paris, le 31 juillet 1894.

A. LOURTIES.

DÉCRET qui modifie les articles 1, 3, 5 et 6 du décret du 15 juillet 1893 relatif au travail, dans certaines industries, des Femmes et des Filles âgées de plus de dix-huit ans.

Du 26 Juillet 1895.

Le Président de la République française,

Sur le rapport du ministre du commerce, de l'industrie, des postes et des télégraphes ;

Vu l'article 4 de la loi du 2 novembre 1892 ;

Vu le décret du 15 juillet 1893 ;

Vu l'avis du comité consultatif des arts et manufactures ;

Vu l'avis de la commission supérieure instituée par l'article 22 de la loi précitée ;

Le Conseil d'Etat entendu.

Décrète :

ARTICLE PREMIER. — Les articles 1, 3, 5 et 6 du décret du 15 juillet 1893 sont modifiés ainsi qu'il suit :

ARTICLE PREMIER. — Dans les industries ci-après déterminées, les femmes et les filles âgées de plus de dix-huit ans pourront être employées jusqu'à onze heures du soir, à certaines époques de l'année et pendant une durée totale qui ne dépassera pas soixante jours par an, sans que, en aucun cas, la durée du travail effectif puisse dépasser douze heures par vingt-quatre heures :

« Broderie et passementerie pour confections ;

« Chapeaux (Confection de) en toutes matières pour hommes et femmes ;

« Confections, coutures et lingeries pour femmes et enfants ;

« Confections en fourrures ;

« Pliage et encartonnage des rubans. »

« ART 3. Les industries énumérées ci-après sont autorisées à déroger temporairement aux dispositions relatives au travail de nuit, sans que le travail effectif des femmes, filles ou enfants employés la nuit puisse dépasser dix heures par vingt-quatre heures :

INDUSTRIES	DURÉE TOTALE des dérogations.
Confiserie	90 jours.
Conserves alimentaires de fruits et de légumes	90 jours.
Conserves de poissons	90 jours.
Délainage des peaux de moutons	60 jours.
Parfums des fleurs (Extraction des)	90 jours
Pâtes alimentaires et fabriques de biscuits employant le beurre frais	30 jours.
Réparations urgentes de navires et de machines motrices	120 jours (enfants au-dessous de 16 ans).
Tonnellerie pour l'embarillage des produits de la pêche	90 jours.

« ART. 5. — Les industries pour lesquelles l'obligation du repos hebdomadaire et les restrictions relatives à la durée du travail pourront être temporairement levées par l'inspecteur divisionnaire, pour les enfants âgés de moins de dix-huit ans et les femmes de tout âge, sont les suivantes :

« Ameublement, tapisserie, passementerie pour meubles ;

« Bijouterie et joaillerie ;

« Biscuits employant le beurre frais (Fabrique de);

« Blanchisseries de linge fin ;

« Briqueteries en plein air ;

« Brochage des imprimés ;

« Broderie et passementerie pour confections ;

« Cartons (Fabriques de) pour jouets, bonbons, cartes de visite, rubans ;

« Chapeaux (Confection de) en toutes manières pour hommes et femmes ;

« Corsets (Confection de) ;

« Confection, coutures et lingeries pour femmes et enfants ;

« Confections pour hommes ;

« Confections en fourrures ;

« Conserves de fruits et confiserie, conserves de légumes et de poissons ;

« Corderies en plein air ;

« Couronnes funéraires (Fabrique de) ;

« Délainage des peaux de moutons ;

« Dorure pour ameublement ;

« Dorure pour encadrements ;

« Fleurs (Extraction des parfums des) ;

« Fleurs et plumes ;

« Imprimeries typographiques ;

« Imprimeries lithographiques ;

« Imprimeries en taille-douce ;

« Jouets, bimbeloterie, petite tabletterie et articles de Paris (Fabriques de) ;

« Papier (Transformation du), fabrication des enveloppes, du cartonnage des cahiers d'école, des registres, des papiers de fantaisie ;

« Papiers de tenture ;

« Reliure ;

« Réparations urgentes de navires et de machines motrices ;

« Teinture, apprêt, blanchiment, impression, gauffrage et moirage des étoffes ;

« Tissage des étoffes de nouveauté destinées à l'habillement ;

« Tulles, dentelles et laizes de soie.

« ART. 6. — Les chefs des industries autorisées soit à prolonger le travail jusqu'à onze heures du soir, en vertu de l'article 1er, soit à déroger temporairement aux dispositions relatives au travail de nuit, en vertu de l'article 3, devront prévenir l'inspecteur ou l'inspectrice chaque fois qu'ils voudront faire usage de ces autorisations.

« L'avis sera donné par l'envoi, avant le commencement du travail exceptionnel, d'une carte postale, d'une lettre sans enveloppe ou d'un télégramme, de façon que le timbre de la poste fasse foi de la date dudit avis.

« Une copie de l'avis sera immédiatement affichée dans un endroit apparent des ateliers et y restera apposée pendant toute la durée de la dérogation.

« Dans les cas prévus à l'article 5, une copie de l'autorisation sera également affichée. »

ART. 2. — Le ministre du commerce, de l'industrie, des postes et des télégraphes est chargé de l'exécution du présent décret, qui sera inséré au *Bulletin des lois* et publié au *Journal officiel de la République française.*

Fait au Havre, le 26 Juillet 1895.

Signé : FÉLIX FAURE.

Le Ministre du commerce, de l'industrie
des postes et des télégraphes,
ANDRÉ LEBON.

LOI concernant l'hygiène et la sécurité des travailleurs dans les établissements industriels.

Du 12 Juin 1893.

Le Sénat et la Chambre des députés ont adopté,

Le Président de la République promulgue la loi dont la teneur suit :

ARTICLE PREMIER. — Sont soumis aux dispositions de la présente loi les manufactures, fabriques, usines, chantiers, ateliers de tout genre et leurs dépendances.

Sont seuls exceptés les établissements où ne sont employés que les membres de la famille sous l'autorité, soit du père, soit de la mère, soit du tuteur.

Néanmoins, si le travail s'y fait à l'aide de chaudière à vapeur ou de moteur mécanique, ou si l'industrie exercée est classée au nombre des établissements dangereux ou insalubres, l'inspecteur aura le droit de prescrire les mesures de sécurité et de salubrité à prendre conformément aux dispositions de la présente loi.

ART. 2. — Les établissements visés à l'article premier doivent être tenus dans un état constant de propreté et présenter les conditions d'hygiène et de salubrité nécessaires à la santé du personnel.

Ils doivent être aménagés de manière à garantir la sécurité des travailleurs. Dans tout établissement fonctionnant par des appareils mécaniques, les roues, les courroies, les engrenages ou tout autre organe pouvant offrir une cause de danger seront séparés des ouvriers, de telle manière que l'approche n'en soit possible que pour les besoins du service. Les puits, trappes et ouvertures doivent être clôturés.

Les machines, mécanismes, appareils de transmission, outils et engins doivent être installés et tenus dans les meilleures conditions possibles de sécurité.

Les dispositions qui précèdent sont applicables aux théâtres, cirques, magasins et autres établissements similaires où il est fait emploi d'appareils mécaniques.

ART. 3. — Des règlements d'administration publique, rendus après avis du comité consultatif des arts et manufactures, détermineront:

1° Dans les trois mois de la promulgation de la présente loi, les mesures générales de protection et de salubrité applicables à tous les établissements assujettis, notamment en ce qui concerne l'éclairage, l'aération ou la ventilation, les eaux potables, les fosses d'aisances, l'évacuation des poussières et vapeurs, les précautions à prendre contre les incendies, etc.;

2° Au fur et à mesure des nécessités constatées, les prescriptions particulières relatives, soit à certaines industries, soit à certains modes de travail.

Le comité consultatif d'hygiène publique de France sera appelé à donner son avis en ce qui concerne les règlements généraux prévus au paragraphe 2 du présent article.

ART. 4. — Les inspecteurs du travail sont chargés d'assurer l'exécution de la présente loi et des règlements qui y sont prévus ; ils ont entrée dans les établissements spécifiés à l'article premier et au dernier paragraphe de l'article 2, à l'effet de procéder à la surveillance et aux enquêtes dont ils sont chargés.

ART. 5. — Les contraventions sont constatées par les procès-verbaux des inspecteurs, qui font foi jusqu'a preuve contraire.

Les procès-verbaux sont dressés en double exemplaire, dont l'un est envoyé au préfet du département et l'autre envoyé au parquet.

Les dispositions ci-dessus ne dérogent point aux règles du droit commun quant à la constatation et à la poursuite des infractions commises à la présente loi.

ART. 6. — Toutefois, en ce qui concerne l'application des réglements d'administration publique prévus par l'article 3 ci-
dessus, les inspecteurs, avant de dresser procès-verbal, mettront les chefs d'industrie en demeure de se conformer aux
prescriptions dudit règlement.

Cette mise en demeure sera faite par écrit sur le registre de
l'usine ; elle sera datée et signée, indiquera les contraventions
relevées et fixera un délai à l'expiration duquel ces contraventions devront avoir disparu. Ce délai ne sera jamais inférieur à un mois.

Dans les quinze jours qui suivent cette mise en demeure, le
chef d'industrie adresse, s'il le juge convenable, une réclamation au ministre du commerce et de l'industrie. Ce dernier
peut, lorsque l'obéissance à la mise en demeure nécessite des
transformations importantes portant sur le gros œuvre de
l'usine, après avis conforme du comité des arts et manufactures, accorder à l'industriel un délai dont la durée, dans tous
les cas, ne dépassera jamais dix-huit mois.

Notification de la décision est faite à l'industriel dans la
forme administrative ; avis en est donné à l'inspecteur.

ART. 7. — Les chefs d'industrie, directeurs, gérants ou préposés, qui auront contrevenu aux dispositions de la présente
loi et des règlements d'administration publique relatifs à son
exécution seront poursuivis devant le tribunal de simple police
et punis d'une amende de cinq à quinze francs (5 à 15 fr.) L'a-
mende sera appliquée autant de fois qu'il y aura de contraventions distinctes constatées par le procès-verbal, sans toutefois que le chiffre total des amendes puisse excéder deux cents
francs (200 fr.).

Le jugement fixera, en outre, le délai dans lequel seront exécutés les travaux de sécurité et de salubrité imposés par la loi.

Les chefs d'industrie sont civilement responsables des condamnations prononcées contre leurs directeurs, gérants ou
préposés.

ART. 8. — Si, après une condamnation prononcée en vertu
de l'article précédent, les mesures de sécurité et de salubrité
imposées par la présente loi ou par les règlements d'administration publique n'ont pas été exécutées dans le délai fixé par
le jugement qui a prononcé la condamnation, l'affaire est, sur
un nouveau procès-verbal, portée devant le tribunal correctionnel, qui peut, après une nouvelle mise en demeure restée
sans résultat, ordonner la fermeture de l'établissement.

Le jugement sera susceptible d'appel ; la cour statuera d'urgence.

ART. 9. — En cas de récidive, le contrevenant sera poursuivi
devant le tribunal correctionnel et puni d'une amende de cinquante à cinq cents francs (50 à 500 fr.) sans que la totalité des
amendes puisse excéder deux mille francs (2.000 fr.).

Il y a récidive lorsque le contrevenant a été frappé, dans les
douze mois qui ont précédé le fait qui est l'objet de la poursuite,
d'une première condamnation pour infraction à la présente

loi ou aux règlements d'administration publique relatifs à son exécution.

Art. 10. — Les inspecteurs devront fournir, chaque année, des rapports circonstanciés sur l'application de la présente loi dans toute l'étendue de leurs circonscriptions. Ces rapports mentionneront les accidents dont les ouvriers auront été victimes et leurs causes. Ils contiendront les propositions relatives aux prescriptions nouvelles qui seraient de nature à mieux assurer la sécurité du travail.

Un rapport d'ensemble, résumant ces communications, sera publié tous les ans par les soins du ministre du commerce et de l'industrie.

Art. 11. — Tout accident ayant causé une blessure à un ou plusieurs ouvriers, survenu dans un des établissements mentionnés à l'article premier et au dernier paragraphe de l'article 2, sera l'objet d'une déclaration par le chef de l'entreprise ou, à son défaut et en son absence, par le préposé

Cette déclaration contiendra le nom et l'adresse des témoins de l'accident; elle sera faite dans les quarante-huit heures au maire de la commune, qui en dressera procès-verbal dans la forme à déterminer par un règlement d'administration publique. A cette déclaration sera joint, produit par le patron, un certificat du médecin indiquant l'état du blessé, les suites probables de l'accident et l'époque à laquelle il sera possible d'en connaître le résultat définitif.

Récépissé de la déclaration et du certificat médical sera remis, séance tenante, au déposant. Avis de l'accident est donné immédiatement par le maire à l'inspecteur divisionnaire ou départemental.

Art. 12. — Seront punis d'une amende de cent à cinq cents francs (100 à 500 fr.), et, en cas de récidive, de cinq cents à mille francs (500 à 1.000 fr.), tous ceux qui auront mis obstacle à l'accomplissement des devoirs d'un inspecteur.

Les dispositions du Code pénal qui prévoient et répriment les actes de résistance, les outrages et les violences contre les officiers de la police judiciaire sont, en outre, applicables à ceux qui se rendront coupables de faits de même nature à l'égard des inspecteurs.

Art. 13. — Il n'est rien innové quant à la surveillance des appareils à vapeur.

Art. 14. — L'article 463 du Code pénal est applicable aux condamnations prononcées en vertu de la présente loi.

Art. 15. — Sont et demeurent abrogées toutes les dispositions des lois et règlements contraires à la présente loi.

La présente loi, délibérée et adoptée par le Sénat et par la Chambre des députés, sera exécutée comme loi de l'Etat.

Fait à Paris, le 12 juin 1893.

Signé : CARNOT.

Le Garde des sceaux,   *Le Ministre du commerce, de l'industrie,*
Ministre de la justice,   *et des colonies,*
    Signé: E. GUÉRIN.   Signé : TERRIER.

DÉCRET relatif aux accidents du travail

Du 20 novembre 1893.

Le Président de la République française,

Sur le rapport du Ministre du commerce, de l'industrie et des colonies,

Vu l'article 11 de la loi du 12 juin 1893 ainsi conçu :

« Tout accident ayant occasionné une blessure à un ou plusieurs ouvriers, survenu dans un des établissements mentionnés à l'article 1er et au dernier paragraphe de l'article 2, sera l'objet d'une déclaration par le chef de l'entreprise ou, à son défaut et son absence, par le préposé.

« Cette déclaration contiendra le nom et l'adresse des témoins de l'accident ; elle sera faite dans les quarante-huit heures au maire de la commune, qui en dressera procès-verbal, dans la forme à déterminer par un règlement d'administration publique. A cette déclaration sera joint, produit par le patron, un certificat du médecin, indiquant l'état du blessé, les suites probables de l'accident et l'époque à laquelle il sera possible d'en connaître le résultat définitif.

« Récépissé de la déclaration et du certificat médical sera remis, séance tenante, au déposant.

« Avis de l'accident est donné immédiatement par le maire à l'inspecteur divisionnaire ou départemental » ;

Le conseil d'Etat entendu,

Décrète :

ART. 1er. — Le procès-verbal de la déclaration d'un accident, à dresser, en vertu de l'article 11 de la loi du 12 juin 1893, par le maire de la commune où cet accident s'est produit, sera rédigé conformément au modèle annexé au présent décret.

ART. 2. — Le Ministre du commerce, de l'industrie et des colonies est chargé de l'exécution du présent décret, qui sera inséré au *Bulletin des lois* et publié au *Journal officiel* de la République française.

Fait à Paris, le 20 novembre 1893.

Signé : CARNOT.

Par le Président de la République :

Le Ministre du commerce, de l'industrie
et des colonies,

Signé : TERRIER.

DÉPARTEMENT
d
—

ARRONDISSEMENT
d
—

CANTON
d
—

COMMUNE
d

(1) Nom et prénoms.
(2) Indiquer la date et l'heure.
(3) Indiquer les nom, prénoms, profession et adresse; mentionner, en cas d'absence ou à défaut du chef de l'entreprise, que la déclaration a bien été faite par son préposé.
(4) Effacer isolé ou multiple suivant les cas.
(5) Indiquer la nature de l'établissement et le lieu où il est situé, ainsi que l'atelier où a eu lieu l'accident.
(6) Indiquer les nom, prénoms, âge, sexe, profession et adresse de la victime ou des victimes.
(7) Indiquer les noms, professions et adresses.

RÉPUBLIQUE FRANÇAISE
—

Mairie d

PROCÈS-VERBAL DE DÉCLARATION D'ACCIDENTS (A)

(Art. 11 de la loi du 12 Juin 1893)

Par devant nous (1),   maire de la commune d
département d   , soussigné,   a comparu,
le (2)   M (3)
qui nous a remis, en vertu de l'article 11 de la loi du 12 juin 1893, une déclaration relative à un accident isolé *ou* multiple (4) survenu le (2)
dans (5)
à (6)

Cette déclaration constate que : 1° L'accident résulte de la circonstance suivante.

2° Que les témoins de l'accident sont (7)

A cette déclaration était joint un certificat de M. (1)   médecin
à   , donnant par victime les renseignements suivants :

| NOM ET PRÉNOMS | SEXE ET AGE | SUITES DE L'ACCIDENT | | SUITES PROBABLES | ÉPOQUE |
DES VICTIMES	DES VICTIMES	MORTS	NATURE DE LA BLESSURE	DE LA BLESSURE	à laquelle il sera possible d'en connaître le résultat définitif

La déclaration et le certificat médical ont été annexés au présent procès-verbal pour être transmis à M. l'inspecteur départemental du travail en résidence à

Fait et arrêté le présent procès-verbal le jour, mois et an que dessus, lequel a été signé avec nous par le déclarant après lecture faite.

(Signatures.)

Vu pour être annexé au décret du 20 novembre 1893.

Le ministre du commerce, de l'industrie et des colonies.

Signé : TERRIER.

(A) Sont seuls considérés comme accident ceux qui paraissent devoir entraîner une incapacité de travail de *trois jours au moins.*

DÉCRET portant règlement d'administration publique pour l'application de la loi du 12 juin 1893, en ce qui concerne les mesures d'hygiène, de salubrité et de protection à prendre dans les manufactures, fabriques, usines, chantiers et ateliers de tous genres.

Du 10 Mars 1894.

Le Président de la République française,

Sur le rapport du ministre du commerce, de l'industrie et des colonies,

Vu l'article 3 de la loi du 12 juin 1893, ainsi conçu :

« Des règlements d'administration publique, rendus après avis du comité consultatif des arts et manufactures, détermineront :

« 1° Dans les trois mois de la promulgation de la présente loi, les mesures générales de protection et de salubrité applicables à tous les établissements assujettis, notamment en ce qui concerne l'éclairage, l'aération ou la ventilation, les eaux potables, les fosses d'aisances, l'évacuation des poussières et vapeurs, les précautions à prendre contre l'incendie, etc. ;

« 2° Au fur et à mesure des nécessités constatées, les prescriptions particulières relatives soit à certaines industries, soit à certains modes de travail.

« Le comité consultatif d'hygiène publique de France sera appelé à donner son avis en ce qui concerne les règlements généraux prévus au paragraphe 2 du présent article » :

Vu l'avis du comité consultatif d'hygiène publique de France ;

Vu l'avis du comité consultatif des arts et manufactures ;

Le conseil d'État entendu,

Décrète :

ARTICLE PREMIER. — Les emplacements affectés au travail dans les manufactures, fabriques, usines, chantiers, ateliers de tous genres et leurs dépendances seront tenus en état constant de propreté. Le sol sera nettoyé à fond au moins une fois par jour avant l'ouverture ou après la clôture du travail, mais jamais pendant le travail. Ce nettoyage sera fait soit par un lavage, soit à l'aide de brosses ou de linges humides si les conditions de l'industrie ou la nature du revêtement du sol s'opposent au lavage. Les murs et les plafonds seront l'objet de fréquents nettoyages ; les enduits seront refaits toutes les fois qu'il sera nécessaire.

ART. 2. — Dans les locaux où l'on travaille des matières organiques altérables, le sol sera rendu imperméable et toujours bien nivelé, les murs seront recouverts d'un enduit permettant un lavage efficace.

En outre, le sol et les murs seront lavés aussi souvent qu'il sera nécessaire avec une solution désinfectante. Un lessivage à fond avec la même solution sera fait au moins une fois par an.

Les résidus putrescibles ne devront jamais séjourner dans les locaux affectés au travail et seront enlevés au fur et à mesure.

Art. 3. — L'atmosphère des ateliers et de tous les autres locaux affectés au travail sera tenue constamment à l'abri de toute émanation provenant d'égouts, fossés, puisards, fosses d'aisances ou de toute autre source d'infection.

Dans les établissements qui déverseront les eaux résiduaires ou de lavage dans un égout public ou privé, toute communication entre l'égout et l'établissement sera munie d'un intercepteur hydraulique fréquemment nettoyé et abondamment lavé au moins une fois par jour.

Les travaux dans les puits, conduites de gaz, canaux de fumées, fosses d'aisances, cuves ou appareils quelconques pouvant contenir des gaz délétères ne seront entrepris qu'après que l'atmosphère aura été assainie par une ventilation efficace. Les ouvriers appelés à travailler dans ces conditions seront attachés par une ceinture de sûreté.

Art. 4. — Les cabinets d'aisances ne devront pas communiquer directement avec les locaux fermés où seront employés des ouvriers. Ils seront éclairés, abondamment pourvus d'eau, munis de cuvettes avec inflexion siphoïde du tuyau de chute. Le sol, les parois seront en matériaux imperméables, les peintures seront d'un ton clair.

Il y aura au moins un cabinet pour cinquante personnes et des urinoirs en nombre suffisant.

Aucun puits absorbant, aucune disposition analogue ne pourra être établie qu'avec l'autorisation de l'administration supérieure et dans les conditions qu'elle aura prescrites.

Art. 5. — Les locaux fermés affectés au travail ne seront jamais encombrés ; le cube d'air par ouvrier ne pourra être inférieur à 6 mètres cubes.

Ils seront largement aérés. Ces locaux, leurs dépendances et notamment les passages et escaliers seront convenablement éclairés.

Art. 6. — Les poussières ainsi que les gaz incommodes, insalubres ou toxiques seront évacués directement au dehors de l'atelier au fur et à mesure de leur production.

Pour les buées, vapeurs, gaz, poussières légères, il sera installé des hottes avec cheminées d'appel ou tout autre appareil d'élimination efficace.

Pour les poussières déterminées par les meules, les batteurs, les broyeurs et tous autres appareils mécaniques, il sera installé, autour des appareils, des tambours en communication avec une ventilation aspirante énergique.

Par les gaz lourds, tels que vapeurs de mercure, de sulfure de carbone, la ventilation aura lieu *per descendum* : les tables ou appareils de travail seront mis en communication directe avec le ventilateur.

Les pulvérisations des matières irritantes ou toxiques ou

autres opérations telles que le tamisage et l'embarillage de ces matières se feront mécaniquement en appareils clos.

L'air des ateliers sera renouvelé de façon à rester dans l'état de pureté nécessaire à la santé des ouvriers.

Art. 7. — Pour les industries désignées par arrêté ministériel, après avis du comité consultatif des arts et manufactures, les vapeurs les gaz incommodes et insalubres et les poussières sont condensés ou détruits.

Art. 8. — Les ouvriers ne devront point prendre leurs repas dans les ateliers ni dans aucun local affecté au travail.

Les patrons mettront à la diposition de leur personnel les moyens d'assurer la propreté individuelle, vestiaires avec lavabos, ainsi que l'eau de bonne qualité pour la boisson.

Art. 9. — Pendant les interruptions de travail pour les repas, les ateliers seront évacués et l'air en sera entièrement renouvelé.

Art. 10. — Les moteurs à vapeur, à gaz, les moteurs électriques, les roues hydrauliques, les turbines, ne seront accessibles qu'aux ouvriers affectés à leur surveillance. Ils seront isolés par des cloisons ou barrières de protection.

Les passages entre les machines, mécanismes, outils mus par ces moteurs auront une largeur d'au moins 80 centimètres ; le sol des intervalles sera nivelé.

Les escaliers seront solides et munis de fortes rampes.

Les puits, trappes, cuves, bassins, réservoirs de liquides corrosifs ou chauds, seront pourvus de solides barrières ou garde-corps.

Les échafaudages seront munis, sur toutes leurs faces, de garde-corps de 90 centimètres de haut.

Art. 11. — Les monte-charges, ascenseurs, élévateurs, seront guidés et disposés de manière que la voie de la cage du monte-charge et des contre-poids soit fermée ; que la fermeture du puits à l'entrée des divers étages ou galeries s'effectue automatiquement ; que rien ne puisse tomber du monte-charge dans le puits.

Pour les monte-charges destinés à transporter le personnel, la charge devra être calculée au tiers de la charge admise pour le transport des marchandises, et les monte-charges seront pourvus de freins, chapeaux, parachutes ou autres appareils préservateurs.

Art. 12. — Toutes les pièces saillantes mobiles et autres parties dangereuses des machines, et notamment les bielles, roues, volants, les courroies et câbles, les engrenages, les cylindres et cônes de frictions ou tous autres organes de transmission qui seraient reconnus dangereux seront munis de dispositifs protecteurs, tels que gaines et chéneaux de bois ou de fer, tambours pour les courroies et les bielles, ou de couvre-engrenage, garde-mains, grillages.

Les machines-outils à instruments tranchants, tournant

à grande vitesse, telles que machines à scier, fraiser, raboter, découper, hacher, les cisailles, coupe-chiffons et autres engins semblables seront disposés de telle sorte que les ouvriers ne puissent, de leur poste de travail, toucher involontairement les instruments tranchants.

Sauf le cas d'arrêt du moteur, le maniement des courroies sera toujours fait par le moyen de systèmes tels que monte-courroie, porte-courroie, évitant l'emploi direct de la main.

On devra prendre autant que possible des dispositions telles qu'aucun ouvrier ne soit habituellement occupé à un travail quelconque dans le plan de rotation ou aux abords immédiats d'un volant, d'une meule ou de tout autre engin pesant et tournant à grande vitesse.

ART. 13. — La mise en train et l'arrêt des machines devront être toujours précédés d'un signal convenu.

ART. 14. — L'appareil d'arrêt des machines motrices sera toujours placé sous la main des conducteurs qui dirigent ces machines.

Les contremaitres ou chefs d'atelier, les conducteurs de machines-outils, métiers, etc., auront à leur portée le moyen de demander l'arrêt des moteurs.

ART. 15. — Des dispositifs de sûreté devront être installés dans la mesure du possible pour le nettoyage et le graissage des transmissions ou mécanismes en marche.

En cas de réparation d'un organe mécanique quelconque, son arrêt devra être assuré par un calage convenable de l'embrayage ou du volant ; il en sera de même pour les opérations de nettoyage qui exigent l'arrêt des organes mécaniques.

ART. 16. — Les sorties des ateliers sur les cours, vestibules, escaliers et autres dépendances intérieures de l'usine doivent être munies de portes s'ouvrant de dedans en dehors. Ces sorties seront assez nombreuses pour permettre l'évacuation rapide de l'atelier ; elles seront toujours libres et ne devront jamais être encombrées de marchandises, de matières en dépôt ni d'objets quelconques.

Le nombre des escaliers sera calculé de manière que l'évacuation de tous les étages d'un corps de bâtiment contenant des ateliers puisse se faire immédiatement.

Dans les ateliers occupant plusieurs étages, la construction d'un escalier extérieur incombustible pourra, si la sécurité l'exige, être prescrite par une décision du ministre du commerce, après avis du comité des arts et manufactures.

Les récipients pour l'huile ou le pétrole servant à l'éclairage seront placés dans des locaux séparés et jamais au voisinage des escaliers.

ART. 17. — Les machines dynamos devront être isolées électriquement.

Elles ne seront jamais placées dans des ateliers où des corps explosifs, des gaz détonants ou des poussières inflammables se manient ou se produisent.

Les conducteurs électriques placés en plein air pourront rester nus ; dans ce cas, ils devront être portés par des isolateurs de porcelaine ou de verre ; ils seront écartés des masses métalliques, telles que gouttières, tuyaux de descente, etc.

A l'intérieur des ateliers, les conducteurs nus destinés à des prises de courant sur leur parcours seront écartés des murs, hors de la portée de la main, et convenablement isolés.

Les autres conducteurs seront protégés par des enveloppes isolantes.

Toutes précautions seront prises pour éviter l'échauffement des conducteurs à l'aide de coupe-circuits et autres dispositifs analogues.

ART. 18. — Les ouvriers et ouvrières qui ont à se tenir près des machines doivent porter des vêtements ajustés et non flottants.

ART. 19. — Les délais d'exécution des travaux de transformation qu'implique le présent règlement sont fixés : à trois mois à compter de sa promulgation pour les articles 2, § 1 ; 3, § 2 ; 4, §§ 1 et 2 ; 6, §§ 1, 2, 3, 4 et 5 ; 8, § 2 ; 11 ; 12, §§ 1, 2 et 3 ; 14, § 2 ; 15, § 1 ; 16, §§ 1 et 2 ; 17, et à un an pour les articles 5, § 1, et 10, § 2.

ART. 20. — Le ministre du commerce, de l'industrie et des colonies est chargé de l'exécution du présent décret, qui sera inséré au *Bulletin des lois* et publié au *Journal officiel* de la République française.

Fait à Paris, le 10 mars 1894.

Signé : CARNOT.

Par le Président de la République :

Le Ministre du commerce, de l'industrie
et des colonies,

Signé : J. MARTY.

LETTRE MINISTÉRIELLE relative à l'application de la loi du 12 juin 1893 chez les boulangers, pâtissiers, bouchers et charcutiers.

(Du 4 août 1893)

Monsieur l'Inspecteur divisionnaire, j'ai eu l'honneur de vous faire connaître par une circulaire du 7 juillet dernier que, suivant l'avis exprimé par le conseil d'État, la loi du 2 novembre 1892 n'était pas applicable aux boulangers, pâtissiers, bouchers et charcutiers.

En m'accusant réception de cette circulaire, vous demandez si la loi du 12 juin 1893, relative à l'hygiène et à la sécurité des travailleurs dans les établissements industriels, ne doit pas être appliquée aux mêmes établissements lorsqu'ils ont des machines et appareils mécaniques.

La circulaire précitée n'avait trait qu'à la loi du 2 novembre 1892 et il n'y a aucun motif de l'étendre par analogie à la loi du 12 juin 1893.

En ce qui concerne l'application de cette dernière loi aux établissements que vous me citez, elle me paraît tranchée par l'article 2, § 2, de ladite loi, où il dit que ses dispositions sont applicables aux *magasins*, théâtres, cirques et autres établissements similaires *où il est fait emploi d'appareils mécaniques*. Puisque le conseil d'État a décidé que les boulangeries, pâtisseries, boucheries et charcuteries ne devaient pas être considérées comme des ateliers industriels, elles sont, dès lors, des magasins de commerce et, à ce titre, elles tombent sous l'application de l'article 2, § 3, de la loi du 12 juin 1893, lorsqu'il y est fait usage d'appareils mécaniques.

Pour le ministre et par autorisation :

Le conseiller d'État, directeur du commerce intérieur,
C. NICOLAS.

LOI concernant les responsabilités des Accidents dont les Ouvriers sont victimes dans leur travail.

Du 9 Avril 1898.

Le Sénat et la Chambre des Députés ont adopté,

Le Président de la République promulgue la loi dont la teneur suit :

TITRE PREMIER

Indemnités en cas d'accident

ARTICLE PREMIER. — Les accidents survenus par le fait du travail, ou à l'occasion du travail, aux ouvriers et employés occupés dans l'industrie du bâtiment, les usines, manufactures, chantiers, les entreprises de transport par terre et par eau, de chargement et de déchargement, les magasins publics, mines, minières, carrières et, en outre, dans toute exploitation ou partie d'exploitation dans laquelle sont fabriquées ou mises en œuvre des matières explosives, ou dans laquelle il est fait usage d'une machine mue par une force autre que celle de l'homme ou des animaux, donnent droit, au profit de la victime ou de ses représentants, à une indemnité à la charge du chef d'entreprise, à la condition que l'interruption de travail ait duré plus de quatre jours.

Les ouvriers qui travaillent seuls d'ordinaire ne pourront être assujettis à la présente loi par le fait de la collaboration accidentelle d'un ou de plusieurs de leurs camarades.

ART. 2. — Les ouvriers et employés désignés à l'article précédent ne peuvent se prévaloir, à raison des accidents dont ils sont victimes dans leur travail, d'aucunes dispositions autres que celles de la présente loi.

8

Ceux dont le salaire annuel dépasse deux mille quatre cents francs (2,400 fr.) ne bénéficient de ces dispositions que jusqu'à concurrence de cette somme. Pour le surplus, ils n'ont droit qu'au quart des rentes ou indemnités stipulées à l'article 3, à moins de conventions contraires quant au chiffre de la quotité.

Art. 3. — Dans les cas prévus à l'article 1er, l'ouvrier ou l'employé a droit :

Pour l'incapacité absolue et permanente, à une rente égale aux deux tiers de son salaire annuel ;

Pour l'incapacité partielle et permanente, à une rente égale à la moitié de la réduction que l'accident aura fait subir au salaire :

Pour l'incapacité temporaire, à une indemnité journalière égale à la moitié du salaire touché au moment de l'accident si l'incapacité de travail a duré plus de quatre jours et à partir du cinquième jour.

Lorsque l'accident est suivi de mort, une pension est servie aux personnes ci-après désignées, à partir du décès, dans les conditions suivantes :

A) Une rente viagère égale à 20 p. 100 du salaire annuel de la victime pour le conjoint survivant non divorcé ou séparé de corps, à la condition que le mariage ait été contracté antérieurement à l'accident.

En cas de nouveau mariage, le conjoint cesse d'avoir droit à la rente mentionnée ci-dessus ; il lui sera alloué, dans ce cas, le triple de cette rente à titre d'indemnité totale.

B) Pour les enfants, légitimes ou naturels, reconnus avant l'accident, orphelins de père ou de mère, âgés de moins de seize ans, une rente calculée sur le salaire annuel de la victime à raison de 15 p. 100 de ce salaire s'il n'y a qu'un enfant, de 25 p. 100 s'il y en a deux, de 35 p. 100 s'il y en a 3, et 40 p. 100 s'il y en a quatre ou un plus grand nombre.

Pour les enfants, orphelins de père et de mère, la rente est portée pour chacun d'eux à 20 p. 100 du salaire.

L'ensemble de ces rentes ne peut, dans le premier cas, dépasser 40 p. 100 du salaire ni 60 p. 100 dans le second.

C) Si la victime n'a ni conjoint, ni enfant dans les termes des paragraphes A et B, chacun des ascendants et descendants qui étaient à sa charge recevra une rente viagère pour les ascendants et payable jusqu'à seize ans pour les descendants. Cette rente sera égale à 10 p. 100 du salaire annuel de la victime, sans que le montant total des rentes ainsi allouées puisse dépasser 30 p. 100.

Chacune des rentes prévues par le paragraphe C est, le cas échéant, réduite proportionnellement.

Les rentes constituées en vertu de la présente loi sont payables par trimestre ; elles sont incessibles et insaisissables.

Les ouvriers étrangers, victimes d'accidents, qui cesseront de résider sur le territoire français recevront, pour toute in—

·demnité, un capital égal à trois fois la rente qui leur avait été allouée.

Les représentants d'un ouvrier étranger ne recevront aucune indemnité si, au moment de l'accident, ils ne résidaient pas sur le territoire français.

ART. 4. — Le chef d'entreprise supporte en outre les frais médicaux et pharmaceutiques et les frais funéraires. Ces derniers sont évalués à la somme de 100 francs au maximum.

Quant aux frais médicaux et pharmaceutiques, si la victime a fait choix elle-même de son médecin, le chef d'entreprise ne peut être tenu que jusqu'à concurrence de la somme fixée par le juge de paix du canton, conformément au tarif adopté dans chaque département pour l'assistance médicale gratuite.

ART. 5. — Les chefs d'entreprise peuvent se décharger pendant les trente, soixante ou quatre-vingt-dix premiers jours à partir de l'accident, de l'obligation de payer aux victimes les frais de maladie et l'indemnité temporaire, ou une partie seulement de cette indemnité, comme il est spécifié ci-après, s'ils justifient :

1° Qu'ils ont affilié leurs ouvriers à des sociétés de secours mutuels et pris à leur charge une quote-part de la cotisation qui aura été déterminée d'un commun accord, et en se conformant aux statuts-types approuvés par le ministre compétent, mais qui ne devra pas être inférieure au tiers de cette cotisation.

2° Que ces sociétés assurent à leurs membres, en cas de blessures, pendant trente, soixante ou quatre-vingt-dix jours, les soins médicaux et pharmaceutiques et une indemnité journalière.

Si l'indemnité journalière servie par la société est inférieure à la moitié du salaire quotidien de la victime, le chef d'entreprise est tenu de lui verser la différence.

ART. 6. — Les exploitants de mines, minières et carrières peuvent se décharger des frais et indemnités mentionnés à l'article précédent, moyennant une subvention annuelle versée aux caisses ou sociétés de secours constituées dans ces entreprises en vertu de la loi du 29 juin 1894.

Le montant et les conditions de cette subvention devront être acceptés par la société et approuvés par le ministre des travaux publics.

Ces deux dispositions seront applicables à tous autres chefs d'industrie qui auront créé en faveur de leurs ouvriers des caisses particulières de secours en conformité du titre III de la loi du 29 juin 1894. L'approbation prévue ci-dessus sera, en ce qui les concerne, donnée par le ministre du commerce et de l'industrie.

ART. 7. — Indépendamment de l'action résultant de la présente loi, la victime ou ses représentants conservent contre les auteurs de l'accident autres que le patron ou ses ouvriers et préposés, le droit de réclamer la réparation du préjudice causé. conformément aux règles du droit commun.

L'indemnité qui leur sera allouée exonérera, à due concurrence, le chef d'entreprise des obligations mises à sa charge.

Cette action contre les tiers responsables pourra même être exercée par le chef d'entreprise, à ses risques et périls, au lieu et place de la victime ou de ses ayants droit, si ceux-ci négligent d'en faire usage.

ART. 8. — Le salaire qui servira de base à la fixation de l'indemnité allouée à l'ouvrier âgé de moins de seize ans ou à l'apprenti victime d'un accident ne sera pas inférieur au salaire le plus bas des ouvriers valides de la même catégorie occupés dans l'entreprise.

Toutefois, dans le cas d'incapacité temporaire, l'indemnité de l'ouvrier âgé de moins de seize ans ne pourra pas dépasser le montant de son salaire.

ART. 9. — Lors du règlement définitif de la rente viagère, après le délai de revision prévu à l'article 19, la victime peut demander que le quart au plus du capital nécessaire à l'établissement de cette rente, calculé d'après les tarifs dressés pour les victimes d'accidents par la caisse des retraites pour la vieillesse, lui soit attribué en espèces.

Elle peut aussi demander que ce capital, ou ce capital réduit du quart au plus comme il vient d'être dit, serve à constituer sur sa tête une rente viagère réversible, pour moitié au plus, sur la tête de son conjoint. Dans ce cas, la rente viagère sera diminuée de façon qu'il ne résulte de la réversibilité aucune augmentation de charge pour le chef d'entreprise.

Le tribunal, en chambre du conseil, statuera sur ces demandes.

ART. 10. — Le salaire servant de base à la fixation des rentes s'entend, pour l'ouvrier occupé dans l'entreprise pendant les douze mois écoulés avant l'accident, de la rémunération effective qui lui a été allouée pendant ce temps, soit en argent, soit en nature.

Pour les ouvriers occupés pendant moins de douze mois avant l'accident, il doit s'entendre de la rémunération effective qu'ils ont reçue depuis leur entrée dans l'entreprise, augmentée de la rémunération moyenne qu'ont reçue, pendant la période nécessaire pour compléter les douze mois, les ouvriers de la même catégorie.

Si le travail n'est pas continu, le salaire annuel est calculé tant d'après la rémunération reçue pendant la période d'activité que d'après le gain de l'ouvrier pendant le reste de l'année.

TITRE II

Déclaration des accidents et enquête

ART. 11. — Tout accident ayant occasionné une incapacité de travail doit être déclaré, dans les quarante-huit heures, par le chef d'entreprise ou ses préposés, au maire de la commune qui en dresse procès-verbal.

Cette déclaration doit contenir les noms et adresses des témoins de l'accident. Il y est joint un certificat de médecin indiquant l'état de la victime, les suites probables de l'accident et l'époque à laquelle il sera possible d'en connaître le résultat définitif.

La même déclaration pourra être faite par la victime ou ses représentants.

Récépissé de la déclaration et du certificat du médecin est remis par le maire au déclarant.

Avis de l'accident est donné immédiatement par le maire à l'inspecteur divisionnaire ou départemental du travail ou à l'ingénieur ordinaire des mines chargé de la surveillance de l'entreprise.

L'article 15 de la loi du 2 novembre 1892 et l'article 11 de la loi du 12 juin 1893 cessent d'être applicables dans les cas visés par la présente loi.

ART. 12. — Lorsque, d'après le certificat médical, la blessure paraît devoir entraîner la mort ou une incapacité permanente absolue ou partielle de travail, le maire transmet immédiatement copie de la déclaration et le certificat médical au juge de paix du canton où l'accident s'est produit.

Dans les vingt-quatre heures de la réception de cet avis, le juge de paix procède à une enquête à l'effet de rechercher :

1° La cause, la nature et les circonstances de l'accident ;

2° Les personnes victimes et le lieu où elles se trouvent ;

3° La nature des lésions ;

4° Les ayants droits pouvant, le cas échéant, prétendre à une indemnité ;

5° Le salaire quotidien et le salaire annuel des victimes.

ART. 13. — L'enquête a lieu contradictoirement dans les formes prescrites par les articles 35, 36, 37, 38 et 39 du Code de procédure civile, en présence des parties intéressées ou celles-ci convoquées d'urgence par lettre recommandée.

Le juge de paix doit se transporter auprès de la victime de l'accident qui se trouve dans l'impossibilité d'assister à l'enquête.

Lorsque le certificat médical ne lui paraîtra pas suffisant, le juge de paix pourra désigner un médecin pour examiner le blessé.

Il peut aussi commettre un expert pour l'assister dans l'enquête.

Il n'y a pas lieu, toutefois à nomination d'expert dans les entreprises administrativement surveillées, ni dans celles de l'État placées sous le contrôle d'un service distinct du service de gestion, ni dans les établissements nationaux où s'effectuent des travaux que la sécurité publique oblige à tenir secrets. Dans ces divers cas, les fonctionnaires chargés de la surveillance ou du contrôle de ces établissements ou entreprises et, en ce qui concerne les exploitations minières, les délégués à la sécurité des ouvriers mineurs, transmettent au juge de paix, pour être joint au procès-verbal d'enquête, un exemplaire de leur rapport.

Sauf les cas d'impossibilité matérielle dûment constatés dans le procès verbal, l'enquête doit être close dans le plus bref délai et, au plus tard, dans les dix jours à partir de l'accident. Le juge de paix avertit, par lettre recommandée, les parties de la clôture de l'enquête et du dépôt de la minute au greffe, où elles pourront, pendant un délai de cinq jours, en prendre connaissance et s'en faire délivrer une expédition affranchie du timbre et de l'enregistrement. A l'expiration de ce délai de cinq jours, le dossier de l'enquête est transmis au tribunal civil de l'arrondissement.

Art. 14. — Sont punis d'une amende de un à quinze francs (1 à 15 fr.) les chefs d'industrie ou leurs préposés qui ont contrevenu aux dispositions de l'article 11.

En cas de récidive dans l'année, l'amende peut être élevée de seize à trois cents francs (16 à 300 fr.)

L'article 463 du Code pénal est applicable aux contraventions prévues par le présent article.

TITRE III

Compétence — Juridictions — Procédure — Revision

Art. 15. — Les contestations entre les victimes d'accidents et les chefs d'entreprise, relatives aux frais funéraires, aux frais de maladie ou aux indemnités temporaires, sont jugées en dernier ressort par le juge de paix du canton où l'accident s'est produit, à quelque chiffre que la demande puisse s'élever.

Art. 16. — En ce qui touche les autres indemnités prévues par la présente loi, le président du tribunal de l'arrondissement convoque, dans les cinq jours, à partir de la transmission du dossier, la victime ou ses ayants droit et le chef d'entreprise, qui peut se faire représenter.

S'il y a accord des parties intéressées, l'indemnité est définitivement fixée par l'ordonnance du président, qui donne acte de cet accord.

Si l'accord n'a pas lieu, l'affaire est renvoyée devant le tribunal, qui statue comme en matière sommaire, conformément au titre XXIV du livre II du Code de procédure civile.

Si la cause n'est pas en état, le tribunal sursoit à statuer et l'indemnité temporaire continuera à être servie jusqu'à la décision définitive.

Le tribunal pourra condamner le chef d'entreprise à payer une provision; sa décision sur ce point sera exécutoire nonobstant appel.

Art. 17. — Les jugements rendus en vertu de la présente lo

sont susceptibles d'appel selon les règles du droit commun. Toutefois, l'appel devra être interjeté dans les quinze jours de la date du jugement s'il est contradictoire et, s'il est par défaut, dans la quinzaine à partir du jour où l'opposition ne sera plus recevable.

L'opposition ne sera plus recevable en cas de jugement par défaut contre partie, lorsque le jugement aura été signifié à personne, passé le délai de quinze jours à partir de cette signification.

La cour statuera d'urgence dans le mois de l'acte d'appel. Les parties pourront se pourvoir en cassation.

Art. 18. — L'action en indemnité prévue par la présente loi se prescrit par un an à dater du jour de l'accident.

Art. 19. — La demande en revision de l'indemnité fondée sur une aggravation ou une atténuation de l'infirmité de la victime ou son décès par suite des conséquences de l'accident, est ouverte pendant trois ans à dater de l'accord intervenu entre les parties ou de la décision définitive.

Le titre de pension n'est remis à la victime qu'à l'expiration des trois ans.

Art. 20. — Aucune des indemnités déterminées par la présente loi ne peut être attribuée à la victime qui a intentionnellement provoqué l'accident.

Le Tribunal a le droit, s'il est prouvé que l'accident est dû à une faute inexcusable de l'ouvrier, de diminuer la pension fixée au titre Ier.

Lorsqu'il est prouvé que l'accident est dû à la faute inexcusable du patron ou de ceux qu'il s'est substitués dans la direction, l'indemnité pourra être majorée, mais sans que la rente ou le total des rentes allouées puisse dépasser soit la réduction soit le montant du salaire annuel.

Art. 21. — Les parties peuvent toujours après détermination du chiffre de l'indemnité due à la victime de l'accident, décider que le service de la pension sera suspendu et remplacé, tant que l'accord subsistera, par tout autre mode de réparation.

Sauf dans le cas prévu à l'article 3 § A, la pension ne pourra être remplacée par le payement d'un capital que si elle n'est pas supérieure à 100 francs.

Art. 22. — Le bénéfice de l'assistance judiciaire est accordé de plein droit, sur le visa du procureur de la République, à la victime de l'accident ou à ses ayants droit, devant le tribunal.

A cet effet, le président du tribunal adresse au procureur de la République, dans les trois jours de la comparution des parties, prévue par l'article 16, un extrait de son procès-verbal de non-conciliation ; il y joint les pièces de l'affaire.

Le procureur de la République procède comme il est prescrit à l'article 13 (§ 2 et suivants) de la loi du 22 janvier 1851.

Le bénéfice de l'assistance judiciaire s'étend de plein droit aux instances devant le juge de paix, à tous les actes d'exécution mobilière et immobilière, et à toute contestation incidente à l'exécution des décisions judiciaires.

TITRE IV

Garanties

ART. 23. — La créance de la victime de l'accident ou de ses ayants-droit relative aux frais médicaux, pharmaceutiques et funéraires ainsi qu'aux indemnités allouées à la suite de l'incapacité temporaire de travail, est garantie par le privilège de l'article 2101 du Code civil et y sera inscrite sous le n° 6.

Le payement des indemnités pour incapacité permanente de travail ou accidents suivis de mort est garanti conformément aux dispositions des articles suivants.

ART. 24. — A défaut, soit par les chefs d'entreprise débiteurs. soit par les sociétés d'assurances à primes fixes ou mutuelles. ou les syndicats de garantie liant solidairement tous leurs adhérents, de s'acquitter au moment de leur exigibilité, des indemnités mises à leur charge à la suite d'accidents ayant entraîné la mort ou une incapacité permanente de travail, le payement en sera assuré aux intéressés par les soins de la caisse nationale des retraites pour la vieillesse, au moyen d'un fonds spécial de garantie constitué comme il va être dit et dont la gestion sera confiée à ladite caisse.

ART. 25. — Pour la constitution du fonds spécial de garartie. il sera ajouté au principal de la contribution des patentes des industriels visés par l'article 1er, quatre centimes (0 fr. 04) additionnels. Il sera perçu sur les mines une taxe de cinq centimes (0 fr. 05) par hectare concédé.

Ces taxes pourront suivant les besoins, être majorées ou réduites par la loi des finances.

ART. 26. — La caisse nationale des retraites exercera un recours contre les chefs d'entreprise débiteurs, pour le compte desquels des sommes auront été payées par elle, conformément aux dispositions qui précèdent.

En cas d'assurance du chef d'entreprise. elle jouira, pour le remboursement de ses avances, du privilège de l'art. 2102 du Code civil sur l'indemnité due par l'assureur et n'aura plus de recours contre le chef d'entreprise.

Un règlement d'administration publique déterminera les conditions d'organisation et de fonctionnement du service conféré par les dispositions précédentes à la caisse nationale des retraites et, notamment, les formes du recours à exercer contre les chefs d'entreprises débiteurs ou les sociétés d'assurances et les syndicats de garantie, ainsi que les conditions dans lesquelles les victimes d'accidents ou leurs ayants-droit seront admis à réclamer à la caisse le payement de leurs indemnités.

Les décisions judiciaires n'emporteront hypothèque que si elles sont rendues au profit de la caisse des retraites exerçant son recours contre les chefs d'entreprise ou les compagnies d'assurancés.

ART. 27. — Les compagnies d'assurances mutuelles ou à

primes fixes contre les accidents, françaises ou étrangères, sont soumises à la surveillance et au contrôle de l'État et astreintes à constituer des réserves ou cautionnements dans les conditions déterminées par un règlement d'administration publique.

Le montant des réserves ou cautionnements sera affecté par privilège au payement des pensions et indemnités.

Les syndicats de garantie seront soumis à la même surveillance et un règlement d'administration publique déterminera les conditions de leur création et de leur fonctionnement.

Les frais de toute nature résultant de la surveillance et du contrôle seront couverts au moyen de contributions proportionnelles au montant des réserves ou cautionnements, et fixés annuellement, pour chaque compagnie ou association, par arrêté du Ministre du commerce.

Art. 28. — Le versement du capital représentatif des pensions allouées en vertu de la présente loi ne peut être exigé des débiteurs.

Toutefois, les débiteurs qui désireront se libérer en une fois, pourront verser le capital représentatif de ces pensions à la caisse nationale des retraites, qui établira à cet effet, dans les six mois de la promulgation de la présente loi, un tarif tenant compte de la mortalité des victimes d'accidents et de leurs ayants-droit.

Lorsqu'un chef d'entreprise cesse son industrie, soit volontairement, soit par décès, liquidation judiciaire ou faillite, soit par cession d'établissement, le capital représentatif des pensions à sa charge devient exigible de plein droit et sera versé à la caisse nationale des retraites. Ce capital sera déterminé au jour de son exigibilité, d'après le tarif visé au paragraphe précédent.

Toutefois, le chef d'entreprise ou ses ayants-droit peuvent être exonérés du versement de ce capital, s'ils fournissent des garanties qui seront à déterminer par un règlement d'administration publique.

TITRE V

Dispositions générales

Art. 29. — Les procès-verbaux, certificats, actes de notoriété, significations, jugements et autres actes faits ou rendus en vertu et pour l'exécution de la présente loi, sont délivrés gratuitement, visés pour timbre et enregistrés gratis lorsqu'il y a lieu à la formalité de l'enregistrement.

Dans les six mois de la promulgation de la présente loi, un décret déterminera les émoluments des greffiers de justice de paix pour leur assistance et la rédaction des actes de notoriété, procès-verbaux, certificats, significations, jugements, envois de lettres recommandées, extraits, dépôts de la minute d'enquête au greffe, et pour tous les actes nécessités par l'application de la présente loi, ainsi que les frais de transport auprès des victimes et d'enquête sur place.

ART. 30. — Toute convention contraire à la présente loi est nulle de plein droit.

ART. 31.—Les chefs d'entreprise sont tenus, sous peine d'une amende de un à quinze francs (1 à 15 fr.), de faire afficher dans chaque atelier la présente loi et les règlements d'administration relatifs à son exécution.

En cas de récidive dans la même année, l'amende sera de seize à cent francs (16 à 100 fr.).

Les infractions aux dispositions des articles 11 et 31 pourront être constatées par les inspecteurs du travail.

ART. 32. — Il n'est point dérogé aux lois, ordonnances et règlements concernant les pensions des ouvriers, apprentis et journaliers appartenant aux ateliers de la marine et celles des ouvriers immatriculés des manufactures d'armes dépendant du Ministère de la guerre.

ART. 33.— La présente loi ne sera applicable que trois mois après la publication officielle des décrets d'administration publique qui doivent en régler l'exécution.

ART. 34. — Un règlement d'administration publique déterminera les conditions dans lesquelles la présente loi pourra être appliquée à l'Algérie et aux colonies.

La présente loi, délibérée et adoptée par le Sénat et par la Chambre des Députés, sera exécutée comme loi de l'État.

Fait à Paris, le 9 avril 1898.

FÉLIX FAURE.

Par le Président de la République :

Le Ministre du Commerce, de l'Industrie, des Postes et des Télégraphes,

Henry BOUCHER.

Le Ministre de l'Intérieur,

Louis BARTHOU.

Le Ministre des Travaux publics,

A. TURREL.

Le Garde des Sceaux, Ministre de la Justice et des Cultes,

E. MILLIARD.

DÉCRET portant règlement d'administration publique pour l'exécution de l'article 26 de la loi du 9 avril 1898.

(Du 28 février 1899.)

Le Président de la République française,

Sur le rapport du Ministre du commerce, de l'industrie, des postes et des télégraphes :

Vu les avis du Ministre des finances, en date de 5 décembre 1898 et 21 janvier 1899 ;

Vu l'avis du Ministre de la justice en date du 29 octobre 1898 ;

Vu la loi du 9 avril 1898 et notamment le troisième paragraphe de l'article 26 ainsi conçu : « Un règlement d'administration publique déterminera les conditions d'organisation et de fonctionnement du service conféré par les dispositions précédentes à la Caisse nationale des retraites et notamment les formes du recours à exercer contre les chefs d'entreprise débiteurs ou les Sociétés d'assurances et les Syndicats de garantie, ainsi que les conditions dans lesquelles les victimes d'accidents ou leurs ayants droit seront admis à réclamer à la Caisse le paiement de leurs indemnités » ;

Vu la loi du 20 juillet 1886 et le décret du 28 décembre 1886 ;

Le Conseil d'État entendu,

Décrète :

TITRE PREMIER

Conditions dans lesquelles les victimes d'accidents ou leurs ayants droit sont admis à réclamer le payement de leurs indemnités.

ARTICLE PREMIER. — Tout bénéficiaire d'une indemnité liquidée en vertu de l'article 16 de la loi du 9 avril 1898, à la suite d'un accident ayant entraîné la mort ou une incapacité permanente de travail, qui n'aura pu obtenir le payement, lors de leur exigibilité, des sommes qui lui sont dues, doit en faire la déclaration au maire de la commune de sa résidence.

ART. 2. — La déclaration est faite soit par le bénéficiaire de l'indemnité ou son représentant légal, soit par un mandataire : elle est exempte de tous frais.

ART. 3. — La déclaration doit indiquer :

1° Les nom, prénoms, âge, nationalité, état civil, profession, domicile du bénéficiaire de l'indemnité ;

2° Les nom et domicile du chef d'entreprise débiteur ou la désignation et l'indication du siège de la Société d'assurances ou du Syndicat de garantie qui aurait dû acquitter la dette à ses lieu et place ;

3° La nature de l'indemnité et le montant de la créance réclamée ;

4° L'ordonnance ou le jugement en vertu duquel agit le bénéficiaire ;

5° Le cas échéant, les nom, prénoms, profession et domicile du représentant légal du bénéficiaire ou du mandataire.

Art. 4. — La déclaration, rédigée par les soins du maire, est signée par le déclarant.

Le maire y joint toutes les pièces qui lui sont remises par le réclamant à l'effet d'établir l'origine de la créance, ses modifications ultérieures et le refus de paiement opposé par le débiteur : chef d'entreprise, Société d'assurance ou Syndicat de garantie.

Art. 5. — Récipissé de la déclaration et des pièces qui l'accompagnent est remis par le maire au déclarant.

La déclaration et les pièces produites à l'appui sont transmises par le maire au directeur général de la Caisse des Dépôts et Consignations dans les vingt-quatre heures.

Art. 6. — Le directeur général de la Caisse des Dépôts et Consignations adresse, dans les quarante-huit heures à partir de sa réception, le dossier au juge de paix du domicile du débiteur, en l'invitant à convoquer celui-ci d'urgence par lettre recommandée.

Art. 7. — Le débiteur doit comparaitre au jour fixé par le juge de paix, soit en personne, soit par mandataire.

Il lui est donné connaissance de la réclamation formulée contre lui.

Procès-verbal est dressé par le juge de paix des déclarations faites par le comparant, qui appose sa signature sur le procès-verbal.

Art. 8. — Le comparant qui ne conteste ni la réalité ni le montant de la créance est invité par le juge de paix soit à s'acquitter par devant lui, soit à expédier au réclamant la somme due au moyen d'un mandat-carte et à communiquer au greffe le récipissé de cet envoi.

Cette communication doit être effectuée au plus tard le deuxième jour qui suit la comparution devant le juge de paix.

Le juge de paix statue sur le paiement des frais de convocation.

Il constate, s'il y a lieu, dans son procès-verbal, la libération du débiteur.

Art. 9. — Dans le cas où le comparant, tout en reconnaissant la réalité et le montant de sa dette, déclare ne pas être en état de s'acquitter immédiatement, le juge de paix est autorisé, si les motifs invoqués paraissent légitimes, à lui accorder pour sa libération un délai qui ne peut excéder un mois.

Dans ce cas, en vue du paiement immédiat prévu à l'article 13 ci-dessous, le procès-verbal dressé par le juge de paix constate la reconnaissance de dette et l'engagement pris par le comparant de se libérer dans le délai qui lui a été accordé, au moyen, soit d'un versement entre les mains du caissier de la Caisse des dépôts et consignations à Paris ou des préposés de la caisse dans les départements, soit de l'expédition d'un mandat-carte payable au caissier général à Paris.

Art. 10. — Si le comparant déclare ne pas être débiteur du

réclamant ou n'être que partiellement son débiteur, le juge de paix constate dans son procès-verbal le refus total ou partiel de paiement et les motifs qui en ont été donnés.

Il est procédé, pour l'acquittement de la somme non contestée, suivant les dispositions des articles 8 ou 9, tous droits restant réservés pour le surplus.

Art. 11. — Au cas où le débiteur convoqué ne comparaît pas au jour fixé, le juge de paix procède dans la huitaine à une enquête à l'effet de rechercher :

1° Si le débiteur convoqué n'a pas changé de domicile ;

2° S'il a cessé son industrie, soit volontairement, soit par cession d'établissement, soit par suite de faillite ou de liquidation judiciaire et, dans ce cas, quel est le syndic ou le liquidateur ; soit par suite de décès et, dans l'affirmative, par qui sa succession est représentée.

Le procès-verbal dressé par le juge de paix constate la non-comparution et les résultats de l'enquête.

Art. 12. — Dans les deux jours qui suivent soit la libération immédiate du débiteur, soit sa comparution devant le juge de paix au cas où il a refusé le payement ou obtenu un délai, soit la clôture de l'enquête dont il est question en l'article précédent, le juge de paix adresse au directeur général de la Caisse des Dépôts et Consignations le dossier et y joint le procès-verbal par lui dressé.

Art. 13. — Dès la réception du dossier, s'il résulte du procès-verbal dressé par le juge de paix que le débiteur n'a pas contesté sa dette, mais ne s'en est pas libéré, ou si les motifs invoqués pour refuser le payement ne paraissent pas légitimes, le directeur général de la Caisse des Dépôts et Consignations remet au réclamant ou lui adresse, par mandat-carte, la somme à laquelle il a droit. Il fait parvenir également au greffier de la justice de paix le montant de ses déboursés et émoluments.

Il est procédé de même, si le débiteur ne s'est pas présenté devant le juge de paix et si la réclamation du bénéficiaire de l'indemnité paraît justifiée.

Art. 14. — Dans le cas où les motifs invoqués par le comparant pour refuser le payement paraissent fondés ou, en cas de non-comparution, si la réclamation formulée par le bénéficiaire ne semble pas suffisamment justifiée, le directeur général de la Caisse des Dépôts et Consignations renvoie, par l'intermédiaire du maire, au réclamant le dossier par lui produit, en lui laissant le soin d'agir contre la personne dont il se prétend le créancier, conformément aux règles du droit commun.

Le montant des déboursés et émoluments du greffier est, en ce cas, acquitté par les soins du directeur général et imputé sur les fonds de garantie.

TITRE II

Du recours de la Caisse des retraites pour le recouvrement de ses avances et pour l'encaissement des capitaux exigibles.

Art. 15. — Le recours de la Caisse nationale des retraites est exercé aux requête et diligence du directeur général de la Caisse des Dépôts et Consignations, dans les conditions énoncées aux articles suivants.

Art. 16. — Dans les cinq jours qui suivent le payement fait au bénéficiaire de l'indemnité et au greffier de la justice de paix, conformément aux articles 13 et 14, ou à l'expiration du délai dont il est question à l'article 9, si le remboursement n'a pas été opéré dans ce délai, le directeur général de la Caisse des Dépôts et Consignations informe le débiteur, par lettre recommandée, du payement effectué pour son compte.

La lettre recommandée fait en même temps connaître que, faute par le débiteur d'avoir remboursé dans le délai de quinzaine le montant de la somme payée, d'après un des modes prévus au dernier alinéa de l'article 9, le recouvrement sera poursuivi par voie judiciaire.

Art. 17. — A l'expiration du délai imparti par le deuxième alinéa de l'article 16 ci-dessus, il est délivré par le directeur général de la Caisse des Dépôts et Consignations, à l'encontre du débiteur qui ne s'est pas acquitté, une contrainte pour le recouvrement.

Art. 18. — La contrainte décernée par le directeur général de la Caisse des Dépôts et Consignations est visée et déclarée exécutoire par le juge de paix du domicile du débiteur.

Elle est signifiée par ministère d'huissier.

Art. 19. — L'exécution de la contrainte ne peut être interrompue que par une opposition formée par le débiteur et contenant assignation donnée au directeur général de la Caisse des Dépôts et Consignations devant le tribunal civil du domicile du débiteur.

Art. 20. — L'instance à laquelle donne lieu l'opposition à contrainte est suivie dans les formes et délais déterminés par l'article 65 de la loi du 22 frimaire an VII sur l'enregitrement.

Art. 21. — Les frais de poursuites et dépens de l'instance auxquels a été condamné le débiteur débouté de son opposition sont recouvrés par le directeur général de la Caisse des Dépôts et Consignations au moyen d'un état de frais taxé sur sa demande et rendu exécutoire par le président du tribunal.

Art. 22. — Lorsque le capital représentatif d'une pension est, conformément aux termes de l'article 28 de la loi du 9 avril 1898, devenu exigible par suite de la faillite ou de la liquidation judiciaire du débiteur, le directeur général de la Caisse des Dépôts et Consignations représentant la Caisse nationale des retraites pour la vieillesse demande l'admission au passif pour le montant de sa créance.

Il est procédé dans ce cas, conformément aux dispositions des articles 491 et suivants du Code de commerce et de la loi du 4 mars 1889 sur la liquidation judiciaire.

ART. 23. — En cas d'exigibilité du capital par suite d'une des circonstances prévues en l'article 28 de la loi du 9 avril 1898 autre que la faillite ou la liquidation judiciaire du débiteur, le directeur général de la Caisse des Dépôts et Consignations, par lettre recommandée, met en demeure le débiteur ou ses représentants d'opérer, dans les deux mois qui suivront la réception de la lettre, le versement à la Caisse nationale des retraites du capital exigible, à moins qu'il ne soit justifié que les garanties prescrites par le décret du 28 février 1899, portant règlement d'administration publique en exécution de l'article 28 de la loi ci-dessus visée, ont été fournies.

ART. 24. — Si, à l'expiration du délai de deux mois, le versement n'a pas été effectué ou les garanties exigées n'ont pas été fournies, il est procédé au recouvrement dans les mêmes conditions et suivant les formes énoncées aux articles 17 à 21 du présent décret.

ART. 25. — En dehors des délais fixés par les dispositions qui précèdent, le directeur général de la Caisse des Dépôts et Consignations peut accorder au débiteur tous délais ou toutes facilités de paiement.

Le directeur général peut également transiger.

TITRE III

Organisation du fonds de garantie

ART. 26. — Le fonds de garantie institué par les articles 24 et 25 de la loi du 9 avril 1898 fait l'objet d'un compte spécial ouvert dans les écritures de la Caisse des Dépôts et Consignations.

ART. 27. — Le Ministre du commerce adresse au Président de la République un rapport annuel, publié au *Journal Officiel*, sur le fonctionnement général du fonds de garantie visé par les articles 24 à 26 de la loi du 9 avril 1898;

ART. 28. — Les recettes du fonds de garantie comprennent:

1° Les versements effectués par le Trésor public, représentant le montant des taxes recouvrées en conformité de l'article 25 de la loi du 9 avril 1898;

2° Les recouvrements effectués sur les débiteurs d'indemnités dans les conditions prévues aux titres I et II du présent décret;

3° Les revenus et arrérages et le produit du remboursement des valeurs acquises en conformité de l'article 30 du présent décret;

4° Les intérêts du fonds de roulement prévu au deuxième alinéa du même article.

ART. 29. — Les dépenses du fonds de garantie comprennent:

1° Les sommes payées aux bénéficiaires des indemnités;

2° Les sommes versées sur des livrets individuels à la Caisse nationale des retraites pour la vieillesse et représentant les capitaux de pension exigibles dans les cas prévus par l'article 28, § 3, de la loi du 9 avril 1898;

3° Le montant des frais de toute nature auxquels donne lieu le fonctionnement du fonds de garantie.

ART. 30. — Les ressources du fonds de garantie sont employées dans les conditions prescrites par l'article 22 de la loi du 20 juillet 1866.

Les sommes liquides reconnues nécessaires pour assurer le fonctionnement du fonds de garantie sont bonifiées d'un intérêt calculé à un taux égal à celui qui est adopté pour le compte courant ouvert à la Caisse des Dépôts et Consignations dans les écritures du Trésor public.

ART. 31. — Le Ministre du commerce, de l'industrie, des postes et des télégraphes, le Ministre des finances et le Garde des sceaux, Ministre de la justice, sont chargés, chacun en ce qui le concerne, de l'exécution du présent décret, qui sera publié au *Journal officiel* de la République française et inséré au *Bulletin des lois*.

Fait à Paris, le 28 février 1899.

EMILE LOUBET.

Par le Président de la République,

Le Ministre du Commerce, de l'Industrie,
des Postes et des Télégraphes,

PAUL DELOMBRE.

Le Ministre des Finances,

P. PEYTRAL.

Le Garde de Sceaux, Ministre de la Justice,

GEORGES LEBRET.

DÉCRET portant règlement d'administration publique pour l'exécution de l'article 27 de la loi du 9 avril 1898.

Du 28 février 1899

Le Président de la République française,

Sur le rapport du Ministre du Commerce, de l'Industrie, des Postes et des Télégraphes,

Vu l'avis du Ministre des Finances, en date du 5 décembre 1898;

Vu la loi du 9 avril 1898, et notamment l'article 27 ainsi conçu:

« Les Compagnies d'assurances mutuelles ou à primes fixes contre les accidents, françaises ou étrangères, sont soumises à la surveillance et au contrôle de l'État et astreintes à constituer des réserves ou cautionnements dans les conditions déterminées par un règlement d'administration publique.

« Le montant des réserves ou cautionnements sera affecté par privilège au paiement des pensions et indemnités.

« Les Syndicats de garantie seront soumis à la même surveillance, et un règlement d'administration publique déterminera les conditions de leur création et de leur fonctionnement.

« Les frais de toute nature résultant de la surveillance et du contrôle seront couverts au moyen de contributions proportionnelles au montant des réserves ou cautionnements et fixés annuellement, pour chaque compagnie ou association, par arrêté du Ministre du Commerce »;

Vu le décret du 22 janvier 1868, portant règlement d'administration publique pour la constitution des Sociétés d'assurances :

Le Conseil d'État entendu.

Décrète :

TITRE PREMIER

Sociétés d'Assurances mutuelles ou à primes fixes

CHAPITRE PREMIER — *Cautionnements et réserves*

ARTICLE PREMIER. — Toutes les Sociétés qui pratiquent, dans les termes de la loi du 9 avril 1898, l'assurance mutuelle ou à primes fixes contre le risque des accidents de travail ayant entraîné la mort ou une incapacité permanente, sont astreintes, pour ce risque, aux dispositions du présent titre.

ART. 2. — Indépendamment des garanties spécifiées aux articles 2 et 4 du décret du 22 janvier 1868 et de la réserve mathématique, les Sociétés anonymes d'assurances françaises ou étrangères à primes fixes doivent justifier de la constitution préalable d'un cautionnement fixé d'après des bases que détermine le Ministre, sur l'avis du Comité consultatif prévu à l'article 16 ci-après, et affecté, par privilège, au payement des pensions et indemnités, conformément à l'article 27 de la loi.

ART. 3. — Le cautionnement est constitué, dans les quinze jours de la notification de la décision du Ministre, à la Caisse des Dépôts et Consignations, en valeurs énumérées au troisième paragraphe de l'article 8 ci-dessous. Il est revisé chaque année. Les titres sont estimés au cours moyen de la Bourse de Paris au jour du dépôt.

ART. 4. — Le cautionnement est versé au lieu où la Société a son siège principal, dans les conditions déterminées par les lois et règlements en vigueur sur la consignation des valeurs mobilières.

Les intérêts des valeurs déposées peuvent être retirés par la Société. Il en est de même, en cas de remboursement des titres avec primes ou lots, de la différence entre le prix de remboursement et le cours moyen à la Bourse de Paris, au jour fixé pour le remboursement, de la valeur sortie au tirage.

Le montant des remboursements, déduction faite de cette différence, doit être immédiatement remployé en achat de valeurs visées au troisième paragraphe de l'article 8, sur l'ordre de la Société, ou d'offices en rentes sur l'Etat, si la Société n'a pas donné d'ordres dans les quinze jours de la notification de remboursement faite, sous pli recommandé, par la Caisse des Dépôts et Consignations.

Il en est de même pour les fonds provenant d'aliénations de titres demandées par la Société.

Art. 5. — Les valeurs déposées ou les valeurs acquises en remploi de ces valeurs ne peuvent être retirées que : 1° dans le cas où le cautionnement exigible a été fixé, pour l'année courante, à un chiffre inférieur à celui de l'année précédente et jusqu'à concurrence de la différence; 2° dans le cas où la Société, ayant versé à la Caisse nationale des retraites les capitaux constitutifs des rentes et indemnités assurées, justifie qu'elle a complètement rempli toutes ses obligations. Dans les deux cas, une décision du Ministre du Commerce est nécessaire.

Art. 6. — Indépendamment des garanties spécifiées à l'article 29 du décret du 22 janvier 1868, les Sociétés d'assurances mutuelles sont soumises aux dispositions des articles 2, 3, 4 et 5 ci-dessus.

Toutefois le cautionnement qu'elles auront à verser est réduit de moitié pour celles de ces Sociétés dont les statuts stipulent :

1° Que la Société ne peut assurer que tout ou partie des risques prévus par l'article 3 de la loi du 9 avril 1898;

2° Qu'elle assure exclusivement soit les ouvriers d'une seule profession, soit les ouvriers de professions appartenant à un même groupe d'industries, d'après une classification générale arrêtée à cet effet par le Ministre du Commerce, après avis du Comité consultatif;

3° Que le maximum de contribution annuelle dont chaque sociétaire est passible pour le payement des sinistres est au moins double de la prime totale fixée par son contrat pour l'assurance de tous les risques, et triple de la prime partielle déterminée par le Ministre du Commerce, après avis du Comité consultatif, pour les mêmes professions et pour les risques définis à l'article 23 de la loi.

Art. 7. — Les Sociétés anonymes d'assurances à primes fixes et les Sociétés mutuelles d'assurances sont tenues de justifier, dès la deuxième année d'exploitation, de la constitution d'une *réserve mathématique* ayant pour minimum de valeur le montant des capitaux représentatifs des rentes et indemnités à servir à la suite d'accidents ayant entraîné la mort ou une incapacité permanente.

Les capitaux représentatifs sont calculés d'après un barème minimum déterminé par le Ministre du Commerce après avis du Comité consultatif.

ART. 8. — Le montant de la réserve mathématique est arrêté chaque année, la Société entendue, par le Ministre du Commerce et à l'époque qu'il détermine.

Cette réserve reste aux mains de la Société. Elle ne peut être placée que dans les conditions suivantes :

1° Pour les deux tiers au moins de la fixation annuelle, en valeurs de l'Etat ou jouissant d'une garantie de l'Etat; en obligations négociables et entièrement libérées des départements, des communes et des Chambres de commerce; en obligations foncières et communales du Crédit Foncier;

2° Jusqu'à concurrence du tiers au plus de la fixation annuelle, en immeubles situés en France et en premières hypothèques sur ces immeubles, pour la moitié au maximum de leur valeur estimative;

3° Jusqu'à concurrence d'un dixième, confondu dans le tiers précédent, en commandites industrielles ou en prêts à des exploitations industrielles de solvabilité notoire.

Pour la fixation prévue au paragraphe premier du présent article, les valeurs mobilières sont estimées à leur prix d'achat. Si leur valeur totale descend au dessous de ces prix de plus d'un dixième, un arrêté du Ministre du Commerce oblige la Société à parfaire la différence en titres nouveaux, dans un délai qui ne peut être inférieur à deux ans ni supérieur à cinq ans.

Les immeubles sont estimés à leur prix d'achat ou de revient; les prêts hypothécaires, les commandites industrielles ou les prêts à des Sociétés industrielles, aux prix établis par actes authentiques.

ART. 9. — Si les Sociétés visées aux articles 2 et 6 ci-dessus ne font point elles-mêmes le service des rentes et indemnités attribuables aux termes de l'article 3 de la loi du 9 avril 1898 pour les accidents ayant entraîné la mort ou une incapacité permanente de travail, et si elles opèrent immédiatement le versement des capitaux constitutifs de ces rentes et indemnités à la Caisse nationale des retraites, il n'y a pas lieu pour elles à constitution de réserve mathématique.

Si ces Sociétés versent seulement, dans les conditions susdésignées, une partie des capitaux constitutifs dont il s'agit, leur réserve mathématique est réduite proportionnellement.

CHAPITRE II. — *Surveillance et contrôle*

ART. 10. — Les Sociétés visées à l'article premier qui assurent d'autres risques que celui résultant de l'application de la loi du 9 avril 1898 pour le cas de mort ou d'incapacité permanente, ou qui assurent concurremment un risque analogue dans des pays étrangers, doivent établir, pour les opérations se rattachant à ce risque en France, une gestion et une comptabilité absolument distinctes.

ART. 11. — Toutes les Sociétés doivent communiquer immédiatement au Ministre du Commerce dix exemplaires de tous les règlements, tarifs, polices, prospectus et imprimés distribués ou utilisés par elles.

Les polices doivent :

1° Reproduire textuellement les articles 3, 9, 19 et 30 de la loi du 9 avril 1898;

2° Spécifier qu'aucune clause de déchéance ne pourra être opposée aux ouvriers créanciers ;

3° Stipuler que les contrats se trouveraient résiliés de plein droit dans le cas où la Société cesserait de remplir les conditions fixées par la loi et le présent décret.

ART. 12. — Les Sociétés doivent produire au Ministre du Commerce, aux dates fixées par lui :

1° Le compte rendu détaillé annuel de leurs opérations, avec des tableaux financiers et statistiques annexes, dans les conditions déterminées par arrêté ministériel, après avis du Comité consultatif. Ce compte rendu doit être délivré par les Sociétés intéressées à toute personne qui en fait la demande, moyennant payement d'une somme qui ne peut excéder 1 franc;

2° L'état des salaires assurés et l'état des rentes et indemnités correspondant au risque spécifié à l'article premier, ainsi que tous autres états ou documents manuscrits que le Ministre juge nécessaires à l'exercice du contrôle.

ART. 13. — Elles sont soumises à la surveillance permanente de commissaires-contrôleurs, sous l'autorité du Ministre du Commerce, et peuvent être en outre contrôlées par toute personne spécialement déléguée à cet effet par le Ministre.

ART. 14. — Les commissaires-contrôleurs sont recrutés dans les conditions déterminées par arrêté du Ministre du Commerce, après avis du Comité consultatif.

Ils prêtent serment de ne pas divulguer les secrets commerciaux dont ils auraient connaissance dans l'exercice de leurs fonctions.

Ils sont spécialement accrédités, pour des périodes fixées, auprès des Sociétés qu'ils ont mission de surveiller.

Ils vérifient, au siège des Sociétés, l'état des assurés et des salaires assurés, les contrats intervenus, les écritures et pièces comptables, la caisse, le portefeuille, les calculs des réserves et tous les éléments de contrôle propres, soit à établir les opérations dont résultent des obligations pour les Sociétés, soit à constater la régulière exécution tant des statuts que des prescriptions contenues dans le décret du 22 janvier 1868, dans le présent décret et dans les arrêtés ministériels qu'il prévoit.

Ils se bornent à ces vérifications et constatations, sans pouvoir donner aux Sociétés aucune instruction ni apporter à leur fonctionnement aucune entrave.

Ils rendent compte au Ministre du Commerce, qui seul prescrit, dans les formes et délais qu'il fixe, les redressements nécessaires.

ART. 15. — A l'aide des rapports de vérification et des contre-vérifications auxquelles il peut faire procéder soit d'office, soit à la demande des Sociétés intéressées, le Ministre du Commerce présente chaque année au Président de la République un rapport d'ensemble établissant la situation de toutes les Sociétés soumises à la surveillance.

Il adresse, le cas échéant, à chacune des Sociétés les injonctions nécessaires et la met en demeure de s'y conformer.

Art. 16. — Il est constitué auprès du Ministre du Commerce un « Comité consultatif des assurances contre les accidents du travail » dont l'organisation est réglée par arrêté du Ministre.

Ce Comité doit être consulté dans les cas spécifiés par le présent décret et par les décrets du même jour, rendus en exécution des articles 26 et 28 de la loi du 9 avril 1898. Il peut être saisi par le Ministre de toutes autres questions relatives à l'application de ladite loi.

Art. 17. — Le décret du 22 janvier 1868 demeure applicable aux Sociétés régies par le présent décret, en toutes celles de ses dispositions qui ne lui sont pas contraires.

Art. 18. — Chaque année, avant le premier décembre, le Ministre du Commerce arrête, après avis du Comité consultatif, et publie au *Journal officiel* la liste des Sociétés mutuelles ou à primes fixes, françaises ou étrangères, qui fonctionnent dans les conditions prévues par les articles 26 et 27 de la loi du 9 avril 1898 et par le présent décret.

Art. 19. — Dès que, après fixation du cautionnement, dans les conditions déterminées par les articles 2 et 6 ci-dessus, chaque Société actuellement existante aura effectué à la Caisse des Dépôts et consignations le versement du montant de ce cautionnement, mention de cette formalité sera faite au *Journal officiel* par les soins du Ministre du Commerce, en attendant la publication de la première liste générale prévue à l'article 18.

Il en sera de même ultérieurement pour les Sociétés constituées après publication de la liste générale annuelle.

Art 20. — Les Sociétés étrangères doivent accréditer auprès du Ministre du Commerce et de la Caisse des Dépôts et Consignations un agent spécialement préposé à la direction de toutes opérations faites en France pour les assurances visées à l'article premier.

Cet agent représente seul la Société auprès de l'administration. Il doit être domicilié en France.

TITRE II

Syndicats de garantie

Art. 21. — Les Syndicats de garantie prévus par la loi du 9 avril 1898 lient solidairement tous leurs adhérents pour le payement des rentes et indemnités attribuables en vertu de la même loi à la suite d'accidents ayant entraîné la mort ou une incapacité permanente.

La solidarité ne prend fin que lorsque le Syndicat de garantie a liquidé entièrement ses opérations, soit directement, soit en versant à la Caisse nationale des retraites l'intégralité des capitaux constitutifs des rentes et indemnités dues.

La liquidation peut être périodique.

ART. 22. — Ces Syndicats de garantie doivent comprendre au moins 5,000 ouvriers assurés et 10 chefs d'entreprise adhérents, dont 5 ayant au moins chacun 300 ouvriers.

ART. 23. — Le fonctionnement de chaque Syndicat est réglé par des Statuts, qui doivent être soumis, avant toute opération, à l'approbation du Gouvernement.

Il est statué, par décret rendu en Conseil d'État, sur le rapport du Ministre du Commerce, après avis du Comité consultatif des assurances contre les accidents du travail, au vu des actes souscrits et des pièces justifiant des conditions et des engagements prévus aux articles 21 et 22 ci-dessus.

ART. 24. — Le décret portant approbation des statuts règle :

1° Le fonctionnement de la surveillance et du contrôle, dans des conditions analogues à celles que détermine le chapitre II du titre premier du présent décret ;

2° Les conditions dans lesquelles l'approbation peut être révoquée et les mesures à prendre, en ce cas, pour le versement des capitaux constitutifs des pensions et indemnités en cours.

ART. 25. — Les contributions pour frais de surveillance sont fixées d'après le montant du cautionnement auquel serait astreinte une Société d'assurance pour le même chiffre de salaires assurés.

ART. 26. — Le Ministre du Commerce, de l'Industrie, des Postes et des Télégraphes et le Ministre des Finances sont chargés chacun en ce qui le concerne, de l'exécution du présent décret, qui sera publié au *Journal officiel* de la République française et inséré au *Bulletin des lois*.

Fait à Paris, le 28 février 1899.

EMILE LOUBET.

Par le Président de la République,

Le Ministre des Finances,

P. PEYTRAL.

Le Ministre du Commerce, de l'Industrie,
des Postes et des Télégraphes,

PAUL DELOMBRE.

DÉCRET portant règlement d'administration publique pour l'exécution de l'article 28 de la loi du 9 avril 1898.

Du 28 février 1899.

Le Président de la République française,

Sur le rapport du Ministre du Commerce, de l'Industrie, des Postes et des Télégraphes :

Vu l'avis du Ministre des Finances, en date 2 février 1899 ;

Vu la loi du 9 avril 1898 et notamment les deux derniers alinéas de son article 28 ainsi conçus :

« Lorsqu'un chef d'entreprise cesse son industrie, soit volontairement, soit par décès, liquidation judiciaire ou faillite, soit par cession d'établissement, le capital représentatif des pensions à sa charge devient exigible de plein droit et sera versé à la Caisse nationale des retraites. Ce capital sera déterminé au jour de son exigibilité, d'après le tarif visé au paragraphe précédent.

« Toutefois, le chef d'entreprise ou ses ayants droit peuvent être exonérés du versement de ce capital s'ils fournissent des garanties qui seront à déterminer par un règlement d'administration publique » ;

Vu le décret du 28 février 1899, portant règlement d'administration publique en exécution de l'article 26 de la loi ci-dessus visée, et notamment les articles 22 à 25 dudit décret relatifs à l'exigibilité des capitaux représentatifs des pensions dues en vertu de la loi du 9 avril 1898 :

Vu le décret du même jour, portant règlement d'administration publique en exécution de l'article 27 de la loi ci-dessus visée, et notamment le titre II relatif aux Syndicats de garantie prévus par ladite loi ;

Le conseil d'État entendu.

Décrète :

ARTICLE PREMIER. — Lorsqu'un chef d'entreprise cesse son industrie dans les cas prévus par l'avant-dernier alinéa de l'article 28 de la loi du 9 avril 1898, ce chef d'entreprise ou ses ayants droit peuvent être exonérés du versement à la Caisse nationale des retraites du capital représentatif des pensions à leur charge s'il justifient :

1° Soit du versement de ce capital à une des Sociétés visées à l'article 18 du décret du 28 février 1899, portant règlement d'administration publique en exécution de l'article 27 de la loi ci-dessus visée ;

2° Soit de l'immatriculation d'un titre de rente pour l'usufruit au nom des titulaires de pensions, le montant de la rente devant être au moins égal à celui de la pension ;

3° Soit du dépôt à la Caisse des Dépôts et Consignations avec affectation à la garantie des pensions, de titres spécifiés au paragraphe 3 de l'article 8 du décret précité. La valeur de ces titres, établie d'après le cours moyen de la Bourse de Paris au jour du dépôt, doit correspondre au chiffre maximum qu'est susceptible d'atteindre le capital constitutif exigible par la Caisse nationale des retraites. Elle peut être revisée tous les trois ans à la valeur actuelle des pensions, d'après le cours moyen des titres au jour de la revision ;

4° Soit de l'affiliation du chef d'entreprise à un syndicat de garantie liant solidairement tous ses membres et garantissant le payement des pensions.

5° Soit, en cas de cession d'établissement, de l'engagement pris par le cessionnaire, vis-à-vis du directeur général de la Caisse des Dépôts et Consignations, d'acquitter les pensions dues et de rester solidairement responsable avec le chef d'entreprise.

ART. 2. — Des arrêtés du Ministre du Commerce, pris après avis du Comité consultatif des assurances contre les accidents, règlent les mesures nécessaires à l'application du présent décret.

ART. 3. — Le Ministre du Commerce, de l'Industrie, des Postes et des Télégraphes et le Ministre des Finances sont chargés, chacun en ce qui le concerne, de l'exécution du présent décret, qui sera publié au *Journal officiel* de la République française et inséré au *Bulletin des lois*.

Fait à Paris, le 28 février 1899.

EMILE LOUBET.

Par le Président de la République,

Le Ministre des Finances,

P. PEYTRAL.

Le Ministre du Commerce, de l'Industrie,
des Postes et des Télégraphes,

PAUL DELOMBRE.

ARRÊTÉ MINISTÉRIEL instituant un Comité consultatif des assurances contre les accidents du travail.

Du 1er Mars 1899.

Le Ministre du Commerce, de l'Industrie, des Postes et des Télégraphes,

Vu la loi du 9 avril 1898, concernant la responsabilité des accidents dont les ouvriers sont victimes dans leur travail;

Vu le décret du 28 février 1899, portant règlement d'administration publique pour l'exécution de l'article 27 de ladite loi et notamment le premier alinéa de l'article 16 ainsi conçu : « Il est constitué auprès du Ministre du Commerce un comité consultatif des assurances contre les accidents du travail, dont l'organisation est réglée par arrêté du Ministre »;

Vu le décret du même jour, portant règlement d'administration publique pour l'exécution de l'article 26 de la loi;

Sur la proposition du conseiller d'État, directeur du travail et de l'industrie,

Arrête :

ARTICLE PREMIER. — Le comité consultatif des assurances contre les accidents du travail institué auprès du Ministre du Commerce est composé de vingt-quatre membres, savoir:

1° Deux sénateurs;
2° Trois députés;

3° Quatre personnes spécialement désignées par leur compétence juridique ou statistique en matière d'accidents ;

4° Trois membres agrégés de l'institut des actuaires français ;

5° L'actuaire de la Caisse des dépôts et consignations ;

6° Un membre du comité permanent international du congrès des accidents du travail et des assurances sociales ;

7° Le président du tribunal de commerce de la Seine ou un président de section délégué par lui ;

8° Le président de la Chambre de commerce de Paris ou un membre de la chambre délégué par lui ;

9° Un président ou administrateur de société d'assurances mutuelles contre les accidents ;

10° Le président du syndicat des compagnies d'assurances à primes fixes contre les accidents ;

11° Un ouvrier membre du Conseil supérieur du travail ;

12° Le président d'un syndicat professionnel ouvrier ;

13° Le conseiller d'État, directeur du travail et de l'industrie, ou, en son absence, le sous-directeur ;

14° Le directeur de l'Office du travail, ou, en son absence, le sous-directeur ;

15° Le directeur du personnel, de la comptabilité et de l'enseignement technique ;

16° Le chef du bureau des caisses d'épargne, des assurances, des retraites et de la coopération.

ART. 2. — Les membres ci-dessus désignés sous les numéros 1° à 4°, 6°, 9°, 11° et 12° sont nommés par le Ministre pour quatre ans. Par exception, le premier renouvellement a lieu au bout de deux ans par moitié, à la suite d'un tirage au sort. Les membres sortants peuvent être renommés.

Sont remplacés immédiatement les membres du comité qui perdent la qualité en raison de laquelle ils avaient été nommés.

ART. 3. — Le Ministre nomme le président du comité parmi ses membres, et désigne les secrétaires.

En cas de partage, la voix du président est prépondérante.

ART. 4. — Le comité peut, avec l'autorisation spéciale du Ministre, procéder à des enquêtes et entendre les personnes qu'il jugerait en état de l'éclairer sur les questions qui lui sont soumises.

Paris, le 1er mars 1899.

PAUL DELOMBRE.

ARRÊTÉ MINISTÉRIEL déterminant les bases des cautionnements que doivent constituer les Sociétés d'assurances contre les accidents du Travail.

Du 29 mars 1899

Le Ministre du Commerce, de l'Industrie, des Postes et des Télégraphes,

Vu la loi du 9 avril 1898, concernant les responsabilités des accidents dont les ouvriers sont victimes dans leur travail :

Vu le décret du 28 février 1899, portant réglement d'administration publique pour l'exécution de l'article 27 de ladite loi, et notamment l'article 2 dudit décret, ainsi conçu :

« Indépendamment des garanties spécifiées aux articles 2 et 4 du décret du 22 janvier 1868 et de la réserve mathématique, les Sociétés anonymes d'assurances françaises ou étrangères à primes fixes doivent justifier de la constitution préalable d'un cautionnement fixé d'après les bases que détermine le Ministre, sur l'avis du Comité consultatif prévu à l'article 16 ci-après, et affecté, par privilége, au payement des pensions et indemnités, conformément à l'article 27 de la loi » ;

Vu l'avis du Comité consultatif des assurances contre les accidents du travail :

Sur la proposition du Conseiller d'État, directeur du travail et de l'industrie.

ARRÊTE :

ARTICLE PREMIER. — Le cautionnement dont la constitution préalable est prévue par l'article 2 du décret du 28 février 1899 susvisé doit représenter pour les Sociétés françaises :

1° La première année de fonctionnement sous le régime dudit décret, 400,000 francs ;

2° Les années ultérieures, 2 0/0 du total des salaires ayant servi de bases aux assurances pendant la dernière année, sans que toutefois la somme ainsi calculée puisse être inférieure à 400,000 francs ni supérieure à 2 millions.

ART. 2. — Si la société, d'après ses statuts, n'assure que des ouvriers d'une même profession ou de plusieurs professions présentant un risque identique, le cautionnement doit représenter, sauf application du minimum et du maximum fixés à l'article précédent, une fois et demie la valeur des primes brutes à verser pour couvrir le risque d'accidents ayant entraîné la mort ou une incapacité permanente, à moins toutefois que la prime adoptée par la Société se trouve inférieure à la prime déterminée par arrêté ministériel, en exécution du dernier alinéa de l'article 6 du décret du 28 février 1899 susvisé. Dans ce dernier cas, la prime déterminée par l'arrêté ministériel sert de base au calcul du cautionnement.

ART. 3. — Pour les Sociétés dont les statuts stipulent que les capitaux constitutifs de toutes les rentes ou indemnités prévues par la loi du 9 avril 1898 en cas d'accident ayant entraîné la mort ou une incapacité permanente doivent être immédiatement versés à la Caisse nationale des retraites, le cautionnement ne doit représenter que la moitié de la somme spécifiée, suivant les cas, soit à l'article premier, soit à l'article 2 du présent arrêté, le minimum étant alors réduit à 200,000 francs et le maximum à 1 million.

ART. 4. — Pour les Sociétés étrangères, le cautionnement est fixé sur les bases respectivement déterminées par les articles

1er, 2 et 3 ci-dessus, avec majoration de 50 0/0, le minimum étant alors de 600,000 francs ou de 300,000 francs, et le maximum de 3 millions ou de 1.500.000 francs, suivant le cas.

Paris, le 29 mars 1899.

Paul DELOMBRE.

ARRÊTÉ MINISTÉRIEL déterminant les groupements d'industries prévus par l'article 6 du décret du 28 février 1899, en ce qui concerne les Sociétés mutuelles d'assurances contre les accidents du travail.

(Du 30 mars 1899)

Le Ministre du Commerce, de l'Industrie, des Postes et des Télégraphes.

Vu la loi du 9 avril 1898, concernant les responsabilités des accidents dont les ouvriers sont victimes dans leur travail;

Vu le décret du 28 février 1899, portant règlement d'administration publique pour l'exécution de l'article 27 de la loi, et notamment le quatrième alinéa de l'article 6 dudit décret;

Vu l'arrêté ministériel du 29 mars 1899, déterminant les bases des cautionnements que doivent constituer les Sociétés d'assurances contre les accidents du travail;

Vu l'avis du Comité consultatif des assurances contre les accidents du travail;

Sur la proposition du Conseiller d'État, directeur du travail et de l'industrie;

ARRÊTE.

ARTICLE PREMIER. — Pour être admises à la réduction de cautionnement prévue par l'article 6 du décret du 28 février 1899 susvisé, les Sociétés d'assurances mutuelles contre les accidents du travail devront, indépendamment des autres conditions visées audit article, justifier que les ouvriers assurés par elles appartiennent à des professions comprises dans un seul des neuf groupes ci-après :

1° Mines et minières;

2° Industries agricoles et forestières. Meunerie. Sucrerie. Distillerie. Industries se rapportant à l'alimentation;

3° Hauts fourneaux. Forges et aciéries. Travail des métaux. Mécanique. Chaudronnerie. Fonderie;

4° Produits chimiques et dérivés. Usines d'éclairage et d'électricité. Cuirs et peaux. Papier et industries de transformation. Imprimerie;

5° Carrières. Matériaux de construction. Bâtiment. Chantiers. Travaux publics;

6° Travail du bois. Ébénisterie. Tabletterie. Brosserie. Vannerie. Article de Paris;

7° Poterie. Céramique. Verrerie;

8° Industries textiles. Habillement;

9° Transports par terre et par eau. Entreprises de chargement et de déchargement.

Art. 2. — Au point de vue de l'application du présent arrêté, lorsqu'une industrie emploie accessoirement pour son exploitation des ouvriers appartenant à une profession comprise dans un autre groupe que l'industrie principale, ces ouvriers peuvent être néanmoins assurés à la même mutualité.

Paris, le 30 mars 1899.

Paul Delombre.

ARRÊTÉ MINISTÉRIEL déterminant les primes prévues à l'article 6 du décret du 28 février 1899 et à l'article 2 de l'arrêté ministériel du 29 mars 1899, relatifs aux Sociétés d'assurances contre les accidents du travail.

Du 30 mars 1899.

Le Ministre du Commerce, de l'Industrie, des Postes et des Télégraphes,

Vu la loi du 9 avril 1898, concernant les responsabilités des accidents dont les ouvriers sont victimes dans leur travail;

Vu le décret du 28 février 1899, portant règlement d'administration publique pour l'exécution de l'article 27 de cette loi, spécialement le titre 6, ainsi conçu :

« Indépendamment des garanties spécifiées à l'article 29 du décret du 22 janvier 1868, les Sociétés d'assurances mutuelles sont soumises aux dispositions des articles 2, 3, 4 et 5 ci-dessus.

« Toutefois le cautionnement qu'elles auront à verser est réduit de moitié pour celles de ces Sociétés dont les statuts stipulent :

« 1° Que la Société ne peut assurer que tout ou partie des risques prévus par l'article 2 de la loi du 9 avril 1898 ;

« 2° Qu'elle assure exclusivement soit les ouvriers d'une seule profession, soit les ouvriers de professions appartenant à un même groupe d'industries, d'après une classification générale arrêtée à cet effet par le Ministre du Commerce, après avis du Comité consultatif ;

« 3° Que le maximum de contribution annuelle dont chaque sociétaire est passible pour le payement des sinistres est au moins double de la prime totale fixée par son contrat pour l'assurance de tous les risques, et triple de la prime partielle déterminée par le Ministre du Commerce, après avis du Comité consultatif, pour les mêmes professions et pour les risques définis à l'article 23 de la loi »;

Vu l'arrêté ministériel du 29 mars 1899, déterminant les bases des cautionnements que doivent constituer les Sociétés d'assurances contre les accidents du travail, et spécialement l'article 2, ainsi conçu :

« Si la Société, d'après ses statuts, n'assure que des ouvriers d'une même profession ou de plusieurs professions présentant un risque identique, le cautionnement doit représen-

1er, sauf application du minimum et du maximum fixés à l'article précédent, une fois et demie la valeur des primes brutes à verser pour couvrir le risque d'accidents ayant entraîné la mort ou une incapacité permanente, à moins toutefois que la prime adoptée par la Société ne se trouve inférieure à la prime déterminée par arrêté ministériel en exécution du dernier alinéa de l'article 6 du décret du 28 février 1899 susvisé. Dans ce dernier cas, la prime déterminée par l'arrêté ministériel sert de base au calcul du cautionnement »;

Vu l'avis du Comité consultatif des assurances contre les accidents du travail;

Sur la proposition du Conseiller d'État, directeur du travail et de l'industrie.

ARRÊTE :

ARTICLE PREMIER. — La prime visée au dernier alinéa de l'article 6 du décret du 28 février 1899 et à l'article 2 de l'arrêté ministériel du 29 mars 1899 est fixée dans les conditions suivantes, pour les professions ci-après déterminées :

	fr. c.		fr. c.
Aciéries	2 51	Bassins maritimes	4 21
Affineurs de métaux	2 12	Bateaux sur rivières (équipages des)	3 »
Agrafes	1 46		
Aiguilles	1 46	Bateaux à vap. (personnel)	3 »
Aiguiseurs	2 50	Bateliers	3 »
Air comprimé	2 36	Bâtiment (entreprise générale du)	2 96
Allumettes	5 91		
Aluminium	1 63	Battage de tapis	1 72
Alun	1 57	Bétons	3 04
Ambre (objets d')	1 64	Beurre (fabrique de)	2 66
Amidonneries	1 73	Bijouterie	0 33
Appareils de chauffage	0 75	Biscuiterie	1 27
Appareils d'éclairage	0 75	Blanc d'Espagne	1 57
Apprêts	0 94	Blanc de zinc	1 57
Aqueducs	4 21	Blanchiment de fil, laine ou coton	0 94
Ardoisières	3 72		
Argile	3 70	Blanchisserie	0 94
Argenture	1 63	Bleu	1 57
Armateurs	3 »	Bois (fabrique d'objets en articles de Saint-Claude	1 64
Armes	2 12		
Arrimeurs	5 09	Bois et charbons (chantiers avec transport	2 83
Artificiers	5 38		
Ascenseurs (construct. d')	2 12	Bois de construction	1 46
Asphaltes	2 50	Bois de teinture	4 08
Assainissement	1 87	Boissellerie	0 80
Automobiles (construc. d')	2 12	Boîtes de conserve	1 99
		Bonneterie	0 35
Bâches	0 98	Bouchons (fabrique de)	0 63
Badigeonneurs	1 74	Boucles	1 46
Bains et Lavoirs	0 76	Bougies	1 74
Balayage	1 87	Boulangeries à vapeur	1 27
Balast	4 21	Boulons	2 12
Baleines	1 64	Bourreliers	0 87
Bardeurs	2 91	Boutons	1 64
Bas et chaussettes	0 35	Brasseries	2 23

	fr. c.		fr. c.
Briqueteries	2 19	Clouterie	0 35
Briquettes	2 83	Cochers	2 50
Brocheurs	0 41	Coffres-forts	2 12
Broderies	0 19	Cols et cravates	0 68
Bronze (objets de)	0 75	Commerce d'écorces	2 73
Brosserie	0 80	Commissionnaires expéditeurs	4 20
Câbles	0 98	Confiserie	0 21
Cadres	5 91	Confiturerie	0 21
Cailloux	3 70	Constructeurs-mécaniciens	2 12
Caisses (fabricants de)	2 18	Constructeurs de navires (bois ou fer)	2 94
Camionnage	4 20	Corderie	0 98
Canaux	4 21	Corroirie	0 94
Cantonniers	1 87	Corsets	0 68
Caoutchouc	0 90	Couleurs et vernis	1 57
Capsulerie	4 70	Couperies de poil	0 94
Capsules métalliques	1 99	Coutellerie	1 46
Cardage	0 99	Couvre-pieds (fabrique de)	1 97
Cardes	1 69	Couverts (fabrique de)	0 33
Carreleurs	2 91	Couvertures (fabrique de)	1 97
Carrières (cavage ou ciel ouvert)	3 70	Couvreurs	3 85
Carrosserie	0 62	Craie	3 70
Cartes à jouer	2 05	Crayons	1 64
Cartonnage	2 05	Crin végétal	0 99
Carton	2 05	Cristalleries	0 60
Cartoucherie	4 70	Cuir	0 94
Céramique	0 45	Cylindrage	1 »
Céruse	1 57	Décatissage	0 99
Chaînes de montre	0 33	Décorateurs	1 76
Chaises (fabrique de)	5 91	Décorticage	2 73
Chandelles	1 74	Déménagements	4 20
Chapeaux	0 68	Démolitions	6 76
Charcuterie avec vapeur	1 98	Démontage et transport de matériel	5 09
Chargement et déchargement	5 09	Dentelles	0 19
Charpentes (bois ou fer)	4 48	Dévideries	0 99
Charretiers	4 20	Diamants (taille de)	0 88
Charronnage	0 62	Digues	4 21
Chaudronnerie	1 67	Distilleries	1 57
Chauffeurs	2 12	Docks et entrepôts	2 67
Chaussures et chaussons (cuir et étoffe)	0 26	Dorure	1 63
Chaux	3 01	Dragage	2 52
Chemins de fer	4 21	Draps (fabrique de)	1 31
Chemins de fer (personnel)	2 93	Drogueries	1 57
Chicorée	0 73	Eaux	4 21
Chiffons (effilochage de)	2 05	Eaux gazeuses	1 14
Chocolaterie	0 21	Eaux minérales	1 14
Cidres	2 23	Ebénisterie	1 30
Cimenteurs	1 18	Echafaudages (loueurs d')	4 74
Ciments	3 01	Ecuries	2 50
Cintrage avec scie	5 91	Effileurs	4 08
Cirage	1 57	Effilochage	0 99
Cire à cacheter	1 57	Egouts	4 21
Cire à miel	1 74	Electricité	2 36
Clicherie	0 81		

	fr.	c.
Émaillage	1	63
Emballeurs	2	18
Encres	1	57
Engrais	3	33
Enlèvement des boues	4	20
Enveloppes	2	05
Épiceries	0	73
Épingles	1	46
Équipements militaires	0	94
Essieux	2	12
Estampeurs	1	69
Exploitation de bois en forêt	2	73
Facteurs d'instruments de musique	0	86
Faïences	0	45
Faux (fabrique de)	2	50
Féculerie	1	73
Ferblanterie	1	99
Ferronnerie	2	12
Ferrures (fabricants de)	0	85
Fers et métaux	1	69
Feutrerie	1	31
Filatures	0	99
Fil de fer	2	51
Fonderies de suif	1	74
Fonderies et forges	2	51
Fondriers	2	76
Foulonnerie	1	31
Fromages	2	66
Fumisterie	1	07
Futailles	2	76
Galoches	5	91
Galvanisation	1	63
Galvanoplastie	1	63
Gants (fabrique de)	0	94
Gaz	4	21
Gaz et coke (usines à)	1	44
Gaze (fabrique de)	0	19
Gélatine	1	57
Glaces (fabrique et étamage de)	0	60
Glace artificielle	3	10
Grains et fourrages	2	60
Graisses	1	74
Gravatiers	3	58
Gravure	0	33
Guano	3	33
Gutta-percha	0	90
Halage de bateaux	5	09
Hauts fourneaux	2	51
Horlogerie	0	33
Huiles	1	74
Impression sur étoffes	0	52
Imprimerie	0	81

	fr.	c.
Injection des bois	1	57
Instruments d'optique	0	33
Jalousies	5	91
Joaillerie	0	33
Jouets	2	97
Kaolin	3	70
Laiteries	2	66
Laiton	2	51
Laminoirs	2	51
Lampisterie	1	99
Lapidaires	0	88
Lavage des laines et peaux	0	94
Lestage de navires	5	09
Levures	2	23
Limes	1	69
Liqueurs	1	57
Literie	1	69
Lithographie	0	81
Loueurs de voitures	2	50
Lunetterie	0	33
Machines agricoles	2	12
Machines à coudre	2	12
Maçonnerie (avec ou sans terrassement)	2	91
Maillechort	1	69
Malles	2	18
Malteries	2	23
Manèges	2	50
Manœuvres	5	09
Marbriers	1	06
Maréchalerie et forge	2	12
Margarine	2	66
Maroquinerie	0	25
Matériaux de construction sans démolition	2	96
Matières colorantes	1	57
Mégisserie	0	25
Menuiserie (avec ou sans scie)	1	30
Mercerie	0	19
Messagerie	4	20
Meubles	1	30
Meules	2	26
Mines et minerais	7	47
Minoteries	2	60
Miroiterie	0	60
Modeleurs en bois	1	76
Monteurs de boîtes de montre	0	33
Moulinage	0	99
Moulins à eau	2	60
Moulures	2	97
Moutarde	0	73

	fr.	c.
Nacre (avec scierie)	1	64
Nickelage	1	63
Noir animal	1	57
Objets en étain	1	99
Objets en os	1	64
Ocre	1	57
Œillets métalliques	1	46
Omnibus	4	20
Orfèvrerie	0	33
Orgues	0	86
Ouate	1	97
Outils	2	12
Ouvriers des ports	5	09
Pain d'épice	1	27
Palefreniers	2	50
Panification mécanique	1	27
Panne (fabricants de) (briqueterie)	1	92
Papier	2	05
Papier de luxe	2	05
Papier de verre	1	57
Papiers peints	0	94
Parfumerie	2	07
Parquets	2	97
Passementerie	0	19
Pâtes alimentaires	1	27
Pâtes de paille	4	11
Pavage	4	39
Peignage	0	99
Peignes en écaille	1	64
Peintres	1	18
Pelleteries	0	25
Pesage (appareils de)	2	12
Pétrole	1	74
Phosphates	3	70
Pianos	0	86
Pipes (fabrique de)	1	64
Plafonniers	1	18
Plâtre (fabrique de)	3	12
Plâtriers	1	18
Plombiers	3	85
Plumes métalliques	1	46
Plumes pour parures	0	19
Poêliers	0	75
Pointes	0	35
Polissage	1	63
Pompes	2	12
Ponts	4	21
Ponts métalliques	4	21
Porcelaines	0	25
Portefaix	5	09
Potasse	1	57
Poterie	0	45
Poudrette	3	33
Pressage de foins	3	59

	fr.	c.
Produits chimiques	1	57
Produits et conserves alimentaires	0	73
Produits pharmaceutiques	1	57
Puisatiers	9	07
Pulvérisateurs	2	26
Quincaillerie	1	99
Raffineries	1	73
Ramonage	1	07
Ravalement	4	74
Relieurs	0	41
Retorderies	0	99
Robinets	1	99
Roues métalliques	2	12
Roulage	4	20
Rubans	0	19
Sable	3	70
Sabots	5	91
Salines	1	08
Satineurs sur papier	0	41
Savons	1	74
Scierie de long	2	73
Scierie de marbre et de pierre	2	91
Scierie de sucre	1	73
Scierie mécanique	5	91
Sculpture (bois ou pierre)	1	76
Sel	1	08
Sellerie	0	87
Serrurerie	1	69
Serrures	0	85
Soierie	0	19
Sondages	9	07
Sonnettes	1	99
Soude	1	57
Soufre	1	57
Stores	1	69
Stucateurs	1	70
Sucre	1	72
Sulfure d'ammoniaque	1	57
Tabletterie	1	60
Taillandiers	2	59
Taille de pierres	2	99
Tannerie	0	99
Tapis (fabrique de)	1	74
Teinturerie	0	99
Téléphone	2	33
Terrassements	3	59
Terre glaise	3	77
Tissage	0	44
Toiles cirées	0	99
Toiles métalliques	2	99
Tôliers	0	77
Tourneurs	1	09
Tonnellerie	2	77

	fr. c.		fr. c.
Tramways	4 20	Vannerie	0 80
Transports	4 20	Vélocipèdes	2 12
Transports par eau	3 »	Velours	0 19
Travaux publics	4 21	Verrerie	0 60
Tréfilerie	2 51	Vidanges	3 33
Treillageurs	5 91	Vinaigre (fabrique de)	1 73
Tresses et lacets	0 35	Vins et chais	1 73
Trituration	4 08	Vitrerie	0 60
Tuilerie	1 92	Voitures (fabrique de)	0 62
Tulle	0 19	Voitures et diligences	4 20
Typographie	0 81		
Ustensiles de Ménage	1 99	Wagons	2 12

ART. 2. — Les primes comprises au tableau ci-dessus seront revisées pour le 1ᵉʳ janvier 1900.

ART. 3. — Pour les professions non déterminées audit tableau, la prime sera fixée, le cas échéant, par décision ministérielle spéciale, d'après l'analogie des risques.

Paris, le 30 mars 1899.

Paul DELOMBRE.

ARRÊTÉ MINISTÉRIEL déterminant le barème minimum pour la vérification des réserves mathématiques des Sociétés d'assurances contre les accidents du travail.

Du 30 mars 1899

Le Ministre du Commerce, de l'Industrie, des Postes et des Télégraphes,

Vu la loi du 9 avril 1898, concernant les responsabilités des accidents dont les ouvriers sont victimes dans leur travail;

Vu le décret du 28 février 1899, portant règlement d'administration publique pour l'exécution de l'article 27 de cette loi, spécialement l'article 7, ainsi conçu :

« ART. 7. — Les Sociétés anonymes d'assurances à primes fixes et les Sociétés mutuelles d'assurances sont tenues de justifier dès la deuxième année d'exploitation, de la constitution d'une réserve mathématique ayant pour minimum de valeur le montant des capitaux représentatifs des rentes et indemnités à servir à la suite d'accidents ayant entraîné la mort ou une incapacité permanente.

« Les capitaux représentatifs sont calculés d'après un barème minimum déterminé par le Ministre du Commerce, après avis du Comité consultatif ».

Vu l'avis du Comité consultatif des assurances contre les accidents du travail;

Sur la proposition du conseiller d'État, directeur du travail et de l'industrie.

ARRÊTE :

ARTICLE PREMIER. — Les capitaux représentatifs des rentes et indemnités à servir à la suite d'accidents ayant entraîné la mort ou une incapacité permanente seront calculés, pour la vérification des réserves mathématiques prévue à l'article 7 du décret susvisé, d'après le barème minimum annexé au présent arrêté.

ART. 2. — Ledit barème sera revisé pour le 1er janvier 1900.

Paris le 30 mars 1899.

Paul DELOMBRE.

ANNEXE A L'ARRÊTÉ MINISTÉRIEL DU 30 MARS 1899

Barême minimum pour le calcul des réserves mathématiques des Sociétés d'assurances contre les accidents du travail.

(Décret du 28 février 1899, art. 7)

TABLEAU I. — *Prix d'une rente viagère d'UN FRANC au profit des veuves et ascendants de victimes d'accident* (Loi du 9 avril 1898, art. 3).

(Table de mortalité C. R. — Taux : 3 %.)

AGE	PRIX d'une RENTE viagère d'un franc	AGE	PRIX d'une RENTE viagère d'un franc	AGE	PRIX d'une RENTE viagère d'un franc	AGE	PRIX d'une RENTE viagère d'un franc
12 ans..	24.131	35 ans..	19,589	58 ans..	11,901	81 ans.	4.094
13	23,961	36	19,314	59	11,527	82	3,864
14	23,733	37	19,033	60	11.150	83	3.648
15	23,544	38	18,744	61	10,770	84	3,446
16	23,363	39	18,449	62	10.388	85	3.261
17	23,189	40	18.118	63	10.005	86	3.091
18	23,022	41	17,841	64	9,622	87	2,938
19	22,861	42	17,527	65	9,240	88	2.800
20	22,704	43	17,206	66	8,860	89	2.673
21	22,549	44	16,878	67	8,484	90	2,550
22	22,393	45	16,541	68	8.112	91	2,440
23	22,233	46	16.198	69	7,747	92	2.323
24	22,065	47	15,849	70	7.388	93	2,19
25	21,886	48	15.196	71	7,036	94	2.06
26	21,697	49	15,141	72	6.693	95	1,91
27	21,496	50	14.786	73	6,359	96	1.75
28	21,285	51	14,431	74	6.035	97	1.58
29	21,065	52	14,076	75	5,723	98	1.38
30	20.838	53	13.720	76	5,421	99	1,13
31	20.603	54	13,362	77	5,132	100	0,82
32	20,361	55	13,002	78	4,855	101	0,53
33	20,112	56	12,638	79	4,589	102	—
34	19,854	57	12,271	80	4,336		

TABLEAU II. — *Prix d'une rente viagère et temporaire d'UN FRANC au profit des orphelins* (Loi du 9 avril 1898, art. 3).

(Table de mortalité C. R. — Taux 3 %)

AGE	PRIX D'UNE RENTE TEMPORAIRE D'UN FRANC
0 (naissance	12ᶠ 0794
1 an	11 1935
2 ans	10 9715
3	10 4674
4	9 8451
5	9 1862
6	8 4934
7	7 7689
8	7 0148
9	6 2328
10	5 4240
11	4 5892
12	3 7284
13	2 8408
14	1 9249
15	0 9787

TABLEAU III. — *Prix d'une rente viagère d'UN FRANC au profit des victimes d'accidents ayant entraîné l'incapacité permanente absolue (1).* Loi du 9 avril 1898, art. 3).

(Table de mortalité I. C. F. — Taux 3 0/0).

AGE ACTUEL	AGE AU MOMENT DE L'ACCIDENT								
	12 ANS	13 ANS	14 ANS	15 ANS	16 ANS	17 ANS	18 ANS	19 ANS	20 ANS
12 ANS.	17.302								
13....	19.221	17.099							
14....	20.311	19.023	16.901						
15....	20.976	20.122	18.834	16.712					
16....	21.441	20.795	19.911	18.653	16.531				
17....	21.773	21.267	20.621	19.767	18.479	16.357			
18....	22.001	21.606	21.100	20.454	19.600	18.312	16.190		
19....	22.151	21.840	21.445	20.930	20.293	19.439	18.151	16.029	
20....	22.238	21.994	21.683	21.288	20.782	20.136	19.282	17.994	15.872
21....	22.253	22.083	21.839	21.528	21.133	20.627	19.981	19.127	17.839
22....	22.210	22.097	21.927	21.683	21.372	20.977	20.471	19.825	18.971
23....	22.123	22.050	21.937	21.767	21.523	21.212	20.817	20.311	19.665
24....	22.007	21.955	21.882	21.769	21.599	21.355	21.044	20.649	20.143
25....	21.858	21.828	21.776	21.703	21.590	21.420	21.176	20.865	20.470
26....	21.691	21.669	21.639	21.587	21.511	21.401	21.231	20.987	20.676
27....	21.496	21.493	21.468	21.438	21.386	21.313	21.200	21.030	20.786
28....	21.285	21.285	21.282	21.257	21.227	21.175	21.102	20.989	20.819
29....	21.065	21.065	21.065	21.062	21.037	21.007	20.955	20.882	20.769
30....	20.838	20.838	20.838	20.838	20.835	20.810	20.780	20.728	20.659
31....	30.603	20.603	20.603	20.603	20.603	20.600	20.575	20.545	20.493
32....	20.361	20.361	20.361	20.361	20.361	20.361	20.358	20.333	20.303
33....	20.112	20.112	20.112	20.112	20.112	20.112	20.112	20.109	20.084
34....	19.854	19.854	19.854	19.854	19.854	19.854	19.854	19.854	19.854

(1) En ce qui concerne les ouvriers atteints d'incapacité permanente *partielle*, le capital représentatif des pensions doit être calculé par interpolation entre ce barème et le barème I, dans la mesure de la réduction subie par le salaire.

Tableau III.

AGE ACTUEL	AGE AU MOMENT DE L'ACCIDENT								
	12 ANS	13 ANS	14 ANS	15 ANS	16 ANS	17 ANS	18 ANS	19 ANS	20 ANS
35 ans.	19.589	19.589	19.589	19.589	19.589	19.589	19.589	19.589	19.589
36....	19.314	19.314	19.314	19.314	19.314	19.314	19.314	19.314	19.314
37....	19.033	19.033	19.033	19.033	19.033	19.033	19.033	19.033	19.033
38....	18.744	18.744	18.744	18.744	18.744	18.744	18.744	18.744	18.744
39....	18.449	18.449	18.449	18.449	18.449	18.449	18.449	18.449	18.449
40....	18.148	18.148	18.148	18.148	18.148	18.148	18.148	18.148	18.148
41....	17.841	17.841	17.841	17.841	17.841	17.841	17.841	17.841	17.841
42....	17.527	17.527	17.527	17.527	17.527	17.527	17.527	17.527	17.527
43....	17.206	17.206	17.206	17.206	17.206	17.206	17.206	17.206	17.206
44....	16.878	16.878	16.878	16.878	16.878	16.878	16.878	16.878	16.878
45....	16.541	16.541	16.541	16.541	16.541	16.541	16.541	16.541	16.541
46....	16.198	16.198	16.198	16.198	16.198	16.198	16.198	16.198	16.198
47....	15.849	15.849	15.849	15.849	15.849	15.849	15.849	15.849	15.849
48....	15.496	15.496	15.496	15.496	15.496	15.496	15.496	15.496	15.496
49....	15.141	15.141	15.141	15.141	15.141	15.141	15.141	15.141	15.141
50....	14.786	14.786	14.786	14.786	14.786	14.786	14.786	14.786	14.786
51....	14.431	14.431	14.431	14.431	14.431	14.431	14.431	14.431	14.431
52....	14.076	14.076	14.076	14.076	14.076	14.076	14.076	14.076	14.076
53....	13.720	13.720	13.720	13.720	13.720	13.720	13.720	13.720	13.720
54....	13.362	13.362	13.362	13.362	13.362	13.362	13.362	13.362	13.362
55....	13.002	13.002	13.002	13.002	13.002	13.002	13.002	13.002	13.002
56....	12.638	12.638	12.638	12.638	12.638	12.638	12.638	12.638	12.638
57....	12.271	12.271	12.271	12.271	12.271	12.271	12.271	12.271	12.271
58....	11.901	11.901	11.901	11.901	11.901	11.901	11.901	11.901	11.901
59....	11.527	11.527	11.527	11.527	11.527	11.527	11.527	11.527	11.527
60....	11.150	11.150	11.150	11.150	11.150	11.150	11.150	11.150	11.150
61....	10.770	10.770	10.770	10.770	10.770	10.770	10.770	10.770	10.770
62....	10.388	10.388	10.388	10.388	10.388	10.388	10.388	10.388	10.388
63....	10.005	10.005	10.005	10.005	10.005	10.005	10.005	10.005	10.005
64....	9.622	9.622	9.622	9.622	9.622	9.622	9.622	9.622	9.622
65....	9.240	9.240	9.240	9.240	9.240	9.240	9.240	9.240	9.240
66....	8.860	8.860	8.860	8.860	8.860	8.860	8.860	8.860	8.860
67....	8.484	8.484	8.484	8.484	8.484	8.484	8.484	8.484	8.484
68....	8.112	8.112	8.112	8.112	8.112	8.112	8.112	8.112	8.112

Tableau III.

AGE ACTUEL	AGE AU MOMENT DE L'ACCIDENT								
	12 ANS	13 ANS	14 ANS	15 ANS	16 ANS	17 ANS	18 ANS	19 ANS	20 ANS
69 ans	7.747	7.747	7.747	7.747	7.747	7.747	7.747	7.747	7.747
70...	7.388	7.388	7.388	7.388	7.388	7.388	7.388	7.388	7.388
71...	7.036	7.036	7.036	7.036	7.036	7.036	7.036	7.036	7.036
72...	6.693	6.693	6.693	6.693	6.693	6.693	6.693	6.693	6.693
73...	6.359	6.359	6.359	6.359	6.359	6.359	6.359	6.359	6.359
74...	6.035	6.035	6.035	6.035	6.035	6.035	6.035	6.035	6.035
75...	5.723	5.723	5.723	5.723	5.723	5.723	5.723	5.723	5.723
76...	5.421	5.421	5.421	5.421	5.421	5.421	5.421	5.421	5.421
77...	5.132	5.132	5.132	5.132	5.132	5.132	5.132	5.132	5.132
78...	4.855	4.855	4.855	4.855	4.855	4.855	4.855	4.855	4.855
79...	4.589	4.589	4.589	4.589	4.589	4.589	4.589	4.589	4.589
80...	4.336	4.336	4.336	4.336	4.336	4.336	4.336	4.336	4.336
81...	4.094	4.094	4.094	4.094	4.094	4.094	4.094	4.094	4.094
82...	3.864	3.864	3.864	3.864	3.864	3.864	3.864	3.864	3.864
83...	3.648	3.648	3.648	3.648	3.648	3.648	3.648	3.648	3.648
84...	3.446	3.446	3.446	3.446	3.446	3.446	3.446	3.446	3.446
85...	3.261	3.261	3.261	3.261	3.261	3.261	3.261	3.261	3.261
86...	3.091	3.091	3.091	3.091	3.091	3.091	3.091	3.091	3.091
87...	2.938	2.938	2.938	2.938	2.938	2.938	2.938	2.938	2.938
88...	2.800	2.800	2.800	2.800	2.800	2.800	2.800	2.800	2.800
89...	2.673	2.673	2.673	2.673	2.673	2.673	2.673	2.673	2.673
90...	2.556	2.556	2.556	2.556	2.556	2.556	2.556	2.556	2.556
91...	2.440	2.440	2.440	2.440	2.440	2.440	2.440	2.440	2.440
92...	2.323	2.323	2.323	2.323	2.323	2.323	2.323	2.323	2.323
93...	2.197	2.197	2.197	2.197	2.197	2.197	2.197	2.197	2.197
94...	2.065	2.065	2.065	2.065	2.065	2.065	2.065	2.065	2.065
95...	1.918	1.918	1.918	1.918	1.918	1.918	1.918	1.918	1.918
96...	1.759	1.759	1.759	1.759	1.759	1.759	1.759	1.759	1.759
97...	1.583	1.583	1.583	1.583	1.583	1.583	1.583	1.583	1.583
98...	1.383	1.383	1.383	1.383	1.383	1.383	1.383	1.383	1.383
99...	1.132	1.132	1.132	1.132	1.132	1.132	1.132	1.132	1.132
100...	0.824	0.824	0.824	0.824	0.824	0.824	0.824	0.824	0.824
101...	0.551	0.551	0.551	0.551	0.551	0.551	0.551	0.551	0.551
102...	»	»	»	»	»	»	»	»	»

Tableau III.

AGE ACTUEL	AGE AU MOMENT DE L'ACCIDENT								
	21 ANS	22 ANS	23 ANS	24 ANS	25 ANS	26 ANS	27 ANS	28 ANS	29 ANS
12 ans									
13....									
14....									
15....									
16....									
17....									
18....									
19....									
20....									
21....	15.717								
22....	17.683	15.561							
23....	18.811	17.523	15.401						
24....	19.497	18.643	17.355	15.233					
25....	19.961	19.318	18.464	17.176	15.054				
26....	20.281	19.775	19.129	18.275	16.987	14.865			
27....	20.475	20.080	19.571	18.928	18.074	16.786	14.664		
28....	20.575	20.264	19.869	19.363	18.717	17.863	16.575	14.453	
29....	20.599	20.355	20.044	19.649	19.143	18.497	17.643	16.355	14.233
30....	20.542	20.372	20.128	19.817	19.422	18.916	18.270	17.416	16.128
31....	20.420	20.307	20.137	19.893	19.582	19.187	18.681	18.035	17.181
32....	20.254	20.178	20.065	19.895	19.651	19.340	18.945	18.439	17.793
33....	20.054	20.002	19.929	19.816	19.646	19.402	19.091	18.696	18.190
34....	19.826	19.796	19.744	19.671	19.558	19.388	19.144	18.833	18.438
35....	19.586	19.561	19.531	19.479	19.406	19.293	19.123	18.879	18.568
36....	19.314	19.311	19.286	19.256	19.204	19.131	19.018	18.848	18.604
37....	19.033	19.033	19.030	19.005	18.975	18.923	18.850	18.737	18.567
38....	18.744	18.744	18.744	18.744	18.716	18.686	18.634	18.561	18.448
39....	18.449	18.449	18.449	18.449	18.446	18.421	18.391	18.339	18.266
40....	18.148	18.148	18.148	18.148	18.148	18.145	18.120	18.090	18.038
41....	17.844	17.844	17.844	17.844	17.844	17.844	17.838	17.813	17.783
42....	17.527	17.527	17.527	17.527	17.527	17.527	17.527	17.524	17.499
43....	17.206	17.206	17.206	17.206	17.206	17.206	17.203	17.206	17.203
44....	16.878	16.878	16.878	16.878	16.878	16.878	16.878	16.878	16.878
45....	16.541	16.541	16.541	16.541	16.541	16.541	16.541	16.541	16.541
46....	16.198	16.198	16.198	16.198	16.198	16.198	16.198	16.198	16.198
47....	15.849	15.849	15.849	15.849	15.849	15.849	15.849	15.849	15.849
48....	15.496	15.496	15.496	15.496	15.496	15.496	15.496	15.496	15.496
49....	15.141	15.141	15.141	15.141	15.141	15.141	15.141	15.141	15.141
50....	14.786	14.786	14.786	14.786	14.786	14.786	14.786	14.786	14.786
51....	14.431	14.431	14.431	14.431	14.431	14.431	14.431	14.431	14.431
52....	14.076	14.076	14.076	14.076	14.076	14.076	14.076	14.076	14.076
53....	13.720	13.720	13.720	13.720	13.720	13.720	13.720	13.720	13.720
54....	13.362	13.362	13.362	13.362	13.362	13.362	13.362	13.362	13.362
55....	13.002	13.002	13.002	13.002	13.002	13.002	13.002	13.002	13.002
56....	12.638	12.638	12.638	12.638	12.638	12.638	12.638	12.638	12.638
57....	12.271	12.271	12.271	12.271	12.271	12.271	12.271	12.271	12.271

Tableau III.

AGE ACTUEL	AGE AU MOMENT DE L'ACCIDENT								
	21 ANS	22 ANS	23 ANS	24 ANS	25 ANS	26 ANS	27 ANS	28 ANS	29 ANS
58 ans	11.901	11.901	11.901	11.901	11.901	11.901	11.901	11.901	11.901
59...	11.527	11.527	11.527	11.527	11.527	11.527	11.527	11.527	11.527
60...	11.150	11.150	11.150	11.150	11.150	11.150	11.150	11.150	11.150
61...	10.770	10.770	10.770	10.770	10.770	10.770	10.770	10.770	10.770
62...	10.388	10.388	10.388	10.388	10.388	10.388	10.388	10.388	10.388
63...	10.005	10.005	10.005	10.005	10.005	10.005	10.005	10.005	10.005
64...	9.622	9.622	9.622	9.622	9.622	9.622	9.622	9.622	9.622
65...	9.240	9.240	9.240	9.240	9.240	9.240	9.240	9.240	9.240
66...	8.860	8.860	8.860	8.860	8.860	8.860	8.860	8.860	8.860
67...	8.484	8.484	8.484	8.484	8.484	8.484	8.484	8.484	8.484
68...	8.112	8.112	8.112	8.112	8.112	8.112	8.112	8.112	8.112
69...	7.747	7.747	7.747	7.747	7.747	7.747	7.747	7.747	7.747
70...	7.388	7.388	7.388	7.388	7.388	7.388	7.388	7.388	7.388
71...	7.036	7.036	7.036	7.036	7.036	7.036	7.036	7.036	7.036
72...	6.693	6.693	6.693	6.693	6.693	6.693	6.693	6.693	6.693
73...	6.359	6.359	6.359	6.359	6.359	6.359	6.359	6.359	6.359
74...	6.035	6.035	6.035	6.035	6.035	6.035	6.035	6.035	6.035
75...	5.723	5.723	5.723	5.723	5.723	5.723	5.723	5.723	5.723
76...	5.421	5.421	5.421	5.421	5.421	5.421	5.421	5.421	5.421
77...	5.132	5.132	5.132	5.132	5.132	5.132	5.132	5.132	5.132
78...	4.855	4.855	4.855	4.855	4.855	4.855	4.855	4.855	4.855
79...	4.589	4.589	4.589	4.589	4.589	4.589	4.589	4.589	4.589
80...	4.336	4.336	4.336	4.336	4.336	4.336	4.336	4.336	4.336
81...	4.094	4.094	4.094	4.094	4.094	4.094	4.094	4.094	4.094
82...	3.864	3.864	3.864	3.864	3.864	3.864	3.864	3.864	3.864
83...	3.648	3.648	3.648	3.648	3.648	3.648	3.648	3.648	3.648
84...	3.446	3.446	3.446	3.446	3.446	3.446	3.446	3.446	3.446
85...	3.261	3.261	3.261	3.261	3.261	3.261	3.261	3.261	3.261
86...	3.091	3.091	3.091	3.091	3.091	3.091	3.091	3.091	3.091
87...	2.938	2.938	2.938	2.938	2.938	2.938	2.938	2.938	2.938
88...	2.800	2.800	2.800	2.800	2.800	2.800	2.800	2.800	2.800
89...	2.673	2.673	2.673	2.673	2.673	2.673	2.673	2.673	2.673
90...	2.556	2.556	2.556	2.556	2.556	2.556	2.556	2.556	2.556
91...	2.440	2.440	2.440	2.440	2.440	2.440	2.440	2.440	2.440
92...	2.323	2.323	2.323	2.323	2.323	2.323	2.323	2.323	2.323
93...	2.197	2.197	2.197	2.197	2.197	2.197	2.197	2.197	2.197
94...	2.065	2.065	2.065	2.065	2.065	2.065	2.065	2.065	2.065
95...	1.918	1.918	1.918	1.918	1.918	1.918	1.918	1.918	1.918
96...	1.759	1.759	1.759	1.759	1.759	1.759	1.759	1.759	1.759
97...	1.583	1.583	1.583	1.583	1.583	1.583	1.583	1.583	1.583
98...	1.383	1.383	1.383	1.383	1.383	1.383	1.383	1.383	1.383
99...	1.132	1.132	1.132	1.132	1.132	1.132	1.132	1.132	1.132
100...	0.824	0.824	0.824	0.824	0.824	0.824	0.824	0.824	0.824
101...	0.551	0.551	0.551	0.551	0.551	0.551	0.551	0.551	0.551
102...	»	»	»	»	»	»	»	»	»

Tableau III.

| AGE | AGE AU MOMENT DE L'ACCIDENT | | | | | | | | |
ACTUEL	30 ANS	31 ANS	32 ANS	33 ANS	34 ANS	35 ANS	36 ANS	37 ANS	38 ANS
12 ans									
13....									
14....									
15....									
16....									
17....									
18....									
19....									
20....									
21....									
22....									
23....									
24....									
25....									
26....									
27....									
28....									
29....									
30....	14.006								
31....	15.893	13.865							
32....	16.939	15.721	13.714						
33....	17.544	16.745	15.539	13.581					
34....	17.932	17.331	16.539	15.377	13.434				
35....	18.173	17.701	17.105	16.355	15.199	13.280			
36....	18.293	17.945	17.476	16.904	16.154	15.024	13.138		
37....	18.323	18.052	17.704	17.258	16.683	15.956	14.841	12.982	
38....	18.278	18.068	17.795	17.470	17.020	16.466	15.749	14.651	12.824
39....	18.153	18.009	17.796	17.547	17.215	16.784	16.238	15.534	14.461
40....	17.965	17.871	17.722	17.534	17.275	16.962	16.538	16.003	15.318
41....	17.731	17.670	17.570	17.446	17.246	17.006	16.699	16.284	15.766
42....	17.469	17.423	17.356	17.281	17.143	16.962	16.726	16.450	16.028
43....	17.178	17.148	17.096	17.053	16.963	16.844	16.666	16.436	16.151
44....	16.875	16.861	16.824	16.797	16.738	16.649	16.532	16.359	16.144
45....	16.541	16.534	16.523	16.513	16.469	16.410	16.322	16.209	16.051
46....	16.198	16.198	16.193	16.189	16.170	16.126	16.068	15.983	15.884
47....	15.849	15.849	15.849	15.847	15.841	15.813	15.768	15.713	15.643
48....	15.496	15.496	15.496	15.496	15.495	15.485	15.455	15.414	15.373
49....	15.141	15.141	15.141	15.141	15.141	15.138	15.128	15.100	15.074
50....	14.786	14.786	14.786	14.786	14.786	14.786	14.786	14.773	14.761
51....	14.431	14.431	14.431	14.431	14.431	14.431	14.431	14.431	14.428
52....	14.076	14.076	14.076	14.076	14.076	14.076	14.076	14.076	14.076
53....	13.720	13.720	13.720	13.720	13.720	13.720	13.720	13.720	13.720
54....	13.362	13.362	13.362	13.362	13.362	13.362	13.362	13.362	13.362
55....	13.002	13.002	13.002	13.002	13.002	13.002	13.002	13.002	13.002
56....	12.638	12.638	12.638	12.638	12.638	12.638	12.638	12.638	12.638
57....	12.271	12.271	12.271	12.271	12.271	12.271	12.271	12.271	12.271

Tableau III.

AGE ACTUEL	AGE AU MOMENT DE L'ACCIDENT								
	30 ANS	31 ANS	32 ANS	33 ANS	34 ANS	35 ANS	36 ANS	37 ANS	38 ANS
58 ans	11.901	11.901	11.901	11.901	11.901	11.901	11.901	11.901	11.901
59...	11.527	11.527	11.527	11.527	11.527	11.527	11.527	11.527	11.527
60...	11.150	11.150	11.150	11.150	11.150	11.150	11.150	11.150	11.150
61...	10.770	10.770	10.770	10.770	10.770	10.770	10.770	10.770	10.770
62...	10.388	10.388	10.388	10.388	10.388	10.388	10.388	10.388	10.388
63...	10.005	10.005	10.005	10.005	10.005	10.005	10.005	10.005	10.005
64...	9.622	9.622	9.622	9.622	9.622	9.622	9.622	9.622	9.622
65...	9.240	9.240	9.240	9.240	9.240	9.240	9.240	9.240	9.240
66...	8.860	8.860	8.860	8.860	8.860	8.860	8.860	8.860	8.860
67...	8.484	8.484	8.484	8.484	8.484	8.484	8.484	8.484	8.484
68...	8.112	8.112	8.112	8.112	8.112	8.112	8.112	8.112	8.112
69...	7.747	7.747	7.747	7.747	7.747	7.747	7.747	7.747	7.747
70...	7.388	7.388	7.388	7.388	7.388	7.388	7.388	7.388	7.388
71...	7.036	7.036	7.036	7.036	7.036	7.036	7.036	7.036	7.036
72...	6.693	6.693	6.693	6.693	6.693	6.693	6.693	6.693	6.693
73...	6.359	6.359	6.359	6.359	6.359	6.359	6.359	6.359	6.359
74...	6.035	6.035	6.035	6.035	6.035	6.035	6.035	6.035	6.035
75...	5.723	5.723	5.723	5.723	5.723	5.723	5.723	5.723	5.723
76...	5.421	5.421	5.421	5.421	5.421	5.421	5.421	5.421	5.421
77...	5.132	5.132	5.132	5.132	5.132	5.132	5.132	5.132	5.132
78...	4.855	4.855	4.855	4.855	4.855	4.855	4.855	4.855	4.855
79...	4.589	4.589	4.589	4.589	4.589	4.589	4.589	4.589	4.589
80...	4.336	4.336	4.336	4.336	4.336	4.336	4.336	4.336	4.336
81...	4.094	4.094	4.094	4.094	4.094	4.094	4.094	4.094	4.094
82...	3.864	3.864	3.864	3.864	3.864	3.864	3.864	3.864	3.864
83...	3.648	3.648	3.648	3.648	3.648	3.648	3.648	3.648	3.648
84...	3.446	3.446	3.446	3.446	3.446	3.446	3.446	3.446	3.446
85...	3.261	3.261	3.261	3.261	3.261	3.261	3.261	3.261	3.261
86...	3.091	3.091	3.091	3.091	3.091	3.091	3.091	3.091	3.091
87...	2.938	2.938	2.938	2.938	2.938	2.938	2.938	2.938	2.938
88...	2.800	2.800	2.800	2.800	2.800	2.800	2.800	2.800	2.800
89...	2.673	2.673	2.673	2.673	2.673	2.673	2.673	2.673	2.673
90...	2.556	2.556	2.556	2.556	2.556	2.556	2.556	2.556	2.556
91...	2.440	2.440	2.440	2.440	2.440	2.440	2.440	2.440	2.440
92...	2.323	2.323	2.323	2.323	2.323	2.323	2.323	2.323	2.323
93...	2.197	2.197	2.197	2.197	2.197	2.197	2.197	2.197	2.197
94...	2.065	2.065	2.065	2.065	2.065	2.065	2.065	2.065	2.065
95...	1.918	1.918	1.918	1.918	1.918	1.918	1.918	1.918	1.918
96...	1.759	1.759	1.759	1.759	1.759	1.759	1.759	1.759	1.759
97...	1.583	1.583	1.583	1.583	1.583	1.583	1.583	1.583	1.583
98...	1.383	1.383	1.383	1.383	1.383	1.383	1.383	1.383	1.383
99...	1.132	1.132	1.132	1.132	1.132	1.132	1.132	1.132	1.132
100...	0.824	0.824	0.824	0.824	0.824	0.824	0.824	0.824	0.824
101...	0.551	0.551	0.551	0.551	0.551	0.551	0.551	0.551	0.551
102...	»	»	»	»	»	»	»	»	»

Tableau III.

AGE ACTUEL	AGE AU MOMENT DE L'ACCIDENT								
	39 ANS.	40 ANS.	41 ANS.	42 ANS.	43 ANS.	44 ANS.	45 ANS.	46 ANS.	47 ANS.
39 ans	12.661								
40....	14.263	12.499							
41....	15.094	14.066	12.338						
42....	15.521	14.872	13.871	12.168					
43....	15.762	15.277	14.651	13.665	11.992				
44....	15.267	15.498	15.034	14.418	13.452	11.817			
45....	15.812	15.584	15.236	14.779	14.177	13.241	11.615		
46....	15.731	15.544	15.302	14.959	14.515	13.937	13.031	11.461	
47....	15.547	15.413	15.242	15.006	14.673	14.251	13.700	12.809	11.282
48....	15.305	15.213	15.096	14.927	14.700	14.388	13.991	13.448	12.501
49....	15.035	14.970	14.880	14.763	14.601	14.394	14.107	13.715	13.202
50....	14.736	14.699	14.635	14.544	14.435	14.292	14.093	13.808	13.445
51....	14.422	14.399	14.363	14.297	14.213	14.108	13.971	13.772	13.516
52....	14.075	14.069	14.046	14.008	13.949	13.867	13.768	13.634	13.445
53....	13.720	13.718	13.715	13.689	13.656	13.599	13.523	13.422	13.297
54....	13.362	13.362	13.357	13.354	13.333	13.303	13.251	13.172	13.082
55....	13.002	13.002	13.002	13.002	12.994	12.976	12.949	12.894	12.826
56....	12.638	12.638	12.638	12.638	12.638	12.633	12.617	12.594	12.542
57....	12.271	12.271	12.271	12.271	12.271	12.271	12.268	12.257	12.229
58....	11.901	11.901	11.901	11.901	11.901	11.901	11.901	11.896	11.884
59....	11.527	11.527	11.527	11.527	11.527	11.527	11.527	11.527	11.521
60....	11.150	11.150	11.150	11.150	11.150	11.150	11.150	11.150	11.150
61....	10.770	10.770	10.770	10.770	10.770	10.770	10.770	10.770	10.770
62....	10.388	10.388	10.388	10.388	10.388	10.388	10.388	10.388	10.388
63....	10.005	10.005	10.005	10.005	10.005	10.005	10.005	10.005	10.005
64....	9.622	9.622	9.622	9.622	9.622	9.622	9.622	9.622	9.622
65....	9.240	9.240	9.240	9.240	9.240	9.240	9.240	9.240	9.240
66....	8.860	8.860	8.860	8.860	8.860	8.860	8.860	8.860	8.860
67....	8.484	8.484	8.484	8.484	8.484	8.484	8.484	8.484	8.484
68....	8.112	8.112	8.112	8.112	8.112	8.112	8.112	8.112	8.112
69....	7.747	7.747	7.747	7.747	7.747	7.747	7.747	7.747	7.747
70....	7.388	7.388	7.388	7.388	7.388	7.388	7.388	7.388	7.388
71....	7.036	7.036	7.036	7.036	7.036	7.036	7.036	7.036	7.036

Tableau III.

AGE ACTUEL	AGE AU MOMENT DE L'ACCIDENT								
	39 ANS.	40 ANS.	41 ANS.	42 ANS.	43 ANS.	44 ANS.	45 ANS.	46 ANS.	47 ANS.
72 ans	6.693	6.693	6.693	6.693	6.693	6.693	6.693	6.693	6.693
73...	6.359	6.359	6.359	6.359	6.359	6.359	6.359	6.359	6.359
74...	6.035	6.035	6.035	6.035	6.035	6.035	6.035	6.035	6.035
75...	5.723	5.723	5.723	5.723	5.723	5.723	5.723	5.723	5.723
76...	5.421	5.421	5.421	5.421	5.421	5.421	5.421	5.421	5.421
77...	5.132	5.132	5.132	5.132	5.132	5.132	5.132	5.132	5.132
78...	4.855	4.855	4.855	4.855	4.855	4.855	4.855	4.855	4.855
79...	4.589	4.589	4.589	4.589	4.589	4.589	4.589	4.589	4.589
80...	4.336	4.336	4.336	4.336	4.336	4.336	4.336	4.336	4.336
81...	4.094	4.094	4.094	4.094	4.094	4.094	4.094	4.094	4.094
82...	3.864	3.864	3.864	3.864	3.864	3.864	3.864	3.864	3.864
83...	3.648	3.648	3.648	3.648	3.648	2.648	3.648	3.648	3.648
84...	3.446	3.446	3.446	3.446	3.446	3.446	3.446	3.446	3.446
85...	3.261	3.261	3.261	3.261	3.261	3.261	3.261	3.261	3.261
86...	3.091	3.091	3.091	3.091	3.091	3.091	3.091	3.091	3.091
87...	2.938	2.938	2.938	2.938	2.938	2.938	2.938	2.938	2.938
88...	2.800	2.800	2.800	2.800	2.800	2.800	2.800	2.800	2.800
89...	2.673	2.673	2.673	2.673	2.673	2.673	2.673	2.673	2.673
90...	2.556	2.556	2.556	2.556	2.556	2.556	2.556	2.556	2.556
91...	2.440	2.440	2.440	2.440	2.440	2.440	2.440	2.440	2.440
92...	2.323	2.323	2.323	2.323	2.323	2.323	2.323	2.323	2.323
93...	2.197	2.197	2.197	2.197	2.197	2.197	2.197	2.197	2.197
94...	2.065	2.065	2.065	2.065	2.065	2.065	2.065	2.065	2.065
95...	1.918	1.918	1.918	1.918	1.918	1.918	1.918	1.918	1.918
96...	1.759	1.759	1.759	1.759	1.759	1.759	1.759	1.759	1.759
97...	1.583	1.583	1.583	1.583	1.583	1.583	1.583	1.583	1.553
98...	1.383	1.383	1.383	1.383	1.383	1.383	1.383	1.383	1.383
99...	1.132	1.132	1.132	1.132	1.132	1.132	1.132	1.132	1.132
100...	0.824	0.824	0.824	0.824	0.824	0.824	0.824	0.824	0.824
101...	0.551	0.551	0.551	0.551	0.551	0.551	0.551	0.551	0.551
102...	»	»	»	»	»	»	»	»	»

Tableau III.

AGE ACTUEL	AGE AU MOMENT DE L'ACCIDENT								
	48 ANS.	49 ANS.	50 ANS.	51 ANS.	52 ANS.	53 ANS.	54 ANS.	55 ANS.	56 ANS.
42 ans.									
43....									
44....									
45....									
46....									
47....									
48....	11.092								
49....	12.362	10.894							
50....	12.943	12.122	10.690						
51....	13.161	12.671	11.875	10.473					
52....	13.194	12.848	12.377	11.612	10.263				
53....	13.114	12.870	12.540	12.093	11.357	10.059			
54....	12.958	12.781	12.551	12.243	11.819	11.123	9.861		
55....	12.737	12.617	12.452	12.228	11.941	11.554	10.870	9.746	
56....	12.474	12.388	12.279	12.112	11.915	11.651	11.215	10.612	9.417
57....	12.183	12.117	12.042	11.818	11.795	11.510	11.309	10.975	10.345
58....	11.862	11.818	11.763	11.690	11.590	11.456	11.272	11.027	10.672
59....	11.510	11.489	11.455	11.402	11.383	11.240	11.114	10.937	10.706
60....	11.450	11.140	11.117	11.084	11.035	10.970	10.885	10.766	10.599
61....	10.770	10.770	10.758	10.735	10.706	10.662	10.605	10.524	10.414
62....	10.388	10.388	10.388	10.376	10.356	10.332	10.294	10.241	10.168
63....	10.005	10.005	10.005	10.005	9.995	9.981	9.962	9.928	9.872
64....	9.622	9.622	9.622	9.622	9.622	9.617	9.608	9.592	9.554
65....	9.240	9.240	9.240	9.240	9.240	9.240	9.240	9.234	9.213
66....	8.860	8.860	8.860	8.860	8.860	8.860	8.860	8.860	8.847
67....	8.484	8.484	8.484	8.484	8.484	8.484	8.484	8.484	8.484
68....	8.112	8.112	8.112	8.112	8.112	8.112	8.112	8.112	8.112
69....	7.747	7.747	7.747	7.747	7.747	7.747	7.747	7.747	7.747
70....	7.388	7.388	7.388	7.388	7.388	7.388	7.388	7.388	7.388
71....	7.036	7.036	7.036	7.036	7.036	7.036	7.036	7.036	7.036

Tableau III.

AGE ACTUEL	AGE AU MOMENT DE L'ACCIDENT								
	48 ANS.	**49** ANS.	**50** ANS.	**51** ANS.	**52** ANS.	**53** ANS.	**54** ANS.	**55** ANS.	**56** ANS.
72 ans	6.693	6.693	6.693	6.693	6.693	6.693	6.693	6.693	6.693
73...	6.359	6.359	6.359	6.359	6.359	6.359	6.359	6.359	6.359
74...	6.035	6.035	6.035	6.035	6.035	6.035	6.035	6.035	6.035
75...	5.723	5.723	5.723	5.723	5.723	5.723	5.723	5.723	5.723
76...	5.421	5.421	5.421	5.421	5.421	5.421	5.421	5.421	5.421
77...	5.132	5.132	5.132	5.132	5.132	5.132	5.132	5.132	5.132
78...	4.855	4.855	4.855	4.855	4.855	4.855	4.855	4.855	4.855
79...	4.589	4.589	4.589	4.589	4.589	4.589	4.589	4.589	4.589
80...	4.336	4.336	4.336	4.336	4.336	4.336	4.336	4.336	4.336
81...	4.094	4.094	4.094	4.094	4.094	4.094	4.094	4.094	4.094
82...	3.864	3.864	3.864	3.864	3.864	3.864	3.864	3.864	3.864
83...	3.648	3.648	3.648	3.648	3.648	3.648	3.648	3.648	3.648
84...	3.446	3.446	3.446	3.446	3.446	3.446	3.446	3.446	3.446
85...	3.261	3.261	3.261	3.261	3.261	3.261	3.261	3.261	3.261
86...	3.091	3.091	3.091	3.091	3.091	3.091	3.091	3.091	3.091
87...	2.938	2.938	2.938	2.938	2.938	2.938	2.938	2.938	2.938
88...	2.800	2.800	2.800	2.800	2.800	2.800	2.800	2.800	2.800
89...	2.673	2.673	2.673	2.673	2.673	2.673	2.673	2.673	2.673
90...	2.556	2.556	2.556	2.556	2.556	2.556	2.556	2.556	2.556
91...	2.440	2.440	2.440	2.440	2.440	2.440	2.440	2.440	2.440
92...	2.323	2.323	2.323	2.323	2.323	2.323	2.323	2.323	2.323
93...	2.197	2.197	2.197	2.197	2.197	2.197	2.197	2.197	2.197
94...	2.065	2.065	2.065	2.065	2.065	2.065	2.065	2.065	2.065
95...	1.918	1.918	1.918	1.918	1.918	1.918	1.918	1.918	1.918
96...	1.759	1.759	1.759	1.759	1.759	1.759	1.759	1.759	1.759
97...	1.583	1.583	1.583	1.583	1.583	1.583	1.583	1.583	1.583
98...	1.383	1.383	1.383	1.383	1.383	1.383	1.383	1.383	1.383
99...	1.132	1.132	1.132	1.132	1.132	1.132	1.132	1.132	1.132
100...	0.824	0.824	0.824	0.824	0.824	0.824	0.824	0.824	0.824
101...	0.551	0.551	0.551	0.551	0.551	0.551	0.551	0.551	0.551
102...	"	"	"	"	"	"	"	"	"

Tableau III.

AGE ACTUEL	AGE AU MOMENT DE L'ACCIDENT								
	57 ANS.	58 ANS.	59 ANS.	60 ANS.	61 ANS.	62 ANS.	63 ANS.	64 ANS.	65 ANS.
42 ans.									
43....									
44....									
45....									
46....									
47....									
48....									
49....									
50....									
51....									
52....									
53....									
54....									
55....									
56....									
57....	9.189								
58....	10.068	8.886							
59....	10.370	9.790	8.707						
60....	10.386	10.066	9.507	8.479					
61....	10.263	10.051	9.746	9.230	8.232				
62....	10.073	9.921	9.720	9.450	8.941	7.982			
63....	9.813	9.714	9.571	9.391	9.124	8.647	7.734		
64....	9.512	9.448	9.346	9.226	9.056	8.800	8.356	7.476	
65....	9.488	9.140	9.070	8.991	8.877	8.716	8.478	8.051	7.208
66....	8.831	8.799	8.763	8.717	8.642	8.534	8.379	8.150	7.743
67....	8.476	8.460	8.441	8.410	8.366	8.296	8.192	8.042	7.827
68....	8.112	8.104	8.092	8.077	8.032	8.009	7.941	7.839	7.699
69....	7.747	7.747	7.742	7.734	7.721	7.695	7.656	7.589	7.496
70....	7.388	7.388	7.388	7.388	7.382	7.371	7.345	7.305	7.244
71....	7.036	7.036	7.036	7.036	7.036	7.032	7.020	6.992	6.959

Tableau III.

AGE ACTUEL	AGE AU MOMENT DE L'ACCIDENT								
	57 ANS.	58 ANS.	59 ANS.	60 ANS.	61 ANS.	62 ANS.	63 ANS.	64 ANS.	65 ANS.
72 ans	6.693	6.693	6.693	6.693	6.693	6.693	6.088	6.073	6.651
73...	6.359	6.359	6.359	6.359	6.359	6.359	6.359	6.350	6.341
74...	6.035	6.035	6.035	6.035	6.035	6.035	6.035	6.035	6.032
75...	5.723	5.723	5.723	5.723	5.723	5.723	5.723	5.723	5.723
76...	5.421	5.421	5.421	5.421	5.421	5.421	5.421	5.421	5.421
77...	5.132	5.132	5.132	5.132	5.132	5.132	5.132	5.132	5.132
78...	4.855	4.855	4.855	4.855	4.855	4.855	4.855	4.855	4.855
79...	4.589	4.589	4.589	4.589	4.589	4.589	4.589	4.589	4.589
80...	4.336	4.336	4.336	4.336	4.336	4.336	4.336	4.336	4.336
81...	4.094	4.094	4.094	4.094	4.094	4.094	4.094	4.094	4.094
82...	3.864	3.864	3.864	3.864	3.864	3.864	3.864	3.864	3.864
83...	3.648	3.648	3.648	3.648	3.648	3.648	3.648	3.648	3.648
84...	3.446	3.446	3.446	3.446	3.446	3.446	3.446	3.446	3.446
85...	3.261	3.261	3.261	3.261	3.261	3.261	3.261	3.261	3.261
86...	3.091	3.091	3.091	3.091	3.091	3.091	3.091	3.091	3.091
87...	2.938	2.938	2.938	2.938	2.938	2.938	2.938	2.938	2.938
88...	2.800	2.800	2.800	2.800	2.800	2.800	2.800	2.800	2.800
89...	2.673	2.673	2.673	2.673	2.673	2.673	2.673	2.673	2.673
90...	2.556	2.556	2.556	2.556	2.556	2.556	2.556	2.556	2.556
91...	2.440	2.440	2.440	2.440	2.440	2.440	2.440	2.440	2.440
92...	2.323	2.323	2.323	2.323	2.323	2.323	2.323	2.323	2.323
93...	2.197	2.197	2.197	2.197	2.197	2.197	2.197	2.197	2.197
94...	2.065	2.065	2.065	2.065	2.065	2.065	2.065	2.065	2.065
95...	1.918	1.918	1.918	1.918	1.918	1.918	1.918	1.918	1.918
96...	1.759	1.759	1.759	1.759	1.759	1.759	1.759	1.759	1.759
97...	1.583	1.583	1.583	1.583	1.583	1.583	1.583	1.583	1.583
98...	1.383	1.383	1.383	1.383	1.383	1.383	1.383	1.383	1.383
99...	1.132	1.132	1.132	1.132	1.132	1.132	1.132	1.132	1.132
100...	0.824	0.824	0.824	0.824	0.824	0.824	0.824	0.824	0.824
101...	0.551	0.551	0.551	0.551	0.551	0.551	0.551	0.551	0.551
102...	»	»	»	»	»	»	»	»	»

TABLEAU IV. — *Complément de réserve destiné à faire face aux charges résultant du décès de la victime d'accident pendant le délai de revision.* (Loi du 9 avril 1898, art. 19.)

(Table de mortalité C. R. ou I. C. F. — Tarif 3 0/0.)

AGE	TABLE C. R. COMPLÉMENT DE RÉSERVE au début			TABLE I. C. F. COMPLÉMENT DE RÉSERVE au début		
AU MOMENT DE L'ACCIDENT	de la 1re année	de la 2e année	de la 3e année	de la 1re année	de la 2e année	de la 3e année
12 ans	4.15	3.02	1.64	80.11	42.42	17.86
13	4.76	3.44	1.86	81.39	43.24	18.25
14	5.38	3.86	2.07	82.66	44. »	18.60
15	5.98	4.26	2.27	83.91	44.76	18.96
16	6.56	4.64	2.46	85.09	45.48	19.29
17	7.08	4.98	2.61	86.23	46.16	19.60
18	7.52	5.25	2.73	87.29	46.77	19.87
19	7.86	5.44	2.81	88.20	47.27	20.07
20	8.08	5.54	2.84	89.05	47.72	20.25
21	8.14	5.53	2.80	89.78	48.07	20.36
22	8.08	5.44	2.74	90.36	48.31	20.44
23	7.93	5.32	2.68	90.94	48.58	20.54
24	7.75	5.19	2.61	91.51	48.86	20.64
25	7.57	5.08	2.56	92.19	49.20	20.79
26	7.45	5.02	2.55	92.93	49.62	20.97
27	7.40	5.02	2.56	93.83	50.14	21.22
28	7.42	5.04	2.58	94.87	50.73	21.47
29	7.47	5.09	2.61	95.97	51.33	21.75
30	7.54	5.15	2.63	97.18	52.03	22.06
31	7.61	5.19	2.65	97.19	52.04	22.06
32	7.68	5.24	2.68	97.16	52.03	22.06
33	7.76	5.29	2.71	97.18	52.03	22.06
34	7.86	5.37	2.76	97.18	52.03	22.06
35	8. »	5.49	2.83	97.18	52.03	22.06

Tableau IV.

AGE AU MOMENT DE L'ACCIDENT	TABLE C. R. COMPLÉMENT DE RÉSERVE au début			TABLE I. C. F. COMPLÉMENT DE RÉSERVE au début		
	de la 1re année	de la 2e année	de la 3e année	de la 1re année	de la 2e année	de la 3e année
36	8.19	5.64	2.92	97.18	52.03	22.06
37	8.44	5.83	3.02	97.18	52.03	22.06
38	8.73	6.04	3.13	97.18	52.03	22.06
39	9.03	6.24	3.23	97.18	52.03	22.06
40	9.33	6.44	3.33	97.18	52.03	22.06
41	9.63	6.64	3.44	97.18	52.03	22.06
42	9.92	6.85	3.55	97.18	52.04	22.06
43	10.26	7.09	3.69	97.18	52.04	22.06
44	10.67	7.41	3.87	97.18	52.03	22.06
45	11.20	7.81	4.11	97.18	52.04	22.06
46	11.87	8.33	4.40	97.18	52.03	22.06
47	12.68	8.93	4.73	97.18	52.04	22.06
48	13.63	9.62	5.10	97.19	52.04	22.06
49	14.66	10.36	5.49	96.92	51.71	21.70
50	15.73	11.10	5.87	96.90	51.69	22.06
51	16.82	11.85	6.26	97.44	52.35	22.42
52	17.90	12.59	6.64	97.73	52.69	22.42
53	18.98	13.33	7.02	98.04	52.69	22.42
54	20.07	14.10	7.43	97.98	53.01	22.78
55	21.23	14.92	7.87	95.22	53.03	22.81
56	22.45	15.79	8.33	98.56	53.33	23.14
57	23.77	16.74	8.86	99.10	53.99	23.45
58	25.21	17.79	9.43	99.69	54.32	23.50
59	26.80	18.94	10.06	100.52	54.96	24.23
60	28.55	20.22	10.77	101.01	55.55	24.23
61	30.54	21.67	11.57	101.95	56.33	25.04
62	32.71	23.29	12.47	103.02	57.25	25.68
63	35.18	25.12	13.50	104.12	58.22	26.40
64	37.97	27.21	14.67	105.75	59.84	27.48
65	41.09	29.52	15.95	107.69	61.47	28.20

DÉCRET sur les bureaux de placement

(25 mars 1852)

ARTICLE PREMIER. — A l'avenir, nul ne pourra tenir un bureau de placement, sous quelques titres et pour quelques professions, places ou emplois que ce soit, sans une permission spéciale délivrée par l'autorité municipale, et qui ne pourra être accordée qu'à des personnes d'une moralité reconnue. — Les possesseurs actuels de bureaux de placement ont un délai de trois mois pour se pourvoir de ladite permission.

ART. 2. — La demande à fin de permission doit contenir les conditions auxquelles le requérant se propose d'exercer son industrie. — Il est tenu de se conformer à ces conditions et aux dispositions réglementaires qui seraient prises en vertu de l'article 3.

ART. 3. — L'autorité municipale surveille les bureaux de placement pour y assurer le maintien de l'ordre et la loyauté de la gestion. — Elle prend les arrêtés nécessaires à cet effet et règle le tarif des droits qui pourront être perçus par le gérant.

ART. 4. — Toute contravention à l'article premier, au second paragraphe de l'article 2 ou aux règlements faits en vertu de l'article 3, sera punie d'une amende de 1 franc à 15 francs et d'un emprisonnement de cinq jours au plus, ou de l'une de ces deux peines seulement. — Le maximum des deux peines sera toujours appliqué au contrevenant, lorsqu'il aura été prononcé contre lui, dans les douze mois précédents, une première condamnation pour contravention au présent décret ou aux règlements de police précités. Ces peines sont indépendantes des restitutions et dommages-intérêts auxquels pourraient donner lieu les faits imputables au gérant. L'article 463 du Code pénal est applicable aux contraventions indiquées ci-dessus.

ART. 5. — L'autorité municipale peut retirer la permission : 1° aux individus qui auraient encouru ou viendraient à encourir une des condamnations prévues par l'article 15, paragraphes 1er, 3, 4, 5, 6, 14 et 15, et par l'article 16 du décret du 2 février 1852 ; 2° aux individus qui auraient été ou qui seraient condamnés pour coalition ; 3° ceux qui seraient condamnés à l'emprisonnement pour contravention au présent décret ou aux arrêtés pris en vertu de l'article 3.

ART. 6. — Les pouvoirs ci-dessus conférés à l'autorité municipale seront exercés par le préfet de police pour Paris et le ressort de sa préfecture, et par le Préfet du Rhône pour Lyon et les autres communes dans lesquelles il remplit les fonctions qui lui sont attribuées par la loi du 24 juin 1851.

ART. 7. — Les retraits de permission et les règlements émanés de l'autorité municipale, en vertu des dispositions qui précèdent, ne sont exécutoires qu'après l'approbation du Préfet.

LOI sur la Liberté de réunion.

Du 30 Juin 1881.

Le Sénat et la Chambre des députés ont adopté,

Le Président de la République promulgue la loi dont la teneur suit :

ARTICLE PREMIER. — Les réunions publiques sont libres.

Elles peuvent avoir lieu sans autorisation préalable, sous les conditions prescrites par les articles suivants.

ART. 2. — Toute réunion publique sera précédée d'une déclaration indiquant le lieu, le jour. l'heure de la réunion. Cette déclaration sera signée par deux personnes au moins, dont l'une domiciliée dans la commune où la réunion doit avoir lieu.

Les déclarants devront jouir de leurs droits civils et politiques, et la déclaration indiquera leurs noms, qualités et domiciles.

Les déclarations sont faites : à Paris, au préfet de police ; dans les chefs-lieux de département, au préfet ; dans les chefs-lieux d'arrondissement, au sous-préfet ; et dans les autres communes, au maire.

Il sera donné immédiatement récépissé de la déclaration.

Dans le cas où le déclarant n'aurait pu obtenir de récépissé, l'empêchement ou le refus pourra être constaté par acte extrajudiciaire ou par attestation signée de deux citoyens domiciliés dans la commune.

Le récépissé, ou l'acte qui en tiendra lieu, constatera l'heure de la déclaration.

La réunion ne peut avoir lieu qu'après un délai d'au moins vingt-quatre heures.

ART. 3. — Ce délai sera réduit à deux heures pour les réunions publiques électorales prévues à l'article 5, lorsqu'elles seront tenues dans la période comprise entre le décret ou l'arrêté portant convocation du collège électoral et le jour de l'élection exclusivement.

La réunion pourra avoir lieu le jour même du vote, s'il s'agit d'élections comportant plusieurs tours de scrutin dans la même journée.

La réunion pourra alors suivre immédiatement la déclaration.

ART. 4. — La déclaration fera connaître si la réunion a pour but une conférence, une discussion publique, ou si elle doit constituer une réunion électorale prévue par l'article suivant.

ART. 5. — La réunion électorale est celle qui a pour but le choix ou l'audition de candidats à des fonctions publiques électives, et à laquelle ne peuvent assister que les électeurs de la circonscription, les candidats, les membres des deux Chambres et le mandataire de chacun des candidats.

ART. 6. — Les réunions ne peuvent être tenues sur la voie

publique; elles ne peuvent se prolonger au delà de onze heures du soir; cependant, dans les localités où la fermeture des établissements publics a lieu plus tard, elles pourront se prolonger jusqu'à l'heure fixée pour la fermeture de ces établissements.

Art. 7. — Les clubs demeurent interdits.

Art. 8. — Chaque réunion doit avoir un bureau composé de trois personnes au moins; le bureau est chargé de maintenir l'ordre, d'empêcher toute infraction aux lois, de conserver à la réunion le caractère qui lui a été donné par la déclaration; d'interdire tout discours contraire à l'ordre public et aux bonnes mœurs, ou contenant provocation à un acte qualifié crime ou délit.

A défaut de désignation par les signataires de la déclararation, les membres du bureau seront élus par l'assemblée.

Les membres du bureau et, jusqu'à la formation du bureau, les signataires de la déclaration sont responsables des infractions aux prescriptions des articles 6, 7 et 8 de la présente loi.

Art. 9. — Un fonctionnaire de l'ordre administratif ou judiciaire peut être délégué, à Paris, par le préfet de police, et dans les départements, par le préfet, le sous-préfet ou le maire, pour assister à la réunion.

Il choisit sa place.

Il n'est rien innové aux dispositions de l'article 3 de la loi des 16-24 août 1790, de l'article 9 de la loi des 19-22 juillet 1791 et des articles 9 et 15 de la loi du 18 juillet 1837.

Toutefois, le droit de dissolution ne devra être exercé par le représentant de l'autorité que s'il en est requis par le bureau; ou s'il se produit des collisions ou voies de fait.

Art. 10. — Toute infraction aux dispositions de la présente loi sera punie des peines de simple police, sans préjudice des poursuites pour crimes et délits qui pourraient être commis dans les réunions.

Art. 11. — L'article 463 du Code pénal est applicable aux contraventions prévues par la présente loi. L'action publique et l'action privée se prescrivent par six mois.

Art. 12. — Le décret du 28 juillet 1848 demeure abrogé, sauf l'article 13 qui interdit les sociétés secrètes. Sont également abrogés : le décret du 25 mars 1852, la loi des 6-10 juin 1868 et toutes dispositions contraires à la présente loi.

Art. 13. — La présente loi est applicable aux colonies représentées au Parlement.

La présente loi, délibérée et adoptée par le Sénat et par la Chambre des députés, sera exécutée comme loi de l'Etat.

Fait à Paris, le 30 Juin 1881.

Signé : Jules GRÉVY.

Le Ministre de l'intérieur et des cultes,
Signé : Constans.

LOI sur les Syndicats professionnels

(Du 21 mars 1884.)

ARTICLE PREMIER. — Sont abrogés la loi des 14-27 juin 1791 et l'article 416 du Code pénal (1).

Les articles 291, 292, 293, 294 du Code pénal (2) et la loi du 18 avril 1834 (3) ne sont pas applicables aux Syndicats professionnels.

ART. 2. — Les Syndicats ou Associations professionnelles, même de plus de vingt personnes, exerçant la même profession, des métiers similaires, ou des professions connexes concourant à l'établissement de produits déterminés, pourront se constituer librement, sans l'autorisation du gouvernement.

ART. 3. — Les Syndicats professionnels ont exclusivement pour objet l'étude et la défense des intérêts économiques, industriels, commerciaux et agricoles.

ART. 4. — Les fondateurs de tout Syndicat professionnel, devront déposer les statuts et les noms de ceux qui, à un titre quelconque, seront chargés de l'administration ou de la direction.

Ce dépôt aura lieu à la Mairie de la localité où le Syndicat est établi, et à Paris, à la Préfecture de la Seine.

Ce dépôt sera renouvelé à chaque changement de la direction ou des statuts.

---

(1) Ces textes étaient ainsi conçus : Loi des 14-27 Juin 1791. — Art. 1er. — L'anéantissement de toutes les espèces de corporations des citoyens du même état et profession étant une des bases fondamentales de la Constitution française, il est défendu de les rétablir de fait, sous quelque prétexte et quelque forme que ce soit.

Art. 2. — Les citoyens d'un même état ou profession, les entrepreneurs, ceux qui ont boutique ouverte, les ouvriers et compagnons d'un art quelconque, ne pourront, lorsqu'ils se trouveront ensemble, se nommer ni présidents, ni secrétaires, ni syndics, tenir des registres, prendre des arrêts ou délibérations, former des règlements sur leurs prétendus intérêts communs.

Code pénal. - Art. 416. — Seront punis d'un emprisonnement de six jours à trois mois et d'une amende de 16 à 300 francs, ou de l'une de ces deux peines seulement, tous ouvriers, patrons et entrepreneurs d'ouvrages qui, à l'aide d'amendes, défenses, proscriptions, interdictions prononcées par suite d'un plan concerté, auront porté atteinte au libre exercice de l'industrie ou du travail.

(2) Code pénal. — Art. 291. — Nulle association de plus de vingt personnes dont le but sera de se réunir tous les jours ou à certains jours marqués pour s'occuper d'objets religieux, littéraires, politiques ou autres, ne pourra se former qu'avec l'agrément du gouvernement et sous les conditions qu'il plaira à l'autorité publique d'imposer à la Société. — Dans le nombre des personnes indiqué par le présent article, ne sont pas comprises celles domiciliées dans la maison où l'association se réunit.

Art. 292. — Toute association de la nature ci-dessus exprimée, qui

Communication des statuts devra être donnée par le maire ou par le préfet de la Seine au procureur de la République.

Les membres de tout Syndicat professionnel chargés de l'administration ou de la direction de ce Syndicat devront être Français et jouir de leurs droits civils.

Art. 5. — Les Syndicats professionnels régulièrement constitués, d'après les prescriptions de la présente loi, pourront librement se concerter pour l'étude et la défense de leurs intérêts économiques, industriels, commerciaux et agricoles.

Ces unions devront faire connaître, conformément au deuxième paragraphe de l'article 4, les noms des Syndicats qui les composent.

Elles ne pourront posséder aucun immeuble, ni ester en justice.

Art. 6. — Les Syndicats professionnels de patrons ou d'ouvriers auront le droit d'ester en justice.

Ils pourront employer les sommes provenant des cotisations.

Toutefois, ils ne pourront acquérir d'autres immeubles que ceux qui seront nécessaires à leurs réunions, à leurs bibliothèques et à des cours d'instruction professionnelle.

Ils pourront sans autorisation, mais en se conformant aux autres dispositions de la loi, constituer entre leurs membres des caisses spéciales de secours mutuels et de retraites.

Ils pourront librement créer et administrer des offices de renseignements pour les offres et les demandes de travail.

---

se sera formée sans autorisation, ou qui, après l'avoir obtenue, aura enfreint les conditions à elle imposées, sera dissoute. — Les chefs, directeurs ou administrateurs de l'association seront en outre punis d'une amende de 16 à 200 francs.

Art. 293. — Si, par discours, exhortations, invocations ou prières, en quelque langue que ce soit, ou par lecture, affiche publication ou distribution d'écrits quelconques, il a été fait, dans ces assemblées, quelque provocation à des crimes ou à des délits, la peine sera de 100 à 300 francs d'amende, et de trois mois à deux ans d'emprisonnement contre les chefs, directeurs et administrateurs de ces associations; sans préjudice des peines plus fortes, qui seraient portées par la loi contre les individus personnellement coupables de la provocation, lesquels, en aucun cas, ne pourront être punis d'une peine moindre que celle infligée aux chefs, directeurs et administrateurs de l'association.

Art. 294. — Tout individu qui, sans la permission de l'autorité municipale, aura accordé ou consenti l'usage de sa maison ou de son appartement, en tout ou en partie, pour la réunion des membres d'une association même autorisée, ou pour l'exercice d'un culte, sera puni d'une amende de 16 à 200 francs.

(3) Loi du 10 avril 1834. — Art. 1er. — Les dispositions de l'article 291 du Code pénal sont applicables aux associations de plus de vingt personnes, alors même que ces associations seraient partagées en sections d'un nombre moindre, et qu'elles ne se réuniraient pas tous les jours ou à des jours marqués. L'autorisation donnée par le gouvernement est toujours révocable.

Ils pourront être consultés sur tous les différends et toutes les questions se rattachant à leur spécialité.

Dans les affaires contentieuses, les avis du Syndicat seront tenus à la disposition des parties, qui pourront en prendre communication et copie.

ART. 7. — Tout membre d'un Syndicat professionnel peut se retirer à tout instant de l'Association, nonobstant toute clause contraire, mais sans préjudice du droit pour le Syndicat de réclamer la cotisation de l'année courante.

Toute personne qui se retire d'un Syndicat conserve le droit d'être membre des Sociétés de secours mutuels et de pensions de retraite pour la vieillesse, à l'actif desquelles elle a contribué par des cotisations ou versements de fonds.

ART. 8. — Lorsque les biens auront été acquis contrairement aux dispositions de l'article 6, la nullité de l'acquisition ou de la libéralité pourra être demandée par le procureur de la République ou par les intéressés. Dans le cas d'acquisition à titre onéreux, les immeubles seront vendus, et le prix en sera déposé à la caisse de l'Association.

Dans le cas de libéralité, les biens feront retour aux disposants ou à leurs héritiers ou ayants cause.

ART. 9. — Les infractions aux dispositions des articles 2, 3, 4, 5 et 6 de la présente loi seront poursuivies contre les directeurs ou administrateurs des Syndicats et punies d'une amende de 16 à 200 francs. Les tribunaux pourront en outre, à la diligence du procureur de la République, prononcer la dissolution du Syndicat et la nullité des acquisitions d'immeubles faites en violation des dispositions de l'article 6.

Au cas de fausse déclaration relative aux statuts et aux noms et qualités des administrateurs ou directeurs, l'amende pourra être portée à 500 francs.

ART. 10. — La présente loi est applicable à l'Algérie.

Elle est également applicable aux colonies de la Martinique, de la Guadeloupe et de la Réunion. Toutefois, les travailleurs étrangers et engagés sous le nom d'immigrants, ne pourront faire partie des Syndicats.

CIRCULAIRE MINISTÉRIELLE relative aux Syndicats professionnels.

(25 août 1884.)

Monsieur le Préfet,

La loi du 21 mars 1884, en faisant disparaître toutes les entraves au libre exercice du droit d'association pour les Syndicats professionnels, a supprimé, dans une même pensée libérale, toutes les autorisations préalables, toutes les prohibitions arbitraires, toutes les formalités inutiles. Elle n'exige, de la part de ces associations, qu'une seule condition pour leur établissement régulier, pour leur fondation légale : la publicité. Faire connaître leurs statuts, la liste de leurs sociétaires, justifier en un mot de leur qualité de *Syndicats* professionnels ; telle est, au point de vue des formes qu'elles doivent observer, la seule obligation qui incombe à ces associations.

Si le rôle de l'Etat se bornait exclusivement à veiller à la stricte observation des lois, votre intervention n'aurait sans doute que de rares occasions de se produire.

Mais vous avez un devoir plus grave. Il vous appartient de favoriser l'essor de l'esprit d'association, de le stimuler, de faciliter l'usage d'une loi de liberté, d'en rendre la pratique aisée, d'aplanir sur sa route les difficultés qui ne sauraient manquer de naître de l'inexpérience et du défaut d'habitude de cette liberté. Ainsi, à considérer les besoins auxquels répond la loi du 21 mars, son esprit, les grandes espérances que les pouvoirs publics et les travailleurs ont mises en elle, votre mission, Monsieur le Préfet, s'élargit, et son importance se mesurera au degré de confiance que vous saurez inspirer aux intéressés ; à la somme de services que cette confiance vous permettra de leur rendre. C'est pourquoi, Monsieur le Préfet, il m'a semblé nécessaire de vous faire connaître les vues du Gouvernement sur l'application de la loi du 21 mars.

La pensée dominante du Gouvernement et des Chambres, dans l'élaboration de cette loi, a été de développer parmi les travailleurs l'esprit d'association.

Le législateur a fait plus encore. Pénétré de l'idée que l'association des individus suivant leurs affinités professionnelles est moins une arme de combat qu'un instrument de progrès matériel, moral et intellectuel, il a donné aux Syndicats la personnalité civile pour leur permettre de porter au plus haut degré de puissance leur bienfaisante activité.

Grâce à la liberté complète d'une part, à la personnalité civile de l'autre, les Syndicats, sûrs de l'avenir, pourront réunir les ressources nécessaires pour créer et multiplier les utiles institutions qui ont produit chez d'autres peuples de précieux résultats : Caisses de retraites, de secours, de crédit mutuel, cours, bibliothèques, Sociétés coopératives (1), bureaux de renseignements, de placement, de statistique des salaires, etc.

Certaines nations, moins favorisées que la France par la nature, et qui lui font une concurrence sérieuse, doivent pour une large part à la vitalité de ces établissements leur prospérité commerciale, industrielle et agricole.

Sous peine de déchoir, la France doit se hâter de suivre cet exemple. Aussi, le vœu du Gouvernement et des Chambres est de voir se propager, dans la plus large mesure possible, les associations professionnelles et les œuvres qu'elles sont appelées à engendrer.

La loi du 21 mars ouvre la plus vaste carrière à l'activité

---

(1) Voir, pour la constitution de ces Sociétés, la loi du 24 juillet 1867, page 207.

des Syndicats, en permettant à ceux qui sont régulièrement constitués de se concerter pour l'étude et la défense de leurs intérêts économiques, industriels, commerciaux et agricoles. Désormais, la fécondité des associations professionnelles n'a plus de limites légales. Le Gouvernement et les Chambres ne se sont pas laissé effrayer par le péril hypothétique d'une Fédération antisociale de tous les travailleurs. Pleins de confiance dans la sagesse tant de fois attestée des travailleurs, les pouvoirs publics n'ont envisagé que les bienfaits certains d'une liberté nouvelle qui doit bientôt initier l'intelligence des plus humbles à la conception des plus grands problèmes économiques et sociaux.

Bien que l'administration ne tienne de la loi du 21 mars aucun rôle obligatoire dans la poursuite de cette œuvre, il n'est pas admissible qu'elle y demeure indifférente, et je pense que c'est un devoir pour elle d'y participer en mettant à la disposition de tous les intéressés, sans distinction de personnes, sans arrière-pensée, ses services et son dévouement. Aussi, ce que j'attends de vous, Monsieur le Préfet, c'est un concours actif à l'organisation des associations et établissements professionnels. Mais il importe de vous indiquer dans quelles conditions et avec quels ménagements il doit s'exercer.

Quant à la création des Syndicats, laissez l'initiative aux intéressés qui, mieux que vous, connaissent leurs besoins. Un empressement généreux, mais imprudent, ne manquerait pas d'exciter des méfiances. Abstenez-vous de toute démarche qui, mal interprétée, pourrait donner à croire que vous prenez parti pour les ouvriers contre les patrons ou pour les patrons contre les ouvriers. Il faut et il suffit que l'on sache que les Syndicats professionnels ont toutes les sympathies de l'Administration et que les fondateurs sont sûrs de trouver auprès de vous les renseignements qu'ils auraient à demander. Il sera bon qu'un de vos bureaux soit spécialement chargé de répondre à toutes les demandes d'éclaircissements qui vous seraient adressées. Dans ses rapports avec les fondateurs, il s'inspirera de cette idée que son rôle est de faciliter ces utiles créations. En cette matière comme en toute autre, le rôle de l'administration républicaine consiste à aider, non à compliquer.

Le Syndicat une fois créé, il s'agira de lui faire produire tous ses résultats. Si, comme je n'en doute pas, vous avez pu montrer à ces associations ouvrières à quel point le gouvernement s'intéresse à leur développement, vous pourrez encore leur rendre les plus grands services, quand il s'agira pour elles d'entrer dans la voie des applications. Vous serez fréquemment consulté sur les formalités à remplir pour l'établissement de ces œuvres et sur les différentes opérations que comporte leur fonctionnement. Il est indispensable que vous vous prépariez à ce rôle de conseiller et de collaborateur dévoué par l'étude approfondie de la législation qui les régit et des organismes similaires existant en France ou à l'étranger. Cette tâche sera facilitée par les documents que publiera la *Revue générale d'administration* et par le *Commentaire succinct de la loi du 21 mars* que vous trouverez un peu plus loin.

Cette loi a remis complétement aux travailleurs le soin et les moyens de pourvoir à leurs intérêts. On n'y trouve aucune disposition de nature à justifier l'ingérence administrative dans leurs associations. Les formalités qu'elle exige sont très peu nombreuses et très faciles à remplir. Son laconisme, qui est tout à l'avantage de la liberté, pourra causer au début quelques hésitations et quelques incertitudes. Il serait difficile de prévoir à l'avance toutes les difficultés qui pourront surgir. Elles devront toujours être tranchées dans le sens le plus favorable au développement de la liberté.

L'article 1er abroge la loi du 14-17 juin 1791 qui défendait aux membres du même métier ou de la même profession de former entre eux des associations professionnelles, et l'article 416 du Code pénal ainsi conçu : « Seront punis d'un emprisonnement « de six jours à trois mois et d'une amende de seize à trois « cents francs ou de l'une de ces deux peines seulement tous ou- « vriers, patrons et entrepreneurs d'ouvrage qui, à l'aide d'a- « mendes, de défenses, proscriptions, interdictions pronon- « cées par suite d'un plan concerté, auront porté atteinte au « libre exercice de l'industrie et du travail ».

De cette abrogation résultent les conséquences suivantes :

1° Le fait de se concerter en vue de préparer une grève n'est plus un délit ni pour les Syndicats de patrons, d'ouvriers, d'entrepreneurs d'ouvrage, ni pour les ouvriers, patrons, entrepreneurs d'ouvrage non syndiqués.

2° Cessent d'être considérées comme des atteintes au libre exercice de l'industrie et du travail les amendes, défenses, proscriptions, interdictions prononcées par suite d'un plan concerté.

Mais demeure punissable, aux termes des articles 414 et 415 (1) du Code pénal, quiconque, à l'aide des violences, voies de fait, menaces ou manœuvres frauduleuses, aura amené ou maintenu, tenté d'amener ou de maintenir une cessation concertée de travail dans le but de forcer la hausse ou la baisse des salaires ou de porter atteinte au libre exercice de l'industrie et du travail.

Le paragraphe 2 de l'article 1er déclare non applicables aux Syndicats professionnels les articles 291, 292, 293, 294 du Code pénal et la loi du 10 avril 1834, qui considèrent comme illicite toute association de plus de vingt personnes formée sans l'agrément préalable du gouvernement, et frappent de peines exceptionnelles les auteurs de provocations à des crimes ou à des délits, faites au sein de ses assemblées, ainsi que les chefs, directeurs et administrateurs de l'association.

Cet article 1er consacre la liberté complète d'association, mais seulement au profit des associations professionnelles.

---

(1) Voir page 200 la teneur de ces articles.

Les articles 2 et 3 définissent les associations appelées à jouir du bénéfice de la présente loi. Ce sont les associations professionnelles dont les membres exercent la même profession ou des professions similaires concourant à l'établissement de travaux déterminés, et qui ont exclusivement pour but aux termes de l'article 3, l'étude et la défense de leurs intérêts économiques, industriels, commerciaux ou agricoles.

Les groupements réalisant ces conditions ont le droit, quel que soit le nombre de leurs membres, de se former sans autorisation du gouvernement.

Du silence de la loi ou des discussions qui ont eu lieu dans les Chambres, il faut conclure :

1° Qu'un Syndicat peut recruter ses membres dans toutes les parties de la France ;

2° Que les étrangers, les femmes, en un mot tous ceux qui sont aptes, dans les termes de notre droit, à former des conventions régulières, peuvent faire partie d'un Syndicat ;

3° Que ces mots « professions similaires concourant à l'établissement d'un produit déterminé » doivent être entendus dans un sens large. Ainsi, sont admis à se syndiquer entre eux tous les ouvriers concourant à la fabrication d'une machine, à la construction d'un bâtiment, d'un navire, etc. ;

4° Que la loi est faite pour tous les individus exerçant un métier ou une profession, par exemple les employés de commerce, les cultivateurs, fermiers, ouvriers agricoles (1), etc.

En accordant la liberté la plus large aux Syndicats professionnels, la loi, pour toute garantie, leur demande une déclaration de naissance par l'article 4, qui prescrit le dépôt des statuts et des noms de ceux qui, à un titre quelconque, seront chargés de l'administration ou de la direction.

La publicité est, en effet, le corollaire naturel et indispensable de la liberté d'association ; c'est la seule garantie possible de l'observation de cette condition exigée par la loi : le caractère professionnel de l'association.

Cette simple formalité ne saurait inspirer aucune inquiétude aux Syndicats ni les exposer à aucune vexation. Au contraire, elle présente cet avantage précieux de limiter le champ étroit où peut s'exercer la surveillance de l'État. D'ailleurs, la publicité répugne si peu aux Syndicats que sous le régime de la tolérance, nombre d'entre eux ont spontanément demandé aux préfets de recevoir leurs statuts et de les conserver dans les archives des préfectures.

---

(1) La loi du 21 mars 1884 n'est pas applicable aux inscrits maritimes.... L'inscription maritime, en effet, ne constitue pas une profession ; elle est seulement l'état légal d'un ensemble de citoyens exerçant certaines professions (Décision ministérielle du 3 février 1892).

Il en est de même des propriétaires de maisons, qui n'exercent pas une profession, au sens que la loi attache à ce mot, et qui n'exercent pas davantage de métiers connexes concourant à l'établissement d'un produit déterminé (Décision ministérielle du 27 mai 1892).

Le même article porte que le dépôt doit être renouvelé à chaque changement de la direction ou des statuts.

La loi ne pouvait être moins formaliste. Elle n'exige ni la rédaction sur papier timbré, ni l'impression. La loi ne fixant pas le nombre des exemplaires qui devront être déposés, il convient de se référer aux précédents et de considérer que le dépôt de deux exemplaires sera suffisant.

Comme j'attache une grande importance à constituer de sérieuses archives des Syndicats professionnels, qui permettront de se rendre compte des effets produits par la loi du 21 mars, vous voudrez bien prendre les mesures nécessaires pour me transmettre copie de ces documents. Vous me renseignerez également sur les institutions fondées par les Syndicats.

Toutes ces indications réunies au Ministère et tenues à la disposition de tous les intéressés, seront une source précieuse de renseignements pour ceux qui voudront les consulter.

L'authenticité des statuts doit être établie par des signatures. La loi est muette sur ce point. Bornez-vous à demander qu'ils soient certifiés par le président et le secrétaire, et donnez à MM. les Maires des instructions en ce sens.

J'ai été consulté sur le point de savoir si le dépôt des statuts ou des noms des directeurs et administrateurs doit être accompagné d'une déclaration spéciale.

Cette déclaration est inutile. Il suffit que le règlement statutaire soit certifié au bas du texte et que les noms des directeurs et administrateurs, s'ils ne sont pas mentionnés dans les statuts, soient, dans une seule et même pièce, indiqués et rectifiés par le président et le secrétaire.

Tout dépôt d'un des documents précités doit être constaté par un récépissé du maire et, à Paris, du préfet de la Seine. Ce récépissé est exigible immédiatement. Il suffit de l'établir sur papier libre.

Il sera indispensable que dans chaque mairie il soit tenu un registre spécial où seront mentionnés à leur date le dépôt des statuts de chaque syndicat, le nom des administrateurs ou directeurs, la délivrance du récépissé. Ce registre fera foi de l'accomplissement des formalités ; il permettra de remédier à la perte possible du récépissé de dépôt.

L'obligation pour les syndicats en formation d'opérer le dépôt n'existe qu'à partir du jour où les statuts ont été arrêtés, ou par conséquent, le syndicat est matériellement formé. Jusque-là, les fondateurs ont toute liberté de se réunir pour en concerter les dispositions sans être exposés aux pénalités des articles 291 et suivants du Code pénal, ou à celles de l'article 9 de la présente loi.

Le dernier paragraphe de l'article 4 écarte des fonctions de directeurs et administrateurs des Syndicats les étrangers, même ceux qui ont été admis à établir leur domicile en France, et les Français qui ne jouissent pas de leurs droits civils, c'est-à-dire auxquels une condamnation a enlevé l'exercice de quelques-uns de ces droits.

L'article 5 reconnait la liberté des *unions* de Syndicats professionnels régulièrement constitués, aux termes de la présente loi. Elles n'ont besoin, pour se former, d'aucune autorisation préalable. Il suffit qu'elles remplissent les formalités prescrites par les articles 4 et 5 combinés, c'est-à-dire qu'elles déposent à la mairie du lieu où leur siège est établi et, s'il est établi à Paris, à la préfecture de la Seine, le nom des Syndicats qui les composent. Si l'union est régie par des statuts, elle doit également les déposer. Il est également nécessaire que l'union fasse connaître le lieu où siègent les Syndicats unis.

Les autres formalités à remplir sont les mêmes pour les unions et pour les Syndicats.

La loi du 21 mars n'accorde, à aucun degré, aux unions de Syndicats la faveur de la personnalité civile. Il a été reconnu qu'elles pouvaient s'en passer. Elle a réservé ce privilège aux Syndicats professionnels par l'article 6.

Grâce à lui, le Syndicat devient une personne juridique d'une durée indéfinie, distincte de la personne de ses membres, capable d'acquérir et de posséder des biens propres, de prêter, d'emprunter, d'ester en justice (1), etc. Ainsi, ces associations professionnelles, d'abord proscrites, puis tolérées, sont élevées par la loi du 21 mars au rang des établissements d'utilité publique et, par une faveur inusitée jusqu'à ce jour, elles obtiennent cet avantage non en vertu de concessions individuelles, mais en vertu de la loi et par le seul fait de leur création. Les pouvoirs publics, en aucun temps, en aucun pays, n'ont donné une plus grande preuve de confiance et de sympathie aux travailleurs.

La personnalité civile n'appartient qu'aux Syndicats régulièrement constitués. Elle est pour eux de droit commun et leur est acquise en l'absence de toute déclaration spéciale de volonté dans les statuts.

La personnalité civile accordée aux Syndicats n'est pas complète, mais suffisante pour leur donner toute la force d'action et d'expansion dont ils ont besoin. C'est aux tribunaux qu'il appartiendrait de statuer sur les difficultés que pourra soulever l'usage de cette faculté. Je me borne à mettre en relief les dispositions de la loi à cet égard, et à déduire leurs conséquences certaines.

Le patrimoine des Syndicats se compose du produit des cotisations et des amendes, de meubles et valeurs mobilières et d'immeubles. A l'égard des immeubles, la loi leur permet d'acquérir seulement ceux qui sont nécessaires à leurs réunions, à leurs bibliothèques et à des cours d'instruction professionnelle. Ces immeubles ne doivent pas être détournés de leur destination. Les Syndicats contreviendraient à la loi s'ils essayaient d'en tirer un profit pécuniaire direct ou indirect

---

(1) Un Syndicat légalement constitué a qualité pour déférer au Conseil d'Etat, par la voie du recours pour excès de pouvoir, un règlement de police relatif à l'exercice de la profession des membres syndiqués. (Arrêt du Conseil d'Etat du 27 mars 1887.)

par location ou autrement. Aucune disposition ne leur défend
ni de prendre des immeubles à bail, quel qu'en soit le nombre
et quelque soit la durée des baux, ni de prêter, ni d'emprunter,
ni de vendre, échanger ou hypothéquer leurs immeubles. Ils
font un libre emploi des sommes provenant des cotisations :
placements, secours individuels en cas de maladie, de chômage; achat de livres, d'instruments; fondations de cours
d'enseignement professionnel, etc. Ces divers actes ne sont
soumis à aucune autorisation administrative. Ils seront décidés
et réalisés conformément aux règles établies par les statuts. Il
en sera de même des procès ou des transactions.

Il importe que les Syndicats prévoient, dans leurs règlements
comment ces actes seront délibérés et votés, et par quels mandataires ils seront représentés soit dans la réalisation des actes, soit en justice.

Les Syndicats peuvent, sans autorisation, mais en se conformant aux autres dispositions de la loi, constituer entre leurs
membres des caisses spéciales de secours mutuels et de retraites.

Il a été expressément entendu que la loi du 21 mars dernier
laissait subsister (sauf la nécessité de l'autorisation préalable)
toute la législation relative à ces Sociétés. Si donc rien ne
s'oppose à ce que les membres d'un Syndicat professionnel
forment entre eux des Sociétés de secours mutuels avec
ou sans caisse de secours mutuels, il demeure évident que
ceux qui voudraient bénéficier des avantages réservés aux Sociétés de secours mutuels *approuvées* ou *reconnues*, devraient
se pourvoir conformément aux lois spéciales sur la matière,
dont le mécanisme vous est connu et n'a pas été rappelé ici.

J'appelle tout particulièrement votre attention sur le point
suivant: il résulte, tant du texte de la loi (art. 5, § 4, art. 7, § 2)
que des discussions, que les Sociétés syndicales de secours
mutuels doivent posséder une individualité propre et avoir
une administration et une caisse particulière. Il en est de même
des Sociétés de retraites, qui peuvent bien se greffer sur les
Sociétés de secours mutuels et faire caisse commune avec
elles, mais dont le patrimoine ne doit pas se confondre avec
celui des Syndicats. D'ailleurs, une telle confusion serait
fatale à la prospérité de ces œuvres et des Syndicats eux-
mêmes, et je ne doute pas que les intéressés ne sentent la
nécessité de garantir, d'une manière complète, l'affectation
exclusive de leurs ressources à l'objet particulier de leur
établissement. Mais le Syndicat demeure libre de prélever sur
son propre fonds des secours individuels et purement gracieux.
La pratique de ces libéralités accidentelles ne constitue pas
un Syndicat à l'etat de Société de secours mutuels, tant que le
droit de chacun aux secours n'est pas proclamé ni réglé.

Les trois derniers paragraphes de l'article 6 ne présentent
aucune difficulté.

L'article 7 assure la liberté des syndiqués. Il porte que tout
membre d'un Syndicat professionnel peut se retirer à tout

instant de l'association, mais sans préjudice du droit pour le Syndicat de réclamer la cotisation de l'année. C'est là tout ce que le Syndicat peut obtenir en justice contre le membre qui en sort de son plein gré. En cas d'exclusion, les cotisations arriérées sont seules exigibles.

Aux termes du paragraphe 2 du même article, toute personne qui se retire d'un Syndicat conserve le droit d'être membre des Sociétés de secours mutuels et de pensions de retraite pour la vieillesse, à l'actif desquelles elle a contribué par des cotisations ou versements de fonds. Elle ne saurait être exclue de ces Sociétés que pour une des causes prévues par leur règlement spécial. Cette disposition est, on le voit, inconciliable avec l'existence d'une caisse commune aux Syndicats et aux Sociétés créées dans leur sein.

L'article 8 sanctionne les dispositions qui limitent la capacité d'acquérir et de posséder des Syndicats professionnels.

L'article 9 punit des peines relativement légères les infractions aux articles 2, 3, 4, 5 et 6 de la présente loi. Quant aux associations qui, sous le couvert de Syndicats, ne seraient point en réalité des Sociétés professionnelles, c'est la législation générale et non la loi du 21 mars qui leur serait appplicable.

L'art 10 n'a pas besoin de commentaire.

Le Ministre de l'Intérieur,
WALDECK ROUSSEAU.

À titre de documents, nous croyons devoir signaler les articles 414 et 415 du Code pénal et l'article 1382 du Code civil:

Articles 414 et 415 du Code pénal, non abrogés par la loi du 21 mars 1884 sur les Syndicats professionnels.

ART. 414. — Sera puni d'un emprisonnement de six jours à trois ans, et d'une amende de seize francs à trois mille francs ou de l'une de ces deux peines seulement, quiconque, à l'aide de violence, voies de fait, menaces ou manœuvres frauduleuses, aura amené ou maintenu, tenté d'amener ou de maintenir une cessation concertée de travail, dans le but de forcer la hausse ou la baisse des salaires, ou de porter atteinte au libre exercice de l'industrie ou du travail.

ART. 415. — Lorsque les faits, punis par l'article précédent, auront été commis par suite d'un plan concerté, les coupables pourront être mis, par l'arrêt ou le jugement, sous la surveillance de la haute police pendant deux ans au moins et cinq ans au plus.

Article 1382 du Code civil.

Tout fait quelconque de l'homme, qui cause à autrui un dommage, oblige celui par la faute duquel il est arrivé à le réparer.

Bourse du Travail de Paris

BOURSE DU TRAVAIL DE PARIS : 3, rue du Château-d'Eau, et 35, rue Jean-Jacques-Rousseau

La Bourse du Travail, installée dans les immeubles que la ville de Paris a édifiés ou appropriés à cet usage, ayant été fermée, en juillet 1893, par l'autorité administrative, a été réouverte en 1895 à la suite d'un rapport adressé à M. le Président de la République française par M. le Ministre du Commerce, de l'Industrie, des Postes et des Télégraphes, rapport ainsi conçu :

RAPPORT
Au Président de la République.

MONSIEUR LE PRÉSIDENT,

Le décret qui a déclaré d'utilité publique l'établissement d'une Bourse du Travail à Paris a indiqué, dans son article 2, qu'un règlement déterminerait ultérieurement l'organisation de cette institution.

La Bourse du Travail a pour objet de faciliter les transactions relatives à la main-d'œuvre par la création d'organes propres à assurer le rapprochement des offres et des demandes de travail, tels que les salles d'embauchage, les bureaux de placement et les offices de renseignements et de statistique.

Depuis sa création, l'œuvre a traversé, comme toutes les choses nouvelles qui touchent à l'organisation des travailleurs, une période d'essais, de tâtonnements et de crises, et, si elle s'est trouvée un instant détournée de son but et arrêtée dans son développement normal et pacifique, elle nous apparaît aujourd'hui, si nous l'organisons sur des bases précises, comme susceptible de rendre les plus grands services pour le placement des ouvriers et employés et d'exercer, en outre, une action utile au point de vue des salaires et du chômage.

La destination de la Bourse ainsi comprise, il convient d'examiner son fonctionnement.

L'expérience de ces dernières années a permis de définir exactement la part d'autorité qu'il convient de donner aux pouvoirs publics dans l'administration de cette Bourse, sans porter atteinte à la liberté des ouvriers appelés à bénéficier de ses services. Le moment nous semble donc venu de fixer définitivement l'organisation de l'institution et de permettre ainsi la réouverture de la Bourse du Travail de Paris.

Le règlement que nous avons préparé à cet effet contient des dispositions qui maintiendront à la Bourse son caractère de marché public du travail et d'établissement municipal, et garantiront en même temps aux Syndicats ouvriers qui y seront admis la liberté la plus complète pour leur organisation intérieure et la défense de leurs intérêts professionnels.

Dans les projets d'organisation étudiés, soit par la préfecture de la Seine, soit par le Conseil d'État, on a rencontré certaines difficultés de principe qu'il importe de trancher.

Convient-il d'admettre à la Bourse toutes les sociétés qui s'occupent de placement gratuit? Nous ne l'avons pas pensé; les Bourses du Travail, à côté de leur mission principale, qui est de placer les ouvriers inoccupés, ont eu pour but, dans la pensée de leurs créateurs, de faciliter aux syndicats ouvriers l'étude et la pensée de leurs intérêts professionnels, en leur fournissant des salles de réunion, un siège social et tous les éléments qui peuvent concourir à hâter ou à compléter l'éducation économique des travailleurs, services qu'ils n'étaient pas en mesure d'assurer avec leurs propres ressources. C'est ainsi que l'avait compris le Conseil municipal de Paris, qui a consenti de lourds sacrifices pour l'édification et l'entretien d'une Bourse.

Les syndicats patronaux n'ont pas à cet égard les mêmes besoins; ils possèdent des installations particulières pour leurs réunions et n'ont jamais manifesté le désir d'occuper des locaux dans la Bourse municipale. Il nous a donc paru, suivant sur ce point les indications données par la ville de Paris, qu'il n'y avait pas lieu de les y admettre.

Si la Bourse doit être mise à la disposition de tous les travailleurs pour discuter et défendre leurs intérêts, nous croyons que l'admission dans les bureaux de cet établissement public comporte pour eux l'obligation d'être constitués en syndicats professionnels d'ouvriers ou d'employés conformément à la loi du 21 mars 1884, qui exige des associations ouvrières le dépôt de leurs statuts et des noms de leurs administrateurs; cette condition ne saurait soulever de difficultés dans l'application, aujourd'hui que la loi de 1884 est presque unanimement observée par les groupements ouvriers.

Liberté pleine et entière sera laissée aux syndicats pour s'administrer dans leurs bureaux et pour organiser leurs réunions. Il ne leur sera demandé que l'engagement d'observer les prescriptions des décrets et règlements qui régissent la Bourse du travail.

En réglementant la Bourse du Travail de Paris, le Gouvernement prend une part de responsabilité dans son fonctionnement ultérieur. C'est pourquoi, afin de prévenir toute difficulté, nous nous sommes attaché à déterminer exactement, dans le décret, les services de la Bourse qui seront ouverts au public, les droits des syndicats admis à y établir leur siège social et les obligations de l'administration municipale de la ville de Paris, propriétaire de l'immeuble.

M. le préfet de la Seine sera l'administrateur légal de la Bourse; il prononcera sur l'admission des syndicats; il dirigera les services ouverts au public.

Il nommera aux emplois administratifs et assurera la surveillance et la garde de l'établissement; les dépenses seront ordonnancées par lui, comme les autres dépenses de la Ville de Paris.

Le tout conformément aux délibérations du Conseil municipal.

Le Conseil municipal sera appelé à voter un règlement général qui fixera l'administration intérieure de la Bourse et, notamment, les heures d'ouverture et de fermeture de l'établissement et des différents services ouverts au public, les conditions d'admission des syndicats, et déterminera la répartition des locaux, le mode d'attribution des salles de réunion, le fonctionnement des services municipaux de placement gratuit et de statistique du travail; la rétribution, s'il y a lieu, des permanences établies par les syndicats; le mode de nomination des délégués ouvriers à la commission consultative; le nombre et les attributions des employés ou gardiens affectés au service de la Bourse.

Toute faculté enfin est laissée à la ville de Paris pour installer un service municipal de placement gratuit, un bureau de statistique, et pour publier un bulletin contenant des renseignements relatifs au travail.

On pouvait se demander s'il ne convenait pas de remettre plus complètement la gestion de la Bourse aux syndicats ouvriers; nous avons pensé qu'il n'était pas bon de leur laisser cette lourde responsabilité, et que les soins et les difficultés d'une administration aussi complexe ne pouvaient que les détourner du but que leur assigne la loi de 1884

D'ailleurs, l'administration générale de la Bourse et les mesures qui se rattachent à la conservation et à l'entretien de l'immeuble sont parfaitement distinctes de l'exercice des libertés syndicales; néanmoins, nous avons reconnu qu'il était nécessaire d'associer les syndicats à la marche régulière de cet établissement, dans lequel ils seront chez eux; aussi avons-nous constitué une Commission Consultative où une large place leur est réservée. Cette Commission donnera son avis sur toutes les questions relatives au fonctionnement et à l'administration intérieure de l'établissement et sera, en outre, chargée d'établir annuellement des prévisions budgétaires pour la Bourse du travail et de présenter tous les ans un rapport sur la situation matérielle.

Telles sont les idées générales d'après lesquelles est conçu le décret réglementant l'organisation de la Bourse du Travail de Paris. En complétant dans ce sens le décret du 28 décembre 1889, notre but est d'aider à la réalisation des espérances de progrès et de paix sociale que l'institution dont il s'agit a fait naître de la part des pouvoirs publics et des travailleurs.

Si vous en approuvez les dispositions, j'aurai l'honneur de vous prier de vouloir bien revêtir de votre signature le décret ci-joint.

Veuillez agréer, Monsieur le Président, l'hommage de mon respectueux dévouement.

Le Ministre du Commerce, de l'Industrie,
des Postes et des Télégraphes,

G. MESUREUR.

ARTICLE PREMIER. — La Bourse du Travail de Paris, ainsi que ses annexes, a pour objet de faciliter les transactions relatives à la main-d'œuvre, au moyen de bureaux de placement gratuits, de salles d'embauchage publiques et par la publication de tous renseignements intéressant l'offre et la demande du travail.

Il y est annexé des bureaux mis à la disposition des syndicats ouvriers et des salles pour les réunions corporatives.

ART. 2. — Les syndicats professionnels d'ouvriers ou d'employés, légalement constitués et fonctionnant suivant les prescriptions de la loi du 21 mars 1884, sont admis à occuper un local dans la Bourse du Travail et peuvent y établir un bureau de placement gratuit pour les membres de leur profession.

ART. 3. — Les syndicats adressent leurs demandes d'admission dans les locaux de la Bourse au préfet de la Seine, qui statue sur l'admission en se conformant aux dispositions du règlement général délibéré par le Conseil municipal, en vertu de l'article 9 ci-après.

Les demandes doivent contenir pour les syndicats l'engagement de se conformer aux prescriptions des décrets et règlements qui régissent la Bourse.

ART. 4. — Les syndicats, admis à la Bourse du Travail, s'administrent librement et prennent telles dispositions qui leur paraissent utiles pour tout ce qui concerne l'organisation de leurs bureaux, de leurs réunions ou assemblées et de leurs services de placement gratuit.

ART. 5. — La salle d'embauchage installée dans les batiments de la Bourse du travail est ouverte aux patrons, ouvriers et employés de toute profession, syndiqués ou non. Généralement, quiconque aura une demande ou une offre de travail à faire y aura libre accès.

Art. 6. — La grande salle de la Bourse sera réservée à des réunions corporatives et professionnelles, ayant pour objet exclusif l'étude et la défense des intérêts professionnels et économiques des ouvriers.

Cette salle peut être également affectée aux cérémonies intéressant le travail.

Art. 7. — La ville de Paris a la faculté d'installer à la Bourse un bureau central et permanent de placement gratuit municipal, un bureau de statistique du travail et de publier un Annuaire et un Bulletin de la Bourse du Travail, contenant tous renseignements et informations relatifs au travail et au placement des ouvriers. La ville de Paris pourra également ouvrir à la Bourse du travail une bibliothèque et installer des cours et conférences. Ces services seront publics; les ouvriers syndiqués ou non, auront libre accès dans les bureaux de statistique et de placement municipal, les salles de bibliothèque, de cours et de conférences.

Art. 8. — Les services de la Bourse du Travail, ouverts au public, sont administrés par le préfet de la Seine, conformément aux délibérations du Conseil municipal de Paris. Le préfet nomme à tous les emplois administratifs. Il a la surveillance et la garde de l'établissement. Il assure le paiement, le contrôle et la liquidation des dépenses faites sur les crédits inscrits au budget de la Ville de Paris. Il veille à l'observation des décrets et règlements qui régissent la Bourse du Travail.

Art. 9. — Un règlement général délibéré par le Conseil municipal de Paris arrêtera, conformément aux dispositions du présent décret, l'administration intérieure de la Bourse et toutes les mesures propres à assurer son bon fonctionnement.

Art. 10. — Il est institué une Commission Consultative de la Bourse du Travail de Paris.

Cette commission est composée de vingt membres, dix membres délégués par les syndicats admis à la Bourse, six membres du Conseil municipal de Paris nommés par cette assemblée, deux représentants de la préfecture de la Seine, désignés par le préfet, deux représentants de l'Office du travail désignés par le Ministre du commerce.

Les membres de cette Commission sont nommés pour un an. La Commission peut être dissoute pas arrêté du ministre du commerce et de l'industrie.

Art. 11. — La Commission Consultative de la Bourse donne son avis sur toutes les questions relatives au fonctionnement et à l'administration intérieure de la Bourse qui lui sont soumises par le préfet de la Seine.

Elle peut prendre l'initiative d'émettre des avis qu'elle trans met au préfet de la Seine qui les communique au Conseil municipal :

1° Sur l'admission et l'exclusion des syndicats ;

2° Sur la distribution des locaux;

3° Sur le roulement à établir pour l'attribution des salles de réunion ;

4° Sur la publication de l'Annuaire et du Bulletin de la Bourse du Travail;

5° Sur les plaintes et les réclamations des personnes qui ont accès à la Bourse du Travail.

Elle établit un état des dépenses prévisionnelles de la Bourse du Travail pour l'exercice suivant et présente chaque année un rapport sur le fonctionnement et la situation matérielle de l'institution.

Fait à Paris, le 7 décembre 1895.

FÉLIX FAURE.

Pour le Président de la République :

Le Ministre du Commerce, de l'Industrie,
des Postes et des Télégraphes,

G. MESUREUR.

En exécution de ce décret, le Conseil municipal de Paris vota, le 6 janvier 1896, le règlement dont le texte suit :

Règlement de la Bourse du Travail

CHAPITRE PREMIER — *Attribution des locaux*

ARTICLE PREMIER. — La Bourse du Travail, établie dans les immeubles situés rue du Château-d'Eau, 3, rue de Bondy, 26, rue Jean-Jacques-Rousseau, 35, est mise par la ville de Paris à la disposition des syndicats, groupes corporatifs, unions, fédérations de métiers d'ouvriers et employés, ayant leur siège dans le département de la Seine, constitués conformément à la loi du 21 mars 1884, et ce, dans les conditions prévues par le décret du 7 décembre 1895.

La Bourse centrale et ses annexes comprennent des bureaux, des salles pour réunions, assemblées générales, cours professionnels et conférences.

ART. 2. — La salle d'embauchage, installée dans les bâtiments de la Bourse du Travail, est ouverte à tous.

Généralement quiconque aura une demande ou une offre de travail à faire y aura libre accès.

CHAPITRE II — *Admissions*

ART. 3. — Les syndicats, groupes corporatifs, unions, fédérations de métiers adressent leurs demandes d'admission dans les locaux de la Bourse du Travail au préfet de la Seine, qui en décide après avis de la Commission Consultative.

Art. 4. — Les demandes d'admission devront contenir l'engagement de se conformer aux prescriptions du décret du 7 décembre 1895, du présent règlement, ainsi que du règlement d'ordre intérieur.

Art. 5. — Les organisations ouvrières admises a la Bourse s'administrent librement sans aucune immixtion de l'administration. Elles prennent telles dispositions qui leur paraissent utiles pour l'organisation des travailleurs au point de vue tant des salaires que du chômage, pour leur participation aux Congrés ouvriers, et pour leurs délégations auprès d'autres groupements ouvriers, afin de se tenir au courant de tout ce qui peut intéresser le marché public du travail.

Art. 6. — Une délégation, composée d'un membre par organisation, établit le règlement d'ordre intérieur fixant les rapports des syndicats entre eux.

Art. 7. — Les organisations admises à la Bourse du Travail ont la faculté d'établir un bureau de placement gratuit pour les membres de leur profession.

Chapitre III — *De la Commission Consultative*

Art. 8. — La Commission Consultative prévue à l'article 10 du décret du 7 décembre 1895 donne son avis :

1° Sur l'admission ou l'exclusion des syndicats, groupes corporatifs, unions, fédérations de métiers ;

2° Sur la distribution des locaux ;

3° Sur le roulement à établir pour la distribution des salles de réunion ;

4° Sur la publication de l'*Annuaire* et du *Bulletin de la Bourse du Travail;*

5° Sur les plaintes et les réclamations des personnes ayant accès à la Bourse du Travail.

Elle établit chaque année, après avis et rapport de la délégation des organisations admises à la Bourse du Travail, un état des dépenses prévisionnelles pour l'exercice suivant, et présente un rapport sur le fonctionnement et la situation matérielle de l'institution.

Chapitre IV — *Des élections de la Commission Consultative*

Art. 9. — L'élection de dix membres appelés à faire partie de la Commission Consultative a lieu le deuxième dimanche de janvier.

Dans le mois qui précède, chaque organisation admise à la Bourse du Travail désigne un délégué.

L'élection se fait au scrutin secret et à la majorité absolue des suffrages; toutefois, au deuxième tour, la majorité relative suffit.

L'assemblée électorale est dissoute immédiatement après la clôture des opérations.

En cas de vacance d'un tiers des membres dans le cours de

l'année il sera procédé à des élections complémentaires selon le mode indiqué.

Art. 10. — La Commission Consultative nomme son bureau, composé d'un président, deux vice-présidents, un secrétaire et un secrétaire-adjoint.

Art. 11. — Elle se réunit une fois par mois, et plus souvent, s'il y a lieu, à huit heures et demie du soir, à la Bourse du Travail.

Chapitre V. — *Services administratifs.*

Art. 12. — Un régisseur est chargé, par le préfet de la Seine, d'assurer les services financiers de la Bourse.

Il paye chaque mois les allocations pour permanence; il assure le paiement, le contrôle et la liquidation des dépenses faites sur les crédits inscrits au budget de la ville de Paris.

Il lui est formellement interdit de s'immiscer, sous aucun prétexte, dans la gestion intérieure des organisations admises à la Bourse du Travail.

Art. 13. — La Bourse du Travail est ouverte de six heures du matin en été, et de sept heures en hiver, jusqu'à minuit.

Tous les ouvriers syndiqués ou non y ont accès.

Chapitre VI. — *Des Subventions.*

Art. 14. — En outre des articles du budget relatifs au personnel administratif et au matériel, une subvention municipale annuelle est accordée aux organisations ouvrières admises à la Bourse du Travail.

Disposition transitoire

Art. 15. — Jusqu'à la constitution définitive de la Commission Consultative, la commission du travail émettra son avis sur l'admission des syndicats dans les locaux de la Bourse.

Pour l'année 1896, et à titre exceptionnel, la date des élections sera ultérieurement fixée par le préfet.

Arrêté préfectoral

Par arrêté du 26 février 1898, est approuvée la délibération du Conseil municipal en date du 22 novembre 1897, portant modification de l'art. 9 du règlement de la Bourse du Travail et fixant la date de l'élection des dix membres ouvriers de la Commission consultative au deuxième dimanche d'avril.

LOI sur les sociétés par actions.

Du 24 Juillet 1867

Napoléon par la grâce de Dieu et la volonté nationale, Empereur des Français, à tous présents et à venir, salut.

Avons sanctionné et sanctionnons, promulgué et promulguons ce qui suit :

LOI. — Extrait du procès-verbal du Corps Législatif.

Le Corps législatif a adopté le projet de loi dont la teneur suit :

TITRE PREMIER

Des sociétés en commandite par actions

ARTICLE PREMIER. — Les sociétés en commandite ne peuvent diviser leur capital en actions ou coupons d'actions de moins de cent francs, lorsque ce capital n'excède pas deux cent mille francs, et de moins de cinq cents francs, lorsqu'il est supérieur.

Elles ne peuvent être définitivement constituées qu'après la souscription de la totalité du capital social et le versement, par chaque actionnaire, du quart au moins du montant des actions par lui souscrites.

Cette souscription et ces versements sont constatés par une déclaration du gérant dans un acte notarié.

A cette déclaration sont annexés la liste des souscripteurs, l'état des versements effectués, l'un des doubles de l'acte de société, s'il est sous seing privé, et une expédition, s'il est notarié et s'il a été passé devant un notaire autre que celui qui a reçu la déclaration.

L'acte sous seing privé, quel que soit le nombre des associés, sera fait en double original, dont l'un sera annexé, comme il est dit au paragraphe qui précède, a la déclaration de souscription du capital et de versement du quart, et l'autre restera déposé au siège social.

ART. 2. — Les actions ou coupons d'actions sont négociables après le versement du quart.

ART. 3. — Il peut être stipulé, mais seulement par les statuts constitutifs de la société, que les actions ou coupons d'actions pourront, après avoir été libérés de moitié, être convertis en actions au porteur par délibération de l'assemblée générale.

Soit que les actions restent nominatives après cette délibération, soit qu'elles aient été converties en actions au porteur, les souscripteurs primitifs qui ont aliéné les actions et ceux auxquels ils les ont cédées avant le versement de moitié restent tenus au payement du montant de leurs actions pendant un délai de deux ans, à partir de la délibération de l'assemblée générale.

ART. 4. — Lorsqu'un associé fait un apport qui ne consiste pas en numéraire, ou stipule à son profit des avantages particuliers, la première assemblée générale fait apprécier la valeur de l'apport ou la cause des avantages stipulés.

La société n'est définitivement constituée qu'après l'approbation de l'apport ou des avantages, donnée par une autre assemblée générale, après une nouvelle convocation.

La seconde assemblée générale ne pourra statuer sur

l'approbation de l'apport ou des avantages qu'après un rapport qui sera imprimé et tenu à la disposition des actionnaires, cinq jours au moins avant la réunion de cette assemblée.

Les délibérations sont prises par la majorité des actionnaires présents. Cette majorité doit comprendre le quart des actionnaires et représenter le quart du capital social en numéraire.

Les associés qui ont fait l'apport ou stipulé les avantages particuliers soumis à l'appréciation de l'assemblée n'ont pas voix délibérative.

A défaut d'approbation la société reste sans effet à l'égard de toutes les parties.

L'approbation ne fait pas obstacle à l'exercice ultérieur de l'action qui peut être intentée pour cause de vol ou de fraude.

Les dispositions du présent article relatives à la vérification de l'apport qui ne consiste pas en numéraire ne sont pas applicables au cas où la société à laquelle est fait ledit apport est formée entre ceux seulement qui en étaient propriétaires par indivis.

Art. 5. — Un conseil de surveillance, composé de trois actionnaires au moins, est établi dans chaque société en commandite par actions.

Ce conseil est nommé par l'assemblée générale des actionnaires immédiatement après la constitution définitive de la société et avant toute opération sociale.

Il est soumis à la réélection aux époques et suivant les conditions déterminées par les statuts.

Toutefois le premier conseil n'est nommé que pour une année.

Art. 6. — Ce premier conseil doit, immédiatement après sa nomination, vérifier si toutes les dispositions contenues dans les articles qui précèdent ont été observées.

Art. 7. — Est nulle et de nul effet à l'égard des intéressés toute société en commandite par actions constituée contrairement aux prescriptions des articles 1er, 2, 3, 4 et 5 de la présente loi.

Cette nullité ne peut être opposée aux tiers par les associés.

Art. 8. — Lorsque la société est annulée, aux termes de l'article précédent, les membres du premier conseil de surveillance peuvent être déclarés responsables, avec le gérant, du dommage résultant, pour la société ou pour les tiers, de l'annulation de la société.

La même responsabilité peut être prononcée contre ceux des associés dont les apports ou les avantages n'auraient pas été vérifiés et approuvés conformément à l'article 4 ci-dessus.

Art. 9. — Les membres du conseil de surveillance n'encourent aucune responsabilité en raison des actes de la gestion et de leurs résultats.

Chaque membre du conseil de surveillance est responsable

de ses fautes personnelles, dans l'exécution de son mandat, conformément aux règles du droit commun.

ART. 10. — Les membres du conseil de surveillance vérifient les livres, la caisse, le portefeuille et les valeurs de la société.

Ils font, chaque année, à l'assemblée générale, un rapport dans lequel ils doivent signaler les irrégularités et inexactitudes qu'ils ont reconnues dans les inventaires, et constater, s'il y a lieu, les motifs qui s'opposent aux distributions des dividendes proposées par le gérant.

Aucune répétition de dividendes ne peut être exercée contre les actionnaires, si ce n'est dans le cas où la distribution en aura été faite en l'absence de tout inventaire ou en dehors des résultats constatés par l'inventaire.

L'action en répétition, dans le cas où elle est ouverte, se prescrit par cinq ans, à partir du jour fixé pour la distribution des dividendes.

Les prescriptions commencées à l'époque de la promulgation de la présente loi, et pour lesquelles il faudrait encore suivant les lois anciennes, plus de cinq ans, à partir de la même époque, seront accomplies par ce laps de temps.

ART. 11. — Le conseil de surveillance peut convoquer l'assemblée générale et conformément à son avis provoquer la dissolution de la société.

ART. 12. — Quinze jours au moins avant la réunion de l'assemblée générale, tout actionnaire peut prendre par lui ou par un fondé de pouvoir, au siège social, communication du bilan, des inventaires et du rapport du conseil de surveillance.

ART. 13. — L'émission d'actions ou de coupons d'actions d'une société constituée contrairement aux prescriptions des articles 1er, 2 et 3 de la présente loi, est punie d'une amende de cinq cents à dix mille francs.

Sont punis de la même peine :

Le gérant qui commence les opérations sociales avant l'entrée en fonctions du conseil de surveillance.

Ceux qui, en se présentant comme propriétaires d'actions ou de coupons d'actions qui ne leur appartiennent pas, ont créé frauduleusement une majorité factice dans une assemblée générale, sans préjudice de tous dommages-intérêts, s'il y a lieu, envers la société ou envers les tiers.

Ceux qui ont remis les actions pour en faire l'usage frauduleux.

Dans les cas prévus par les deux paragraphes précédents, la peine de l'emprisonnement de quinze jours à six mois peut en outre, être prononcée.

ART. 14. — La négociation d'actions ou de coupons d'actions dont la valeur ou la forme serait contraire aux dispositions des articles 1er, 2 et 3 de la présente loi, ou pour lesquels le versement du quart n'aurait pas été effectué conformément à l'article 2 ci-dessus, est punie d'une amende de cinq cents à dix mille francs.

Sont punies de la même peine toute participation à ces négociations et toute publication de la valeur desdites actions.

Art. 15. — Sont punis des peines portées par l'article 405 du Code pénal, sans préjudice de l'application de cet article à tous les faits constitutifs du délit d'escroquerie :

1º Ceux qui, par simulation de souscriptions ou de versements ou par publication, faite de mauvaise foi, de souscriptions ou de versements qui n'existent pas, ou de tous autres faits faux, ont obtenu ou tenté d'obtenir des souscriptions ou des versements ;

2º Ceux qui, pour provoquer des souscriptions ou des versements, ont, de mauvaise foi, publié les noms de personnes désignées, contrairement à la vérité, comme étant ou devant être attachées à la société à un titre quelconque ;

3º Les gérants qui, en l'absence d'inventaires ou au moyen d'inventaires frauduleux, ont opéré entre les actionnaires la répartition de dividendes fictifs.

Les membres du conseil de surveillance ne sont pas civilement responsables des délits commis par le gérant,

Art. 16. — L'article 463 du Code pénal est applicable aux faits prévus par les trois articles qui précèdent.

Art. 17. — Des actionnaires représentant le vingtième au moins du capital social peuvent, dans un intérêt commun, charger à leurs frais un ou plusieurs mandataires de soutenir tant en demandant qu'en défendant, une action contre les gérants ou contre les membres du conseil de surveillance, et de les représenter, en ce cas, en justice, sans préjudice de l'action que chaque actionnaire peut intenter individuellement en son nom personnel.

Art. 18. — Les sociétés antérieures à la loi du 17 juillet 1856, et qui ne se seraient pas conformées à l'article 15 de cette loi, seront tenues, dans un délai de six mois, de constituer un conseil de surveillance, conformément aux dispositions qui précèdent.

A défaut de constitution du conseil de surveillance dans le délai ci-dessus fixé, chaque actionnaire a le droit de faire prononcer la dissolution de la société.

Art. 19. — Les sociétés en commandite par actions antérieures à la présente loi, dont les statuts permettent la transformation en société anonyme autorisée par le Gouvernement, pourront se convertir en société anonyme dans les termes déterminés par le titre II de la présente loi, en se conformant aux conditions stipulées dans les statuts pour la transformation.

Art, 20. — Est abrogée la loi du 17 juillet 1856.

TITRE III

Des sociétés anonymes

Art. 21. — A l'avenir, les sociétés anonymes pourront se former sans l'autorisation du Gouvernement

Elles pourront, quel que soit le nombre des associés, être formées par un acte sous seing privé fait en double original.

Elles seront soumises aux dispositions des articles 29, 30, 32, 33, 34 et 36 du Code de commerce et aux dispositions contenues dans le présent titre.

Art. 22. — Les sociétés anonymes sont administrées par un ou plusieurs mandataires à temps, révocables, salariés ou gratuits, pris parmi les associés.

Ces mandataires peuvent choisir parmi eux un directeur, ou, si les statuts le permettent, se substituer un mandataire étranger à la société et dont ils sont responsables envers elle.

Art. 23. — La société ne peut être constituée si le nombre des associés est inférieur à sept.

Art. 24. — Les dispositions des articles 1er, 2, 3 et 4 de la présente loi sont applicables aux sociétés anonymes.

La déclaration imposée au gérant par l'article 1er est faite par les fondateurs de la société anonyme; elle est soumise, avec les pièces à l'appui, à la première assemblée générale, qui en vérifie la sincérité.

Art. 25. — Une assemblée générale est, dans tous les cas, convoquée, à la diligence des fondateurs, postérieurement à l'acte qui constate la souscription du capital social et le versement du quart du capital, qui consiste en numéraire. Cette assemblée nomme les premiers administrateurs; elle nomme également, pour la première année, les commissaires institués par l'article 32 ci-après.

Ces administrateurs ne peuvent être nommés pour plus de six ans; ils sont rééligibles, sauf stipulation contraire-

Toutefois, ils peuvent être désignés par les statuts, avec stipulation formelle que leur nomination ne sera point soumise à l'approbation de l'assemblée générale. En ce cas, ils ne peuvent être nommés pour plus de trois ans.

.Le procès-verbal de la séance constate l'acceptation des administrateurs et des commissaires présents à la réunion.

La société est constituée à partir de cette acceptation.

Art. 26. — Les administrateurs doivent être propriétaires d'un nombre d'actions déterminé par les statuts.

Ces actions sont affectées en totalité à la garantie de tous les actes de la gestion, même de ceux qui seraient exclusivement personnels à l'un des administrateurs.

Elles sont nominatives, inaliénables, frappées d'un timbre indiquant l'inaliénabilité et déposées dans la caisse sociale.

Art. 27. — Il est tenu, chaque année au moins, une assemblée générale à l'époque fixée par les statuts. Les statuts déterminent le nombre d'actions qu'il est nécessaire de posséder, soit à titre de propriétaire, soit à titre de mandataire, pour être admis dans l'assemblée, et le nombre de voix appartenant à chaque actionnaire, en égard au nombre d'actions dont il est porteur.

Néanmoins, dans les assemblées générales appelées à vérifier les apports, à nommer les premiers administrateurs et à vérifier la sincérité de la déclaration des fondateurs de la société, prescrite par le deuxième paragraphe de l'article 24, tout actionnaire, quel que soit le nombre des actions dont il est porteur, peut prendre part aux délibérations avec le nombre de voix déterminé par les statuts, sans qu'il puisse être supérieur à dix.

Art. 28. — Dans toutes les assemblées générales, les délibérations sont prises à la majorité des voix.

Il est tenu une feuille de présence; elle contient les noms et domicile des actionnaires et le nombre d'actions dont chacun d'eux est porteur.

Cette feuille, certifiée par le bureau de l'assemblée, est déposée au siége social et doit être communiquée à tout requérant.

Art 29. — Les assemblées générales qui ont à délibérer dans des cas autres que ceux qui sont prévus par les deux articles qui suivent, doivent être composées d'un nombre d'actionnaires représentant le quart au moins du capital social.

Si l'assemblée générale ne réunit pas ce nombre, une nouvelle assemblée est convoquée dans les formes et avec les délais prescrits par les statuts et elle délibère valablement, quelle que soit la portion du capital représenté par les actionnaires présents.

Art. 30. — Les assemblées qui ont à délibérer sur la vérification des apports, sur la nomination des premiers administrateurs, sur la sincérité de la déclaration faite par les fondateurs aux termes du paragraphe 2 de l'article 24, doivent être composées d'un nombre d'actionnaires représentant la moitié au moins du capital social.

Le capital social, dont la moitié doit être représentée pour la vérification de l'apport, se compose seulement des apports non soumis à vérification.

Si l'assemblée générale ne réunit pas un nombre d'actionnaires représentant la moitié du capital social, elle ne peut prendre qu'une délibération provisoire. Dans ce cas, une nouvelle assemblée générale est convoquée. Deux avis, publiés à huit jours d'intervalle, au moins un mois à l'avance, dans l'un des journaux désignés pour recevoir les annonces légales, font connaître aux actionnaires les résolutions provisoires adoptées pendant la première assemblée, et ces résolutions deviennent définitives si elles sont approuvées par la nouvelle assemblée, composée d'un nombre d'actionnaires représentant le cinquième au moins du capital social.

Art. 31. — Les assemblées qui ont à délibérer sur des modifications aux statuts ou sur des propositions de continuation de la société au delà du terme fixé pour sa durée, ou de dissolution avant ce terme, ne sont régulièrement constituées et ne délibèrent valablement qu'autant qu'elles sont composées d'un nombre d'actionnaires représentant la moitié au moins du capital social.

Art. 32. — L'assemblée générale annuelle désigne un ou plusieurs commissaires, associés ou non, chargés de faire un rapport à l'assemblée générale de l'année suivante sur la situation de la société, sur le bilan et sur les comptes présentés par les administrateurs.

La délibération contenant approbation du bilan et des comptes est nulle, si elle n'a été précédée du rapport des commissaires.

A défaut de nomination des commissaires par l'assemblée générale, ou en cas d'empêchement ou de refus d'un ou de plusieurs des commissaires nommés, il est procédé à leur nomination ou à leur remplacement par ordonnance du président du tribunal de commerce du siège de la société, à la requête de tout intéressé, les administrateurs dûment appelés.

Art. 33. — Pendant le trimestre qui précède l'époque fixée par les statuts pour la réunion de l'assemblée générale, les commissaires ont droit, toutes les fois qu'ils le jugent convenable dans l'intérêt social, de prendre communication des livres et d'examiner les opérations de la société.

Ils peuvent toujours, en cas d'urgence, convoquer l'assemblée générale.

Art. 34. — Toute société anonyme doit dresser, chaque semestre, un état sommaire de sa situation active et passive.

Cet état est mis à la disposition des commissaires,

Il est, en outre, établi chaque année, conformément à l'article 9 du Code de commerce, un inventaire contenant l'indication des valeurs mobilières et immobilières et de toutes les dettes actives et passives de la société.

L'inventaire, le bilan et le compte des profits et pertes sont mis à la disposition des commissaires le quarantième jour, au plus tard, avant l'assemblée générale. Ils sont présentés à cette assemblée.

Art. 35. — Quinze jours au moins avant la réunion de l'assemblée générale, tout actionnaire peut prendre, au siège social, communication de l'inventaire et de la liste des actionnaires, et se faire délivrer copie du bilan résumant l'inventaire et du rapport des commissaires.

Art. 36. — Il est fait annuellement, sur les bénéfices nets, un prélèvement d'un vingtième au moins, affecté à la formation d'un fonds de réserve.

Ce prélèvement cesse d'être obligatoire lorsque le fonds de réserve a atteint le dixième du capital social.

Art. 37. — En cas de perte des trois quarts du capital social, les administrateurs sont tenus de provoquer la réunion de l'assemblée générale de tous les actionnaires, à l'effet de statuer sur la question de savoir s'il y a lieu de prononcer la dissolution de la société.

La résolution de l'assemblée est, dans tous les cas, rendue publique.

A défaut par les administrateurs de réunir l'assemblée générale, comme dans le cas où cette assemblée n'aurait pu se constituer régulièrement, tout intéressé peut demander la dissolution de la société devant les tribunaux.

Art. 38. — La dissolution peut être prononcée sur la demande de toute partie intéressée, lorsqu'un an s'est écoulé depuis l'époque où le nombre des associés est réduit à moins de sept.

Art. 39. — L'article 17 est applicable aux sociétés anonymes.

Art. 40. — Il est interdit aux administrateurs de prendre ou de conserver un intérêt direct ou indirect dans une entreprise ou dans un marché fait avec la société ou pour son compte. à moins qu'ils n'y soient autorisés par l'assemblée générale.

Il est, chaque année, rendu à l'assemblée générale un compte spécial de l'exécution des marchés ou entreprises par elle autorisés, aux termes du paragraphe précédent.

Art. 41. — Est nulle et de nul effet à l'égard des intéressés toute société anonyme pour laquelle n'ont pas été observées les dispositions des articles 22, 23, 24 et 25 ci-dessus.

Art. 42. — Lorsque la nullité de la société ou des actes ou délibérations a été prononcée aux termes de l'article précédent, les fondateurs auxquels la nullité est imputable et les administrateurs en fonctions au moment où elle a été encourue, sont responsables solidairement envers les tiers, sans préjudice des droits des actionnaires.

La même responsabilité solidaire peut être prononcée contre ceux des associés dont les apports ou les avantages n'auraient pas été vérifiés et approuvés conformément à l'article 24.

Art. 43. — L'étendue et les effets de la responsabilité des commissaires envers la société sont déterminés d'après les règles générales du mandat.

Art. 44. — Les administrateurs sont responsables, conformément aux règles du droit commun, individuellement ou solidairement suivant les cas, envers la société ou envers les tiers, soit des infractions aux dispositions de la présente loi, soit des fautes qu'ils auraient commises dans leur gestion, notamment en distribuant ou en laissant distribuer sans opposition les dividendes fictifs.

Art. 45. — Les dispositions des articles 13, 14, 15 et 16 de la présente loi sont applicables en matière de sociétés anonymes, sans distinction entre celles qui sont actuellement existantes et celles qui se constitueront sous l'empire de la présente loi. Les administrateurs qui, en l'absence d'inventaire ou au moyen d'inventaire frauduleux, auront opéré des dividendes fictifs, seront punis de la peine qui est prononcée dans ce cas par le n° 3 de l'article 15 contre les gérants des sociétés en commandite.

Sont également applicables en matière de sociétés anonymes les dispositions des trois derniers paragraphes de l'article 10.

ART. 46. — Les sociétés anonymes actuellement existantes continueront à être soumises, pendant toute leur durée, aux dispositions qui les régissent.

Elles pourront se transformer en sociétés anonymes dans les termes de la présente loi, en obtenant l'autorisation du Gouvernement et en observant les formes prescrites pour la modification de leurs statuts.

ART. 47. — Les sociétés à responsabilité limitée pourront se convertir en sociétés anonymes dans les termes de la présente loi, en se conformant aux conditions stipulées pour la modification de leurs statuts.

Sont abrogés les articles 31, 37 et 40 du Code de commerce et la loi du 23 mai 1863, sur les sociétés à responsabilité limitée.

TITRE III

Dispositions particulières aux sociétés à capital variable

ART. 48. — Il peut être stipulé, dans les statuts de toute société, que le capital social sera susceptible d'augmentation par des versements successifs faits par les associés ou l'admission d'associés nouveaux, et de diminution par la reprise totale ou partielle des apports effectués.

Les sociétés dont les statuts contiendront la stipulation ci-dessus seront soumises, indépendamment des règles générales qui leur sont propres suivant leur forme spéciale, aux dispositions des articles suivants.

ART. 49. — Le capital social ne pourra être porté par les statuts constitutifs de la société au-dessus de la somme de deux cent mille francs.

Il pourra être augmenté par des délibérations de l'assemblée générale, prises d'année en année ; aucune des augmentations ne pourra être supérieure à deux cent mille francs.

ART. 50. — Les actions ou coupons d'actions seront nominatifs, même après leur entière libération ; ils ne pourront être inférieurs à cinquante francs.

Ils ne seront négociables qu'après la constitution définitive de la société.

La négociation ne pourra avoir lieu que par voie de transfert sur les registres de la société, et les statuts pourront donner, soit au conseil d'administration, soit à l'assemblée générale, le droit de s'opposer au transfert.

Art. 51. — Les statuts détermineront une somme au-dessous de laquelle le capital ne pourra être réduit par les reprises des apports autorisés par l'article 48.

Cette somme ne pourra être inférieure au dixième du capital social.

La société ne sera définitivement constituée qu'après le versement du dixième.

Art. 52. — Chaque associé pourra se retirer de la société lorsqu'il le jugera convenable, à moins de conventions contraires et sauf l'application du paragraphe 1er de l'article précédent.

Il pourra être stipulé que l'assemblée générale aura le droit de décider, à la majorité fixée pour la modification des statuts, que l'un ou plusieurs des associés cesseront de faire partie de la société.

L'associé qui cessera de faire partie de la société, soit par l'effet de sa volonté, soit par suite de décision de l'assemblée générale, restera tenu, pendant cinq ans, envers les associés et envers les tiers, de toutes les obligations existant au moment de sa retraite.

Art. 53. — La société, quelle que soit sa forme, sera valablement représentée en justice par ses administrateurs.

Art. 54. — La société ne sera point dissoute par la mort, la retraite, l'interdiction, la faillite ou la déconfiture de l'un des associés; elle continuera de plein droit entre les autres associés.

TITRE IV

Dispositions relatives à la publication des actes de société

Art. 55. — Dans le mois de la constitution de toute société commerciale, un double de l'acte constitutif, s'il est sous seing privé, ou une expédition, s'il est notarié, est déposé aux greffes de la justice de paix et du tribunal de commerce du lieu dans lequel est établie la société.

A l'acte constitutif des sociétés en commandite par actions et des sociétés anonymes sont annexées : 1° une expédition de l'acte notarié constatant la souscription du capital social et le versement du quart; 2° une copie certifiée des délibérations prises par l'assemblée générale dans les cas prévus par les articles 4 et 24.

En outre, lorsque la société est anonyme, on doit annexer à l'acte constitutif la liste nominative dûment certifiée, des souscripteurs, contenant les nom, prénoms, qualités, demeure et le nombre d'actions de chacun d'eux.

Art. 56. — Dans le même délai d'un mois, un extrait de

l'acte constitutif et des pièces annexées est publié dans l'un des journaux désignés pour recevoir les annonces légales.

Il sera justifié de l'insertion par un exemplaire du journal certifié par l'imprimeur, légalisé par le maire et enregistré dans les trois mois de sa date.

Les formalités prescrites par l'article précédent et par le présent article seront observées, à peine de nullité, à l'égard des intéressés; mais le défaut d'aucune d'elles ne pourra être opposé aux tiers par les associés.

Art. 57. — L'extrait doit contenir les noms des associés autres que les actionnaires ou commanditaires; la raison de commerce ou la dénomination adoptée par la société et l'indication du siège social; la désignation des associés autorisés à gérer, administrer et signer pour la société; le montant du capital social et le montant des valeurs fournies ou à fournir par les actionnaires ou commanditaires; l'époque où la société commence, celle où elle doit finir, et la date du dépôt fait aux greffes de la justice de paix et du tribunal de commerce.

Art. 58. — L'extrait doit énoncer que la société est en nom collectif ou en commandite simple, ou en commandite par actions, ou anonyme, ou à capital variable.

Si la société est anonyme, l'extrait doit énoncer le montant du capital social en numéraire et en autres objets, la quotité à prélever sur les bénéfices pour composer le fonds de réserve.

Enfin, si la société est à capital variable, l'extrait doit contenir l'indication de la somme au-dessous de laquelle le capital social ne peut être réduit.

Art. 59. — Si la société a plusieurs maisons de commerce situées dans divers arrondissements, le dépôt prescrit par l'article 55 et la publication prescrite par l'article 56 ont lieu dans chacun des arrondissements où existent les maisons de commerce.

Dans les villes divisées en plusieurs arrondissements, le dépôt sera fait seulement au greffe de la justice de paix du principal établissement.

Art. 60. — L'extrait des actes et pièces déposés et signé, pour les actes publics, par le notaire, et, pour les actes sous seing privé, par les associés en nom collectif, par les gérants des sociétés en commandite ou par les administrateurs des sociétés anonymes.

Art. 61. — Sont soumis aux formalités et aux pénalités prescrites par les articles 55 et 56 :

Tous actes et délibérations ayant pour objet la modification des statuts, la continuation de la société au delà du terme fixé pour sa durée, la dissolution avant ce terme et le mode de liquidation, tout changement ou retraite d'associés et tout changement à la raison sociale.

Sont également soumises aux dispositions des articles 55

et 56 les délibérations prises dans les cas prévus par les articles 19, 37, 46, 47 et 49 ci-dessus.

Art. 62. — Ne sont pas assujettis aux formalités de dépôt et de publication les actes constatant les augmentations ou les diminutions du capital social opérées dans les termes de l'article 48, ou les retraites d'associés, autres que les gérants ou administrateurs, qui auraient lieu conformément à l'article 52.

Art. 63. — Lorsqu'il s'agit d'une société en commandite par actions ou d'une société anonyme, toute personne a le droit de prendre communication des pièces déposées aux greffes de la justice de paix et du tribunal de commerce, ou même de s'en faire délivrer à ses frais expédition ou extrait par le greffier ou par le notaire détenteur de la minute.

Toute personne peut également exiger qu'il lui soit délivré au siège de la société une copie certifiée des statuts moyennant payement d'une somme qui ne pourra excéder un franc.

Enfin, les pièces déposées doivent être affichées d'une manière apparente dans les bureaux de la société.

Art. 64. — Dans tous les actes, factures, annonces, publications et autres documents *imprimés* ou *autographiés*, émanés des sociétés anonymes ou des sociétés en commandite par actions, la dénomination sociale doit toujours être précédée ou suivie immédiatement de ces mots, écrits lisiblement en toutes lettres : *Société anonyme* ou *Société en commandite par actions*, et de l'énonciation du montant du capital social.

Si la société a usé de la faculté accordée par l'article 48, cette circonstance doit être mentionnée par l'addition de ces mots : *à capital variable*.

Toute contravention aux dispositions qui précèdent est punie d'une amende de cinquante francs à mille francs.

Art. 65. — Sont abrogées les dispositions des articles 42, 43, 44, 45 et 46 du Code de commerce.

TITRE V

Des tontines et des sociétés d'assurances

Art. 66. — Les associations de la nature des tontines et les sociétés d'assurances sur la vie, mutuelles ou à primes. restent soumises à l'autorisation et à la surveillance du Gouvernement.

Les autres sociétés d'assurances pourront se former sans autorisation. Un règlement d'administration publique déterminera les conditions sous lesquelles elles pourront être constituées.

Art. 67. — Les sociétés d'assurances désignées dans le paragraphe 2 de l'article précédent, qui existent actuellement pourront se placer sous le régime qui sera établi par le règlement d'administration publique, sans l'autorisation du Gouvernement, en observant les formes et les conditions prescrites pour la modification de leurs statuts.

Délibéré en séance publique, à Paris, le 13 Juin 1867.

Le Président,

Signé : SCHNEIDER.

Les Secrétaires,

Signé : Baron LAFOND DE SAINT-MÜR, DE GUILLÓUTET, MÈGE, comte W. DE LA VALETTE.

Extrait du procès-verbal du Sénat

Le Sénat ne s'oppose pas à la promulgation de la loi relative aux sociétés.

Délibéré et voté en séance, au palais du Sénat, le 19 juillet 1867

Le Président,

Signé : TROPLONG

Les Secrétaires,

Signé : CHAIX D'EST-ANGE, MELLINET, DE MENTQUE.

Vu et scellé du sceau du Sénat :

Le Sénateur-Secrétaire,

Signé : CHAIX D'EST-ANGE,

Mandons et ordonnons que les présentes, revêtues du sceau de l'Etat et insérées au Bulletin des lois, soient adressées aux cours, aux tribunaux et aux autorités administratives, pour qu'ils les inscrivent sur leurs registres, les observent et les fassent observer, et notre ministre secrétaire d'Etat au département de la justice et des cultes est chargé d'en surveiller la publication.

Fait au palais des Tuileries, le 24 Juillet 1867.

Signé : NAPOLÉON.

Par l'Empereur :

Le Ministre d'Etat,

Signé : E. ROUHER.

Vu et scellé du grand sceau :

Le Garde des sceaux, Ministre secrétaire d'Etat
au département de la justice et des cultes.

Signé : BAROCHE.

LOI portant modification de la loi du 24 juillet 1867 sur les sociétés par actions.

Du 1er août 1893

Le Sénat et la Chambre des députés ont adopté,

Le Président de la République promulgue la loi dont la teneur suit :

ARTICLE PREMIER. — Les paragraphes 1 et 2 de l'article 1er de la loi du 24 juillet 1867 sont modifiés comme suit :

« § 1er. — Les sociétés en commandite ne peuvent diviser leur capital en actions ou coupons d'actions de moins de 25 fr. lorsque ce capital n'excède pas 200,000 fr., de moins de 100 fr. lorsque le capital est supérieur à 200,000 fr.

« § 2. — Elles ne peuvent être définitivement constituées qu'après la souscription de la totalité du capital et le versement en espèces, par chaque actionnaire, du montant des actions ou coupons d'actions souscrites par lui, lorsqu'elles n'excèdent pas 25 francs, et du quart au moins des actions lorsqu'elles sont de 100 francs et au-dessus. »

ART. 2. — L'article 3 est modifié comme suit :

Art. 3. — « Les actions sont nominatives jusqu'à leur entière libération. Les actions représentant des apports devront toujours être intégralement libérées au moment de la constitution de la société.

« Ces actions ne peuvent être détachées de la souche et ne sont négociables que deux ans après la constitution définitive de la société.

« Pendant ce temps, elles devront, à la diligence des administrateurs, être frappées d'un timbre indiquant leur nature et la date de cette constitution.

« Les titulaires, les cessionnaires intermédiaires et les souscripteurs sont tenus solidairement du montant de l'action.

« Tout souscripteur ou actionnaire qui a cédé son titre cesse, deux ans après la cession, d'être responsable des versements non encore appelés. »

ART. 3. — A l'article 8 sont ajoutées les dispositions suivantes :

« L'action en nullité de la société ou des actes et délibérations postérieurs à sa constitution n'est plus recevable lorsque, avant l'introduction de la demande, la cause de la nullité a cessé d'exister. L'action en responsabilité, pour les faits dont la nullité résultait, cesse également d'être recevable, lorsque, avant l'introduction de la demande, la cause de nullité a cessé d'exister, et en outre que trois ans se sont écoulés depuis le jour où la nullité était encourue.

« Si, pour couvrir la nullité, une assemblée générale devait être convoquée, l'action en nullité ne sera plus recevable à partir de la date de la convocation régulière de cette assemblée.

« Ces actions en nullité contre les actes constitutifs des sociétés sont prescrites par dix ans.

« Cette prescription ne pourra, toutefois, être opposée avant l'expiration des dix années qui suivront la promulgation de la présente loi. »

ART. 4. — Au paragraphe 1er de l'article 27, est ajouté ce qui suit :

« Tous propriétaires d'un nombre d'actions inférieur à celui déterminé pour être admis dans l'assemblée pourront se réunir pour former le nombre nécessaire et se faire représenter par l'un d'eux. »

ART. 5. — Dans le paragraphe 1er de l'article 42, aux mots : « responsables solidairement envers les tiers sans préjudice du droit des actionnaires », sont substitués les termes suivants : « responsables solidairement envers les tiers et les actionnaires du dommage résultant de cette annulation. »

Au même article est ajouté le paragraphe suivant :

« L'action en nullité et celle en responsabilité en résultant sont soumises aux dispositions de l'article 8 ci-dessus. »

ART. 6. — Sont ajoutées à la loi les dispositions suivantes :

DISPOSITIONS DIVERSES

ART. 68. — Quel que soit leur objet, les sociétés en commandite ou anonymes qui seront constituées dans les formes du Code de commerce ou de la présente loi seront commerciales et soumises aux lois et usages du commerce.

ART. 69. — Il pourra être consenti hypothèque au nom de toute société commerciale en vertu des pouvoirs résultant de son acte de formation même sous seing privé, ou des délibérations ou autorisations constatées dans les formes réglées par ledit acte. L'acte d'hypothèque sera passé en forme authentique, conformément à l'article 2127 du Code civil.

ART. 70. — Dans les cas où les sociétés ont continué à payer les intérêts ou dividendes des actions, obligations ou tous autres titres remboursables par suite d'un tirage au sort, elles ne peuvent répéter ces sommes lorsque le titre est présenté au remboursement.

ART. 71. — Dans l'article 50, paragraphe 1er, sont supprimés les mots : « ils ne pourront être inférieurs à 50 fr. »

DISPOSITIONS TRANSITOIRES

ART. 7. — Pour les sociétés par actions en commandite ou anonymes déjà existantes, sans distinction entre celles antérieures à la loi du 24 juillet 1867 et celles postérieures, il n'est pas dérogé à la faculté qu'elles peuvent avoir de convertir leurs actions en titres au porteur avant libération intégrale.

Quant aux actions nominatives des mêmes sociétés, les deux ans après lesquels tout souscripteur ou actionnaire qui a cédé son titre cesse d'être responsable des versements non appelés ne courront, à l'égard des créanciers antérieurs à la présente loi, qu'à partir de l'entrée en vigueur de la loi, et sauf application de l'article 2257 du Code civil pour les créances conditionnelles ou à terme et les actions en garantie.

Les dispositions de l'article 8 et celles de l'article 42 s'appliquent aux sociétés déjà constituées sous l'empire de la loi du 24 juillet 1867.

Dans les mêmes sociétés, l'action en nullité résultant des articles 7 et 41 ne sera plus recevable si les causes de nullité ont cessé d'exister au moment de la présente loi.

En tout cas, l'action en responsabilité pour les faits dont la nullité résultait ne cessera d'être recevable que trois ans après la présente loi.

Les sociétés civiles actuellement constituées sous d'autres formes pourront, si leurs statuts ne s'y opposent pas, se transformer en sociétés en commandite ou en sociétés anonymes par décision d'une assemblée générale spécialement convoquée et réunissant les conditions tant de l'acte social que de l'article 31 ci-dessus.

La présente loi, délibérée et adoptée par le Sénat et par la Chambre des députés, sera exécutée comme loi de l'Etat.

Fait à Paris, le 1er août 1893.

CARNOT.

Par le Président de la République :
Le Garde des sceaux, Ministre de la Justice,
E. GUÉRIN.

DÉCRET qui fixe les conditions exigées des Sociétés d'ouvriers français pour pouvoir soumissionner les travaux et fournitures faisant l'objet des adjudications de l'Etat.

Du 4 juin 1888.

Le Président de la République française,

Sur les rapports des Ministres des Finances et de l'Intérieur,

Vu l'avis de la commission instituée, à la date du 20 mars 1882, pour l'étude de diverses questions relatives aux sociétés ouvrières ;

Vu l'article 12 de la loi du 31 janvier 1833 ;

Vu le décret du 31 mai 1862 portant règlement sur la comptabilité publique ;

Vu le décret du 18 novembre 1882, relatif aux adjudications et aux marchés passés au nom de l'Etat ;

Le Conseil d'Etat entendu,

Décrète :

ART. 1er. — Les adjudications et marchés de gré à gré, passés au nom de l'Etat, sont, autant que possible, divisés en plusieurs lots, selon l'importance des travaux ou des fournitures, ou en tenant compte de la nature des professions intéressées.

Dans le cas où tous les lots ne seraient pas adjugés, l'administration aura la faculté soit de traiter à l'amiable pour les lots non adjugés, soit de remettre en adjudication l'ensemble de l'entreprise ou les lots non adjugés, en les groupant, s'il y a lieu.

ART. 2. — Les sociétés d'ouvriers français, constituées dans l'une des formes prévues par l'article 19 du Code de commerce ou par la loi du 24 juillet 1867, peuvent soumissionner, dans les conditions ci après déterminées, les travaux ou fournitures faisant l'objet des adjudications de l'État.

Des marchés de gré à gré peuvent également être passés avec ces sociétés pour les travaux ou fournitures dont la dépense totale n'excède pas vingt mille francs (20,000 fr.).

ART. 3. — Pour être admis à soumissionner, soit par voie d'adjudication publique, soit par voie de marché de gré à gré, les entreprises de travaux publics ou de fournitures, les sociétés devront préalablement produire :

1° La liste nominative de leurs membres ;

2° L'acte de société ;

3° Des certificats de capacité délivrés aux gérants administrateurs ou autres associés spécialement délégués pour diriger l'exécution des travaux ou fournitures qui font l'objet du marché et assister aux opérations destinées à constater les quantités d'ouvrage effectué ou de fournitures livrées.

Les sociétés indiqueront, en outre, le nombre minimum de sociétaires qu'elles s'engagent à employer à l'exécution du marché.

En cas d'adjudication, les pièces justificatives, exigées par le présent article, seront produites dix jours au moins avant celui de l'adjudication.

ART. 4. — Les sociétés d'ouvriers sont dispensées de fournir un cautionnement, lorsque le montant prévu des travaux ou fournitures faisant l'objet du marché ne dépasse pas cinquante mille francs (50,000 fr.).

ART. 5. — A égalité de rabais entre une soumission d'entrepreneur ou fournisseur et une soumission de société d'ouvriers, cette dernière sera préférée.

Dans le cas où plusieurs sociétés d'ouvriers offriraient le même rabais, il sera procédé à une réadjudication entre ces sociétés sur de nouvelles soumissions.

Si les sociétés se refusaient à faire de nouvelles offres, ou si les nouveaux rabais ne différaient pas, le sort en déciderait.

ART. 6. — Des acomptes sur les ouvrages exécutés ou les fournitures livrées sont payés tous les quinze jours aux sociétés d'ouvriers, sauf les retenues prévues par les cahiers des charges.

ART. 7. — Les sociétés d'ouvriers sont soumises aux clauses

et conditions générales imposées aux entrepreneurs de travaux et fournitures par les différents départements ministériels, en tout ce qu'elles n'ont pas de contraire au présent décret,

Art. 8. — Les dispositions du présent décret ne sont pas applicables aux marchés ou adjudications qui concernent les travaux ou fournitures de la guerre et de la marine, lorsque l'application de ces dispositions paraîtra au Ministre préjudiciable aux intérêts du service.

Art. 9. — Les Ministres de l'Intérieur et des Finances sont chargés, chacun en ce qui le concerne, de l'exécution du présent décret, qui sera inséré au *Journal officiel* et au *Bulletin des lois*.

Fait à Paris, le 4 juin 1888.

Signé : CARNOT.

Le ministre des finances,
Signé : PEYTRAL.

Le Président du Conseil, ministre de l'intérieur,
Signé : CH. FLOQUET.

AVIS DU CONSEIL D'ÉTAT sur la question de savoir si le décret du 4 juin 1888, relatif à la participation des Sociétés d'ouvriers français, aux marchés de travaux et de fournitures passés au nom de l'Etat, est également applicable au nom des départements.

Du 27 Juin 1889

Le Conseil d'Etat, qui, sur le renvoi ordonné par le Ministre de l'Intérieur, a été consulté sur la question de savoir si le décret du 4 juin 1888, relatif à la participation des Sociétés d'ouvriers français aux marchés de travaux et de fournitures passés au nom de l'Etat, est également applicable aux marchés passés au nom des départements.

Considérant que, si les marchés de l'Etat et ceux des communes et des établissements de bienfaisance sont aujourd'hui respectivement régis par les règlements d'administration publique du 18 novembre 1882 et du 14 novembre 1837, aucun règlement spécial n'est intervenu jusqu'à ce jour sur les marchés passés au nom des départements;

Considérant que ces marchés, en l'absence d'une réglementation qui leur soit propre, ont toujours été assimilés aux marchés de l'Etat, régis par les mêmes règles générales et soumis, en principe, aux mêmes formalités;

Considérant que, sous l'empire de l'ordonnance du 4 décembre 1836, un complet accord existait sur ce point tant dans la doctrine que dans la jurisprudence administrative et contentieuse affirmée par les circulaires du Ministre de l'Intérieur, en date des 26 décembre 1838 et 5 mai 1852, et par les décisions du Conseil d'Etat statuant au contentieux du 1er septembre 1841 (département de Seine-et-Oise) et du 21 février 1845 (Giraud); que cette jurisprudence a d'ailleurs été ultérieurement consacrée par le décret du 31 mai 1862 sur la comptabilité publique, qui, après avoir reproduit dans les articles 61 à 81 les dispositions de l'ordonnance du 4 décembre 1836, déclarait dans l'article 480 applicables aux dépenses des départements les règles prescrites pour les dépenses générales de l'Etat, sauf en ce qui concerne la déchéance quinquennale;

Considérant, à la vérité, que les lois de décentralisation du 18 juillet 1866 et du 10 août 1871 ont transféré aux Conseils généraux le pouvoir de statuer définitivement sur les projets, plans et devis des travaux des routes départementales et de tous les autres travaux à exécuter sur les fonds départementaux; mais que ce changement de compétence n'a pas entraîné la modification des règles antérieures relatives soit aux mesures d'instruction, soit aux mesures d'exécution, qui d'ailleurs appartiennent en principe aux préfets, par application de l'article 2 de la loi du 10 août 1871; qu'il a toujours été admis, au contraire, comme l'ont affirmé notamment les circulaires du Ministre de l'Intérieur, en date des 4 août 1866 et 25 mars 1872, sans qu'aucune contestation se soit élevée à cet égard, que les nouveaux pouvoirs conférés aux Conseils généraux doivent s'exercer sous l'empire des règles qui s'imposaient à l'administration avant les lois de décentralisation précitées;

Considérant que, de tout ce qui précède, il résulte que l'assimilation dont il s'agit s'est poursuivie sans interruption jusqu'au décret du 18 novembre 1882, qui a remplacé l'ordonnance du 4 décembre 1836 et abrogé les articles 68 à 81 du décret du 31 mai 1862, que ce décret de 1882 ne contient aucune réserve relative à ladite assimilation, et qu'il est dès lors rationnel d'admettre que celle-ci continue d'exister;

Considérant, d'autre part, que le décret du 4 juin 1888 a été rendu sur le rapport du Ministre des finances et par application de l'article 12 de la loi du 31 janvier 1833, c'est-à-dire dans la même forme et en vertu de la même délégation que le décret du 18 novembre 1882, qui figure d'ailleurs parmi les visas de ce décret.

Considérant, en outre, que le décret du 4 juin 1888, qui a pour but de faciliter aux sociétés d'ouvriers français la participation aux marchés de l'Etat, édicte des règles générales applicables à tous ces marchés, sauf la restriction prévue par l'article 8 et relative aux marchés de la Guerre et de la Marine.

Considérant que, dans ces conditions, le décret dont il s'agit constitue en réalité une annexe du décret du 18 novembre 1882, et qu'il doit être regardé, de même que ce dernier, comme applicable de plein droit, en l'absence de toute clause restrictive, aux marchés passés au nom des départements.

Est d'avis :

Qu'il y a lieu de répondre à la question posée par le Ministre dans le sens des observations qui précèdent.

Cet avis a été délibéré et adopté par le Conseil d'Etat dans sa séance du 27 juin 1889.

Le Conseiller d'État, Rapporteur,
  Signé : PIERRE CHABROL.

    Le Vice-Président du Conseil d'Etat,
     ED. LAFERRIÈRE.

Le Maître des Requêtes, Secrétaire général du Conseil,
  ABEL FLOURENS.

LOI qui admet les Associations ouvrières françaises aux marchés de travaux et de fournitures à passer pour le compte des communes.

Du 29 Juillet 1893.

Le Sénat et la Chambre des députés ont adopté,

Le Président de la République promulgue la loi dont la teneur suit :

ARTICLE UNIQUE. — Les associations d'ouvriers français sont admises aux adjudications des travaux communaux dans les conditions déterminées par le décret du 4 juin 1888, relatif à la participation des sociétés françaises d'ouvriers aux adjudications et marchés passés au nom de l'Etat.

La présente loi, délibérée et adoptée par le Sénat et par la Chambre des députés, sera exécutée comme loi de l'Etat.

Fait à Paris, le 29 juillet 1893.

     Signé : CARNOT.

Le Président du Conseil, ministre de l'intérieur,
  Signé : CH. DUPUY.

LOI sur les caisses de secours et de retraites des ouvriers mineurs.

Du 29 Juin 1894.

Le Sénat et la Chambre des députés ont adopté,

Le Président de la République promulgue la loi dont la teneur suit :

TITRE Iᵉʳ.

Dispositions générales

ARTICLE PREMIER. — Dans le délai de six mois à partir de la promulgation de la présente loi, les exploitants des mines, et les ouvriers et employés de ces exploitations, seront soumis aux obligations et jouiront des avantages édictés par les titres II et III ci-après, pour ce qui touche l'organisation et le fonctionnement des caisses de retraites et des caisses de secours.

Les employés et ouvriers dont les appointements dépassent deux mille quatre cents francs (2,400 fr.) ne bénéficieront que jusqu'à concurrence de cette somme des dispositions de la présente loi.

TITRE II

Des Pensions de retraite

Art. 2. — L'exploitant versera chaque mois, soit à la caisse nationale des retraites pour la vieillesse, soit dans une des caisses prévues à l'article 4, pour la formation du capital constitutif de pensions de retraite, une somme égale à quatre pour cent (4 0/0) du salaire des ouvriers ou employés, dont moitié à prélever sur le salaire et moitié à fournir par l'exploitant lui-même.

Les versements pourront être augmentés par l'accord des deux parties intéressées. Ces versements seront inscrits sur un livret individuel au nom de chaque ouvrier ou employé. Ils seront faits à capital aliéné. Toutefois, si le titulaire du livret le demande, le versement de la part prélevée sur son salaire sera fait à capital réservé.

L'exploitant pourra prendre à sa charge une fraction supérieure à la moitié du versement ou sa totalité.

Art. 3. — Les pensions sont acquises et liquidées dans les conditions prévues à la loi du 20 juillet 1886 sur la caisse nationale des retraites pour la vieillesse.

L'entrée en jouissance est fixée à cinquante-cinq ans; elle pourra être différée sur la demande de l'ayant droit, mais les versements cesseront, à partir de cet âge, d'être obligatoires.

Art. 4. — Les exploitants de mines pourront obtenir l'autorisation de créer des caisses syndicales ou patronales de retraites pour les ouvriers ou employés occupés dans leurs exploitations.

L'autorisation sera donnée par décret rendu dans la forme des règlements d'administration publique. Le décret fixera les limites du district, les conditions du fonctionnement de la caisse et son mode de liquidation. Il prescrira également les mesures à prendre pour assurer le transfert, soit à une autre caisse syndicale ou patronale, soit à la caisse nationale des retraites pour la vieillesse, des sommes inscrites au livret de chaque intéressé.

Les fonds versés par les exploitants dans la caisse syndicale ou patronale devront être employés en rentes sur l'Etat, en valeurs du Trésor ou garanties par le Trésor, en obligations départementales ou communales; les titres seront nominatifs.

La gestion des caisses syndicales ou patronales sera soumise à la vérification de l'inspection des finances et au contrôle du receveur particulier de l'arrondissement du siège de la caisse.

Art. 5. — Si des conventions spéciales interviennent entre les exploitants et leurs ouvriers ou employés dans le but d'assurer à ceux-ci, à leurs veuves ou à leurs enfants, soit un supplément de rente viagère, soit des rentes temporaires ou des indemnités déterminées d'avance, le capital formant la garantie des engagements résultant desdites conventions devra être versé ou représenté à la Caisse des Dépôts et Consignations ou dans les caisses à créer en vertu de l'article 4.

Les exploitants adresseront chaque année, par l'intermédiaire du préfet, au ministre des travaux publics, et dans les formes déterminées par lui, le compte rendu des mesures prises en exécution du précédent paragraphe.

TITRE III
Des Sociétés de secours

Art. 6. — La caisse de chaque société de secours sera alimentée par :

1° Un prélèvement sur le salaire de chaque ouvrier ou employé, dont le montant sera fixé par le conseil d'administration de la société, sans pouvoir dépasser deux pour cent (2 0/0) du salaire ;

2° Un versement de l'exploitant égal à la moitié de celui des ouvriers ou employés ;

3° Les sommes allouées par l'Etat sur les fonds de subventions aux sociétés de secours mutuels ;

4° Les dons et legs ;

5° Le produit des amendes encourues pour infraction aux statuts et de celles infligées aux membres participants par application du règlement intérieur de l'entreprise.

Art. 7. — Les statuts des sociétés de secours doivent fixer : 1° la nature et la quotité des secours et des soins à donner aux membres participants que la maladie ou des infirmités empêcheraient de travailler ; 2° en cas de décès des membres participants, la nature et la quotité des subventions à allouer à leurs familles ou ayants droit.

Les statuts peuvent autoriser l'allocation de secours en argent et de soins médicaux et pharmaceutiques aux femmes et enfants des membres participants et à leurs ascendants. Ils peuvent aussi prévoir des secours journaliers en faveur des femmes et des enfants des réservistes de l'armée active et des hommes de l'armée territoriale appelés à rejoindre leur corps, enfin des allocations exceptionnelles et renouvelables en faveur des veuves ou orphelins d'ouvriers ou employés décédés, après avoir participé à la société de secours.

Art. 8. — En cas de maladie entraînant une incapacité de travail de plus de quatre jours, avec suppression de salaire, la caisse de la société de secours versera, à la fin de chaque semestre, au compte individuel du sociétaire participant à une caisse de retraites, une somme au moins égale à cinq pour cent (5 0/0) de l'indemnité de maladie prévue par les statuts.

L'obligation de ce versement cessera avec l'indemnité de maladie elle-même.

Art. 9. — A défaut d'accord entre les intéressés, la circonscription de chaque société de secours sera fixée par un décret rendu en conseil d'Etat.

Une même exploitation pourra être divisée en plusieurs circonscriptions de secours.

Une seule société pourra être établie pour les concessions ou exploitations voisines, appartenant soit à un seul exploitant, soit à plusieurs concessionnaires.

Les industries annexes des exploitations de mines pourront, à la demande des parties intéressées, et sous l'autorisation du Ministre des travaux publics, être agrégées aux circonscriptions des sociétés de secours des mines.

Art. 10. — La société est administrée par un conseil composé de neuf membres au moins.

Un tiers des membres est désigné par l'exploitant; les deux autres tiers sont élus par les ouvriers ou employés parmi les membres participants dans les conditions indiquées aux articles suivants.

Il sera procédé en même temps, et dans les mêmes conditions, à la nomination de trois membres suppléants destinés à remplacer, en cas d'absence ou de vacance, les membres titulaires.

Si l'exploitant renonce, au moment d'une élection, à faire usage en tout ou en partie de la faculté qui lui est réservée par le précédent paragraphe, les membres du conseil non désignés par l'exploitant sont élus par les ouvriers et employés.

Les décisions prises par le conseil ne sont valables que si plus des deux tiers des suffrages ont été exprimés; néanmoins, après une seconde convocation faite dans la forme ordinaire, les décisions sont prises à la majorité, quel que soit le nombre des suffrages exprimés.

Le conseil nomme parmi ses membres un président, un secrétaire, un trésorier.

Art. 11. — Sont électeurs tous les ouvriers et employés, du fond et du jour, Français, jouissant de leurs droits politiques, inscrits sur la feuille de la dernière paye.

Sont éligibles, à la condition de savoir lire et écrire, et, en outre, de n'avoir jamais encouru de condamnations aux termes des dispositions, soit de la présente loi, soit de la loi du 21 avril 1810 et du décret du 18 janvier 1813, soit des articles 414 et 415 (1) du Code pénal, les électeurs âgés de vingt-cinq ans accomplis occupés depuis plus de cinq ans dans l'exploitation à laquelle se rattache la société de secours. Toutefois, dans les cinq premières années de l'exploitation, le nombre des années de service exigées sera réduit à la durée de l'exploitation elle-même.

Les électeurs sont convoqués pour la première fois par un

____

(1) Voir page 200, la teneur de ces articles.

arrêté du préfet qui fixe la date de l'élection, ainsi que les heures d'ouverture et de fermeture du scrutin.

Le vote a lieu à la mairie de la commune désignée dans l'arrêté de convocation parmi celles sur le territoire desquelles s'étend la circonscription. Le bureau électoral est présidé par le maire.

L'arrêté est publié et affiché, dans les communes intéressées, quinze jours au moins avant l'élection. Il est notifié à l'exploitant.

Dans les huit jours qui suivent cette notification, les listes électorales de la circonscription sont affichées, à la diligence de l'exploitant, aux lieux habituels pour les avis donnés aux ouvriers.

Un double de ces listes est, par les soins de l'exploitant, remis au maire qui est chargé de présider le bureau.

Sera puni des peines prévues aux articles 93 et suivants de la loi du 21 avril 1810 l'exploitant qui refuserait ou négligerait de se conformer aux prescriptions qui précèdent.

Le préfet peut, en outre, faire dresser et afficher les listes électorales aux frais de l'exploitant; les frais rendus exécutoires par le préfet seront recouvrés comme en matière de contributions publiques.

Les opérations électorales subséquentes ont lieu dans le local indiqué, suivant les formes et aux conditions prescrites par les statuts.

Art. 12. — Le vote a toujours lieu. au scrutin de liste, un dimanche. Nul n'est élu au premier tour de scrutin s'il n'a obtenu la majorité absolue des suffrages exprimés et un nombre de voix égal au quart du nombre des électeurs inscrits. Au deuxième tour de scrutin, auquel il doit être procédé le dimanche suivant, la majorité relative suffit. En cas d'égalité de suffrages, le plus âgé des candidats est élu.

Les membres du conseil sont élus pour trois ans et renouvelables par tiers chaque année.

Il est pourvu, dans les six mois qui suivent la vacance, au remplacement des membres décédés, démissionnaires ou déchus des qualités requises pour l'éligibilité. Les nouveaux élus sont nommés pour le temps restant à courir jusqu'au terme assigné aux fonctions de ceux qu'ils remplacent.

Art. 13. — Les contestations sur la formation des listes et sur la validité des opérations électorales sont portées, dans le délai de quinze jours à dater de l'élection, devant le juge de paix de la commune où les opérations ont eu lieu. Elles sont introduites par simple déclaration au greffe.

Le juge de paix statue dans les quinze jours de cette déclaration, sans frais ni forme de procédure et sur simple avertissement donné trois jours à l'avance à toutes les parties intéressées.

La décision du juge de paix est en dernier ressort, mais elle peut être déférée à la Cour de Cassation.

Le pourvoi n'est recevable que s'il est formé dans les dix jours de la notification de la décision. Il n'est pas suspensif. Il est formé par simple requête déposée au greffe de la justice de paix, dénoncée aux défendeurs dans les dix jours qui suivent. Il est dispensé du ministère d'un avocat à la Cour et jugé d'urgence sans frais ni amende.

Les pièces et mémoires fournis par les parties sont transmis sans frais par le greffier de la justice de paix au greffier de la Cour de Cassation. La Chambre des requêtes statue définitivement sur le pourvoi.

Tous les actes sont dispensés du timbre et enregistrés gratis.

ART. 14. — Les statuts sont dressés par le premier conseil; ils sont soumis, par l'intermédiaire du préfet, à l'approbation du ministre des travaux publics. Après l'approbation, ils sont notifiés à l'exploitant.

La décision du ministre peut être déférée au Conseil d'Etat, au contentieux. Le recours est dispensé des droits de timbre et d'enregistrement et peut être formé sans ministère d'avocat.

Toute modification aux statuts comporte une nouvelle approbation ministérielle. Les statuts sont affichés en permanence, par les soins de l'exploitant, aux lieux habituels des avis donnés aux ouvriers. Un exemplaire en est remis par l'exploitant, comme récépissé, à chaque ouvrier ou employé lors de l'embauchage.

ART. 15. — Les sociétés de secours sont tenues de communiquer leurs livres, procès-verbaux et pièces comptables de toute nature au préfet et aux ingénieurs des mines. Cette communication a lieu sans déplacement, sauf dans le cas où il en serait ordonné autrement par arrêté du préfet.

Les sociétés adressent chaque année, par l'intermédiaire du préfet, aux ministres des travaux publics et de l'intérieur, et dans les formes déterminées par eux, le compte rendu de leur situation financière et un état des cas de maladie ou de mort éprouvés par les participants dans le cours de l'année.

ART. 16. — A la fin de chaque année, le conseil d'administration fixe, sur les excédents disponibles, les sommes à laisser dans la caisse pour en assurer le service, et celles à déposer à la Caisse des Dépôts et Consignations. Ce dépôt devra être effectué par le conseil d'administration dans le délai d'un mois, sous la responsabilité solidaire de ses membres, sans préjudice, le cas échéant, de l'application de l'article 408 du Code pénal.

Les administrations qui auraient effectué ou laissé effectuer un emploi de fonds non autorisés par les statuts encourent la même responsabilité et les mêmes pénalités.

Le total de la réserve ne pourra dépasser le double des recettes de l'année.

ART. 17. — Dans le cas d'inexécution des statuts ou de violation des dispositions de la présente loi, la dissolution du Conseil d'administration peut être prononcée par le ministre des travaux publics, après avis du conseil général des mines, sans préjudice de la responsabilité civile ou pénale encourue par les administrateurs.

Les électeurs devront être réunis pour procéder à la nomination du nouveau conseil, au plus tard dans un délai de deux mois. Dans l'intervalle, la caisse sera gérée par un délégué du préfet.

Art. 18. — Les sociétés de secours actuellement existantes, et dont les statuts sont régulièrement approuvés par l'autorité administrative conserveront leur organisation et leur mode de fonctionnement pour ce qui touche les obligations du présent titre, sauf dans le cas où leur transformation serait reconnue nécessaire par le ministre des travaux publics, sur l'avis du conseil général des mines.

Elles jouiront d'ailleurs des recettes prévues par l'article 6 qui précède.

Art. 19. — Les statuts pourront décider que le service des secours sera confié à une compagnie d'assurances.

Art. 20. — Les sociétés régulièrement constituées en conformité des articles qui précèdent bénéficieront des dispositions des lois sur les sociétés de secours mutuels et seront soumises aux obligations découlant de ces lois.

TITRE IV

Dispositions transitoires et règlementaires

Art. 21. — Les pensions déjà acquises à un titre quelconque, dont le service incombe à l'exploitant, seront fournies comme précédemment, suivant les règlements particuliers de l'entreprise.

Art. 22. — Le montant des pensions en cours d'acquisition, dont le service incombe à l'exploitant, sera calculé par application des règlements ou des usages en vertu desquels ces pensions étaient précédemment accordées.

Si la rente acquise à raison des versements effectués en exécution de l'article 2 est inférieure au montant de la pension calculée comme il vient d'être dit, la différence restera à la charge de l'exploitant.

Il pourra être dérogé aux dispositions des deux paragraphes qui précèdent par des conventions librement intervenues entre leurs exploitants et leurs ouvriers ou employés.

Art. 23. — A partir de la mise en application de la présente loi, les caisses de prévoyance précédemment organisées avec le concours des ouvriers et employés, en vue d'assurer des secours et de constituer des rentes temporaires, des pensions de retraite d'âge, d'invalidité ou d'accidents, fonctionneront exclusivement pour l'exécution des engagements antérieurement contractés par lesdites caisses en ce qui concerne tant les pensions acquises à un titre quelconque que les pensions de retraite en cours d'acquisition.

Toutefois, dans le premier mois, les caisses assureront les secours et les soins aux malades en traitement.

Art. 24 — Les intéressés seront appelés à se prononcer, dans un délai maximum de six mois, sur les mesures à prendre à raison des engagements précités, et sur le mode de réalisation des mesures nécessaires.

A défaut d'entente entre les exploitants, d'une part, et la majorité des ouvriers et employés, d'autre part, les deux parties pourront décider que le règlement des mesures à prendre et la fixation des versements à opérer seront confiés à la commission arbitrale instituée par l'article 26 ci-après.

Si les exploitants et la majorité des ouvriers et employés ne peuvent se mettre d'accord dans le délai de six mois sus-indiqué, ni sur les mesures à adopter, ni sur le recours à la commission arbitrale, les tribunaux nommeront, à la requête de la partie la plus diligente, un liquidateur chargé d'assurer, au mieux des intérêts en présence, la liquidation de la caisse de prévoyance.

Le rapport du liquidateur sera soumis à l'homologation du tribunal.

Art. 25. — Tout ouvrier ou employé au profit duquel une pension de retraite d'âge ou d'invalidité est actuellement en cours d'acquisition sera dispensé de la retenue prescrite par l'article 2, s'il déclare devant le maire de la commune de sa résidence qu'il entend renoncer au bénéfice de cet article.

Il lui sera délivré récépissé de cette déclaration.

Dans ce cas et pendant toute la durée de la renonciation, l'exploitant sera également dispensé du versement qui lui incombe aux termes du même article 2.

Art. 26. — La commission arbitrale prévue par l'article 24 sera composée de sept membres permanents, nommés :

Deux par le conseil général des mines ;

Deux par la commission supérieure de la caisse nationale des retraites pour la vieillesse ;

Deux par la Cour d'appel de Paris, parmi les conseillers de la cour ;

Un par la Cour des Comptes, parmi les conseillers de la cour ;

La commission élira son président et son secrétaire ; elle siégera au ministère des travaux publics ; ses fonctions seront gratuites.

Le nombre des membres de la commission arbitrale sera porté à neuf par l'adjonction dans chaque affaire de deux membres désignés : l'un par les exploitants, l'autre par la majorité des ouvriers et employés.

La procédure se fera sans frais d'aucune sorte ; tous actes, documents et pièces quelconques à produire seront dispensés du timbre et enregistrés gratis.

Art. 27. — Pour les différends qui naîtraient de l'exécution de la présente loi et qui seraient déférés aux tribunaux civils, il sera statué comme en matière sommaire et jugé d'urgence.

Les intéressés bénéficieront de l'assistance judiciaire.

Tous actes, documents et pièces quelconques à produire seront dispensés du timbre et enregistrés gratis.

Les intéressés agissant en nom collectif seront représentés par un mandataire nommé par eux à la majorité des voix, sans préjudice, pour chacun d'eux, du droit d'intervention individuelle.

Art. 28. — Le capital constitutif des rentes incombant soit aux exploitants, soit aux caisses de prévoyance, pourra être déposé, en totalité ou par années successives, à la Caisse nationale des retraites pour la vieillesse qui devra, en ce cas, inscrire les rentes au livret individuel de chaque ayant droit et en effectuer le payement à partir de l'âge fixé pour l'entrée en jouissance.

Art. 29. — Un règlement d'administration publique déterminera : la procédure à suivre pour l'introduction, l'instruction et la solution des affaires soumises à la commission arbitrale ; le nombre, le mode de nomination et les attributions des auxiliaires de l'instruction ; le mode de nomination du mandataire prévu à l'article 27, et, d'une manière générale, les mesures nécessaires à l'application de la présente loi.

Art. 30. — Les infractions aux dispositions de l'article 5, paragraphe 2, et des articles 15 et 23 seront punies d'une amende de seize à deux cents francs (16 à 200 fr.).

En cas de mauvaise foi, le chiffre de l'amende pourra être porté à cinq cents francs (500 fr.). Les infractions pourront être constatées, concurremment avec les officiers de police judiciaire, par les ingénieurs et contrôleurs des mines.

Art. 31. — Les exploitations de minières et carrières souterraines ou à ciel ouvert pourront être assimilées aux exploitations de mines pour l'application de la présente loi, en vertu de décrets rendus en Conseil d'Etat, sur la proposition du Ministre des travaux publics.

La présente loi, délibérée et adoptée par le Sénat et par la Chambre des députés, sera exécutée comme loi de l'Etat.

Fait à Paris, le 29 Juin 1894.

Signé : CASIMIR-PÉRIER.

Le Ministre des Finances,

Signé : R. POINCARÉ.

Le Président du Conseil,

Ministre de l'Intérieur,

Signé : CH. DUPUY.

Le Ministre des Travaux publics,

Signé : LOUIS BARTHOU.

DÉCRET portant Règlement d'administration publique pour l'exécution de la loi du 29 juin 1894, sur les Caisses de secours et de retraite des Ouvriers mineurs.

Du 25 Juillet 1894

Le Président de la République Française,

Sur le rapport du Ministre des Travaux Publics ;

Vu la loi du 29 juin 1894 sur les caisses de secours et de retraite des ouvriers mineurs, et notamment l'article 29, ainsi conçu : « Un règlement d'administration publique déterminera la procédure à suivre pour l'introduction, l'instruction et la solution des affaires soumises à la Commission arbitrale ; le nombre, le mode de nomination et les attributions des auxiliaires de l'instruction, le mode de nomination du mandataire prévu à l'article 27, et, d'une manière générale, les mesures nécessaires à l'application des prescriptions de là présente loi » ;

Le Conseil d'Etat entendu,

DÉCRÈTE :

TITRE PREMIER

De la transformation des anciennes Caisses et du recours à la Commission arbitrale.

ARTICLE PREMIER. — Dans le délai d'un mois à partir de la promulgation du présent décret, le Conseil d'administration de chacune des Caisses de Prévoyance mentionnées dans l'article 23 de la loi du 29 juin 1894 arrête, l'exploitant entendu, un projet de règlement sur les mesures à prendre à raison des engagements antérieurs de la caisse et sur le mode de réalisation des ressources nécessaires.

Ce projet est notifié à l'exploitant.

ART. 2. — Si l'exploitant donne son adhésion au projet de règlement proposé, il en fait afficher le texte, pendant une semaine, aux lieux habituels pour les avis donnés aux ouvriers.

Pendant le même délai, il est ouvert, au siège habituel du Conseil d'administration, un registre où tous les intéressés peuvent consigner leurs observations.

Si, à la suite de cette enquête, l'accord s'établit entre l'exploitant et le Conseil d'administration sur les modifications à introduire dans le projet de règlement, le texte est amendé en conséquence et affiché de nouveau, à la diligence de l'exploitant, pendant une semaine, comme il est dit au paragraphe Ier.

Le texte définitif est soumis au vote des ouvriers et employés dans les formes prescrites aux articles 4 à 6 ci-après.

ART. 3. — Faute par le Conseil d'administration d'avoir notifié son projet de règlement à l'exploitant dans le délai d'un mois, l'exploitant peut dresser et notifier au Conseil d'Administration, dans un délai maximum de deux semaines, le projet de règlement qu'il entend proposer.

Ce projet est soumis à l'instruction réglée par l'article 2.

Art. 4. — Ont droit de voter, les ouvriers et anciens ouvriers, employés et anciens employés du fond et du jour, majeurs, des deux sexes, qui ont sur la caisse, à raison de son fonctionnement dans le passé, soit des droits acquis, soit des droits en cours d'acquisition, et ceux qui seraient appelés, s'il y a lieu, par le règlement, à contribuer à la constitution des ressources nécessaires au fonctionnement de la caisse dans l'avenir.

Art. 5. — Le Conseil d'Administration dresse la liste des personnes ayant droit de voter, fixe les jours, lieu et heure du vote pour chaque section, et désigne la section chargée de centraliser les résultats du vote.

Le jour choisi ne peut être qu'un dimanche.

La liste et l'avis de convocation sont affichés, une semaine au moins à l'avance, par les soins de l'exploitant, aux lieux habituels pour les avis donnés aux ouvriers et employés.

Les réclamations concernant la liste sont adressées au Conseil d'Administration qui opère les rectifications nécessaires.

Art. 6. — Le vote a lieu au scrutin secret, par oui ou par non.

Chaque bureau est présidé par un membre du Conseil d'Administration de la caisse, commis à cet effet par celui-ci et désigné dans l'avis de convocation.

A défaut d'un de ses membres, le Conseil peut désigner un des votants de la section pour présider le bureau.

Le président est assisté du plus âgé et du plus jeune des votants présents au moment de la formation du bureau.

Aussitôt après avoir été proclamés, les résultats du vote de chaque section sont transmis à la section centrale, dont le président proclame le résultat général.

Ce résultat est immédiatement affiché comme il est dit à l'article 2.

Chaque bureau dresse en double exemplaire le procès-verbal de ses opérations; il y consigne, outre ses observations, les réclamations qui lui ont été présentées.

Procès-verbal spécial est dressé, par le bureau de la section centrale, pour la proclamation du résultat général.

Art. 7. — Le règlement n'est définitivement adopté que s'il a réuni la majorité absolue des personnes inscrites sur la liste.

Art. 8. — Le règlement adopté est certifié, en triple exemplaire, par le Conseil d'Administration de la caisse et par l'exploitant.

Un exemplaire est déposé au Greffe de la Justice de Paix du siège principal de l'exploitation, un autre est conservé par l'exploitant, et un troisième par le Conseil d'Administration.

Art. 9. — Si, dans un délai d'une semaine à partir de la notification qui lui est faite d'après l'article Ier, l'exploitant n'a pas donné son adhésion au règlement proposé par le Conseil d'Administration ou aux modifications introduites après l'enquête prescrite par l'article 2, les inscrits sont appelés par le Conseil d'Administration de la caisse, au moyen d'un avis affiché à la diligence de l'exploitant, une semaine d'avance et dans les formes prescrites aux articles 4 à 6, à voter sur le recours à la Commission arbitrale.

Il en est de même si le règlement proposé soit par le Conseil d'Administration, soit, à son défaut, par l'exploitant, n'a pas été ratifié par la majorité des inscrits.

Art. 10. — Une heure, au moins, avant qu'il soit procédé, dans aucune des sections de vote, à la clôture du scrutin, l'exploitant remet, sous pli cacheté, au bureau de la section centrale, une déclaration faisant connaître s'il accepte ou non le recours à la Commission arbitrale.

Le pli est ouvert immédiatement après la proclamation du résultat général.

La déclaration, dûment paraphée par le bureau, est mentionnée au procès-verbal auquel elle demeure annexée.

Art. 11. — En cas d'accord sur le recours à la Commission arbitrale et dans la semaine qui suit la proclamation du résultat général du scrutin, l'exploitant notifie, par écrit, au Conseil d'Administration de la caisse, le nom du membre de la Commission qu'il est appelé à désigner aux termes de l'article 26 de la loi du 29 juin 1894.

L'élection du membre qui doit, aux termes du même article, être désigné par la majorité des ouvriers et employés, a lieu à la majorité absolue, suivant les formes prescrites aux articles 4 à 6 du présent règlement.

Si le premier tour de scrutin n'a pas donné de résultats, il est procédé, le dimanche suivant, à un deuxième tour où l'élection a lieu à la majorité relative.

Art. 12. — En cas de décès ou de démission du membre élu par les inscrits, il est procédé à son remplacement, au plus tard dans le délai d'un mois, par voie d'élection, conformément à l'article précédent.

En cas de décès ou de démission du membre désigné par l'exploitant, celui-ci notifie, dans le même délai, tant au Ministre des Travaux Publics qu'au Conseil d'Administration de la caisse, le nom du membre choisi par lui pour remplacer le membre décédé ou démissionnaire.

Art. 13. — Nul ne peut être désigné comme membre de la Commission arbitrale s'il n'est Français, jouissant de ses droits civils et politiques.

Art. 14. — Dans les cas de recours à la Commission arbitrale, le Conseil d'administration de la Caisse transmet, sous bordereau récapitulatif, au Sous-Préfet :

1º Les Statuts de la Caisse, en vigueur au moment de la promulgation de la loi ;

2º La situation active et passive de la Caisse, à cette date ;

3º Le compte rendu des opérations de la Caisse, en recettes et en dépenses, pendant les dix derniers exercices ;

4º Le texte des diverses propositions de règlement rejetées par les intéressés ;

5º La notification adressée au Conseil par l'exploitant, à l'effet de désigner le membre appelé par celui-ci à siéger à la Commission arbitrale ;

6º L'original des procès-verbaux de toutes les opérations de vote auxquelles il a été procédé en vertu des articles précédents ; ensemble tous les documents relatifs à ces opérations.

Le Sous-Préfet donne récépissé du dépôt et le transmet au Préfet qui l'envoie au Ministre des Travaux publics.

TITRE II

De la Commission arbitrale

ART. 15. — Le Ministre des Travaux publics fait procéder par le Conseil général des Mines à la nomination de deux membres permanents de la Commission arbitrale et provoque, par l'intermédiaire des Ministres compétents, la nomination des autres membres.

Dès qu'il a reçu avis de toutes les nominations, il convoque les membres permanents et invite la Commission à se constituer.

La composition et la constitution de la Commission sont, par les soins du Ministre des Travaux publics, insérées au *Journal Officiel.*

ART. 16. — En cas de décès ou de démission de l'un des membres de la Commission, le Ministre des Travaux publics est immédiatement avisé par le Président. Il est pourvu, suivant les formes prévues au présent décret, au remplacement du membre décédé ou démissionnaire.

ART. 17. — Un ingénieur des mines, désigné par le Ministre des Travaux publics, est attaché à la Commission comme secrétaire-adjoint, avec voix consultative.

Un chef ou un sous-chef de bureau du Ministère des Travaux publics, également désigné par le Ministre, est chargé de la tenue des écritures et de la conservation des archives.

ART. 18. — Le Ministre des Travaux publics peut, sur la demande du Président, adjoindre, pour chaque affaire, à la Commission, en qualité d'auxiliaires de l'instruction, en vue de procéder à toutes enquêtes, constatations et vérifications de comptes, deux ingénieurs des mines et deux fonctionnaires de l'Administration des Finances, désignés par le Ministre des Finances.

Art. 19. — La Commission peut entendre toutes personnes et ordonner toutes enquêtes, vérifications et autres mesures d'instruction, soit par un de ses membres, soit par un des auxiliaires mentionnés à l'article précédent.

Art. 20. — La Commission ne peut statuer valablement qu'en nombre impair et lorsque cinq au moins de ses membres participent à la décision.

Si le nombre des membres présents est pair, le sort décide lequel des membres permanents doit s'abstenir.

Art. 21. — Les décisions sont notifiées en la forme administrative, tant à l'exploitant qu'au Conseil d'administration de la Caisse; elles sont portées à la connaissance du Ministre des Travaux publics. La décision définitive sur le fonds est, en outre, affichée par les soins de l'exploitant aux lieux habituels pour les avis donnés aux ouvriers et employés; il en est déposé une expédition au greffe de la Justice de Paix que cette décision aura indiquée.

TITRE III

Du Mandataire collectif

Art. 22. — Lorsque, par application de l'article 27, paragraphe 4, de la loi du 29 juin 1894, plusieurs intéressés veulent constituer un mandataire unique pour les représenter devant les tribunaux civils, ils présentent, à cet effet, au Juge de Paix du canton où se trouve le siège principal de l'exploitation de la mine, une requête signée de chacun d'eux indiquant la nature et les circonstances du différend ainsi que les noms, prénoms et domiciles de tous les signataires.

Art. 23. — Le Juge de Paix convoque les intéressés à l'effet d'élire leur mandataire collectif.

Les convocations sont faites par avis collectif affiché à la porte de la mairie du siège principal de l'exploitation, deux semaines au moins avant la réunion. Elles indiquent le jour, l'heure, le lieu et l'objet de la séance.

Art. 24. — Les intéressés peuvent se faire représenter par un fondé de pouvoirs, sans que le même mandataire puisse être porteur, au plus, de dix pouvoirs.

Art. 25. — Il est dressé, par les soins du Juge de Paix, une liste d'émargement d'après les énonciations de la requête.

Art. 26. — Le Juge de Paix préside la réunion. Avant l'ouverture du scrutin, il délivre à chaque intéressé un nombre de bulletins de vote paraphés, revêtus du timbre de la Justice de Paix, égal au nombre de voix dont celui-ci dispose soit en son nom personnel, soit comme fondé de pouvoirs.

Il appelle auprès de lui, comme assesseurs, le plus âgé et le plus jeune des signataires présents, et déclare le scrutin ouvert. Le bureau vérifie, d'après les signatures apposées au bas de la requête, tant les émargements que les pouvoirs, prononce la clôture du scrutin, procède au dépouillement et proclame le résultat de l'élection.

Art. 27. — Nul n'est élu mandataire collectif s'il n'a réuni la majorité absolue des intéressés ayant signé la requête.

Art. 28. — Le Juge de Paix dresse, en double exemplaire, un procès-verbal des opérations du scrutin. Ce procès-verbal contient la reproduction de la requête; il relate les observations et réclamations qui se seraient produites relativement aux opérations de vote. L'un des exemplaires est déposé au greffe de la Justice de Paix, l'autre est remis au mandataire élu et lui tient lieu de pouvoir.

Art. 29. — Nul ne peut être choisi comme mandataire collectif s'il n'est Français, jouissant de ses droits civils et politiques.

Art. 30. — Le Ministre des Travaux publics et le Ministre de la Justice sont chargés, chacun en ce qui le concerne, de l'exécution du présent décret, qui sera inséré au *Bulletin des Lois* et publié au *Journal Officiel.*

Fait à Paris, le 25 Juillet 1894.

Signé : CASIMIR-PERIER.

Le Ministre des Travaux publics,

Signé : Louis Barthou.

DÉCRET portant Règlement d'administration publique pour l'exécution des articles 1, 2, 3 et 28 de la loi du 29 juin 1894 sur les Caisses de secours et de retraite des Ouvriers mineurs.

Du 14 Août 1894.

Le Président de la République française,

Sur le rapport du Ministre des travaux publics ;

Vu la loi du 29 juin 1894 sur les Caisses de secours et de retraite des ouvriers mineurs, et notamment l'article 29, ainsi conçu :

« Un règlement d'administration publique déterminera la « procédure à suivre pour l'introduction, l'instruction et la « solution des affaires soumises à la commission arbitrale ; le « nombre, le mode de nomination et les attributions des auxi- « liaires de l'instruction, le mode de nomination du manda- « taire prévu à l'article 27, et, d'une manière générale, les « mesures nécessaires à l'application des prescriptions de la « présente loi » ;

Vu le décret du 25 juillet 1894 ;

Vu la délibération de la Commission supérieure de la Caisse

nationale des retraites pour la vieillesse, en date du 30 juin 1894 ;

Vu l'avis du Ministre du commerce, de l'industrie, des postes et des télégraphes, en date du 5 juillet 1894 ;

Vu l'avis du Ministre des finances, en date du 28 juillet 1894 ;

Le Conseil d'Etat entendu,

Décrète :

ARTICLE PREMIER. — Les dispositions du décret du 28 décembre 1886, portant règlement d'administration publique pour l'exécution de la loi du 20 juillet 1886, sur la Caisse nationale des retraites pour la vieillesse, sont applicables aux versements effectués à cette caisse au compte des ouvriers mineurs, conformément à la loi du 29 juin 1894, sous la réserve des modifications énoncées aux articles ci-après.

ART. 2. — L'exploitant qui, aux termes de l'article 2 de la loi précitée, effectue des versements à la Caisse nationale des retraites au nom de ses ouvriers, produit les déclarations de versement et les bordereaux prévus par les articles 2, 3, 6, 7, 16 et 19 du décret du 28 décembre 1886, ainsi que les pièces énoncées dans le même décret, à l'appui des déclarations, sans être tenu néanmoins de fournir, en ce qui concerne les versements effectués au profit des mineurs et des femmes mariées, les consentements et autorisations requis par les articles 5 et 8 dudit décret.

Dans le cas où les versements ont lieu au profit d'un ouvrier déjà titulaire d'un livret individuel de la Caisse nationale des retraites pour la vieillesse, l'exploitant n'a à produire qu'une déclaration à l'appui de son premier versement, fait en exécution de la loi du 29 juin 1894.

L'exploitant peut se faire représenter, comme intermédiaire, par un agent accrédité par lui.

ART. 3. — La déclaration à souscrire au nom de chaque ouvrier, lors du premier versement, conformément à l'article 2 du décret précité, fixe uniformément l'entrée en jouissance à cinquante-cinq ans et s'applique également à la partie du versement à la charge de l'exploitant et à celle provenant d'un prélèvement sur le salaire de l'ouvrier ou employé.

Elle fait connaître si le versement doit être en totalité à capital aliéné ou si, pour la part provenant du salaire, il est soumis à la condition de réserve du capital, soit pour l'ouvrier, soit pour son conjoint.

Lorsque la réserve du capital est stipulée, la déclaration mentionne la portion des versements de l'ouvrier à laquelle cette clause est applicable et indique au profit de qui doit être payé le capital assuré par suite de cette réserve.

ART. 4. — Dans le cas où, conformément au paragraphe 2 de l'article 3 de la loi du 29 juin 1894, la délivrance de la rente, fixée primitivement à cinquante-cinq ans, est différée, l'entrée en jouissance des rentes correspondant aux versements déjà effectuées est ajournée à soixante ans et, ensuite, s'il y a lieu, à soixante-cinq ans, et l'entrée en jouissance des rentes afférentes aux versements qui seraient faits ultérieurement est fixée également à soixante ans, puis à soixante-cinq ans.

Le titulaire qui a atteint l'âge de cinquante-cinq ans conserve néanmoins le droit d'obtenir, sur sa simple demande, la liquidation de sa pension à toute année d'âge accomplie en dehors des termes ci-dessus fixés.

Dans ce cas, chacune des rentes produites, tant par l'ajournement à soixante ans que par les versements ou abandon de capitaux postérieurs à cet ajournement, est calculée à nouveau d'après les tarifs en vigueur aux époques où les différentes opérations, soit de versement, soit d'abandon ou d'ajournement, ont été effectuées.

Art. 5. — Les versements que l'exploitant doit effectuer mensuellement, conformément à l'article 2 de la loi du 29 juin 1894, sont reçus à la Caisse des dépôts et consignations, à Paris, et chez les trésoriers-payeurs généraux et les receveurs particuliers des finances, dans les départements.

L'exploitant peut être autorisé, soit par le Ministre des finances, soit par le Ministre des postes et télégraphes, sur l'avis du Ministre des travaux publics, à se servir de l'entremise du percepteur ou du receveur des postes, pour effectuer ses versements à la caisse nationale des retraites.

Art. 6. — Les bordereaux de versement sont établis de manière à permettre d'y inscrire les trois versements à effectuer pendant chaque trimestre et leur total.

Ces versements donnent lieu à la délivrance de récépissés provisoires, visés au contrôle et mentionnés sur le bordereau, qui reste entre les mains du déposant.

A l'expiration du trimestre, le total des versements mensuels est porté sur les livrets individuels.

Pour les ouvriers qui quittent l'exploitation en cours de trimestre, il est produit un bordereau spécial avec les livrets y afférents. Chaque livret est ensuite adressé au comptable chez lequel l'ouvrier aura déclaré vouloir le retirer.

L'inscription de la rente viagère, acquise par les versements, est faite dans les conditions prévues aux paragraphes 1 et 2 de l'article 18 du décret du 28 décembre 1886.

Art. 7. — En ce qui concerne la liquidation des caisses de prévoyance prévue par l'article 28 de la loi du 29 juin 1894, les productions exigées pour la constitution des livrets individuels seront celles qui sont prévues par les articles 2 et suivants du présent décret.

Les rentes seront liquidées d'après le tarif de la caisse nationale des retraites, en vigueur à la date où le versement a été opéré.

Les versements prévus au paragraphe précédent ne sont pas soumis à la limite de 500 francs, assignée par la loi du

26 juillet 1893 aux sommes versées dans une année au compte de la même personne.

ART. 8. — Le Ministre des travaux publics, le Ministre du commerce, de l'industrie, des postes et des télégraphes et le Ministre des finances sont chargés, chacun en ce qui le concerne, de l'exécution du présent décret, qui sera publié au *Journal officiel de la République française* et inséré au *Bulletin des lois*.

Fait à Pont-sur-Seine, le 14 Août 1894.

Signé : CASIMIR-PÉRIER.

Le Ministre des travaux publics,

Signé : LOUIS BARTHOU.

LOI portant rectification de la loi du 29 juin 1894 sur les Caisses de secours et de retraites des ouvriers mineurs.

Du 19 Décembre 1894.

Le Sénat et la Chambre des députés ont adopté,

Le Président de la République promulgue la loi dont la teneur suit :

ARTICLE UNIQUE. — Le délai fixé pour l'application de la loi du 29 juin 1894, par ses articles 1 et 24, est prorogé jusqu'au 1er juillet 1895.

La commission instituée en vertu de l'article 26 de la loi précitée sera valablement saisie lorsque le recours prévu par l'article 24, paragraphe 2, de ladite loi aura été voté à la majorité des suffrages exprimés, à un premier ou à un second tour, pourvu que cette majorité soit supérieure au quart des inscrits, et sous la réserve que le vote soit émis avant le jugement homologuant le rapport du liquidateur.

Les opérations pour les votes à émettre en vertu de l'alinéa précédent et pour ceux nécessaires à la désignation des membres adjoints de la commission arbitrale seront faites suivant les formes prévues par le décret du 25 juillet 1894, en tout ce qui n'est pas contraire à la présente loi.

Le recours à la commission arbitrale en vertu de la présente loi arrête et annule toutes opérations de liquidation qui seraient en cours.

La présente loi, délibérée et adoptée par le Sénat et par la Chambre des députés, sera exécutée comme loi de l'Etat.

Fait à Paris, le 19 décembre 1894.

Signé : CASIMIR-PÉRIER.

Le Ministre des travaux publics,

Signé : LOUIS BARTHOU.

LOI qui modifie l'article 11 de la loi du 29 juin 1894 sur les Caisses de secours et de retraites des Ouvriers mineurs.

Du 16 Juillet 1896.

Le Sénat et la Chambre des députés ont adopté,
Le Président de la République promulgue la loi dont la teneur suit :

Article unique. — L'article 11 de la loi du 29 juin 1894 est complété par les dispositions suivantes :

«Ce local ne pourra être autre qu'une mairie. Pour ces opérations, le maire sera tenu de mettre une des salles de la mairie à la disposition de la société.

« Les statuts peuvent en outre décider que la circonscription sera divisée en sections électorales et fixer le nombre de conseillers à élire pour chacune ; ce nombre ne pouvant en aucun cas être inférieur à deux conseillers.

« Si le vote, soit pour la circonscription entière, soit pour une de ses sections électorales, a lieu dans plusieurs mairies, le juge de paix compétent pour connaître des contestations prévues à l'article 13 ci-dessous est celui de la commune qui, lors de la convocation des électeurs, aura dû être désignée pour la réunion des résultats et la proclamation du vote ».

La présente loi, délibérée et adoptée par le Sénat et par la Chambre des députés, sera exécutée comme loi de l'Etat.

Fait à Paris, le 16 Juillet 1896.

Signé : Félix FAURE.

Le Ministre des travaux publics,
Signé : A. Turrel.

LOI relative aux Sociétés de secours mutuels

Du 1er Avril 1898.

Le Sénat et la Chambre des députés ont adopté,
Le Président de la République promulgue la loi dont la teneur suit :

TITRE PREMIER

Dispositions communes à toutes les Sociétés.

Article premier. — Les Sociétés de secours mutuels sont des associations de prévoyance qui se proposent d'atteindre un ou plusieurs des buts suivants : assurer à leurs membres participants et à leur famille des secours en cas de maladie, blessures ou infirmités; leur constituer des pensions de retraites; contracter, à leur profit, des assurances individuelles ou collectives en cas de vie, de décès ou d'accidents ; pourvoir aux frais des funérailles et allouer des secours aux ascendants, aux veufs, veuves ou orphelins des membres participants décédés.

Elles peuvent, en outre, accessoirement créer, au profit de leurs membres, des cours professionnels, des offices gratuits de placement et accorder des allocations en cas de chômage, à la condition qu'il soit pourvu à ces trois ordres de dépenses au moyen de cotisations ou de recettes spéciales.

Art. 2. — Ne sont pas considérées comme Sociétés de secours mutuels les associations qui, tout en organisant, sous un titre quelconque, tout ou partie des services prévus à l'article précédent, créent, au profit de telle ou telle catégorie de leurs membres et au détriment des autres, des avantages particuliers. Les Sociétés de secours mutuels sont tenues de garantir à tous leurs membres participants les mêmes avantages, sans autre distinction que celle qui résulte des cotisations fournies et des risques apportés.

Art. 3. — Les Sociétés de secours mutuels peuvent se composer de membres participants et de membres honoraires ; les membres honoraires payent la cotisation fixée ou font des dons à l'association, sans prendre part aux bénéfices attribués aux membres participants ; mais les statuts peuvent contenir des dispositions spéciales pour faciliter leur admission au titre de membres participants, à la suite de revers de fortune.

Les femmes peuvent faire partie des Sociétés et en créer : les femmes mariées exercent ce droit sans l'assistance de leur mari ; les mineurs peuvent faire partie de ces Sociétés sans l'intervention de leur représentant légal.

L'administration et la direction des Sociétés de secours mutuels ne peuvent être confiées qu'à des Français majeurs, de l'un ou l'autre sexe, non déchus de leurs droits civils ou civiques, sous réserve, pour les femmes mariées, des autorisations de droit commun.

Les Sociétés de secours mutuels constituées entre étrangers ne peuvent exister qu'en vertu d'un arrêté ministériel toujours révocable. Par exception, elles peuvent choisir leurs administrateurs parmi leurs membres.

Les membres du Conseil d'administration et du bureau des Sociétés de secours mutuels seront nommés par le vote au bulletin secret.

Les administrateurs et directeurs ne pourront être choisis que parmi les membres participants et honoraires de la Société.

Art. 4. — Un mois avant le fonctionnement d'une Société de secours mutuels, ses fondateurs devront déposer en double exemplaire : 1° les statuts de ladite association ; 2° la liste des noms et adresses de toutes les personnes qui, sous un titre quelconque, seront chargées, à l'origine, de l'administration ou de la direction.

Le dépôt a lieu, contre récépissé, à la sous-préfecture de l'arrondissement où la Société a son siège social ou à la préfecture du département.

Le maire de la commune en est informé immédiatement par les soins du préfet ou du sous-préfet.

Un extrait des statuts sera inséré dans le recueil des actes de la préfecture.

Tout changement dans les statuts ou dans la direction sera notifié et publié selon les formes indiquées ci-dessus.

Art. 5. — Les statuts déterminent :

1° Le siège social, qui ne peut être situé ailleurs qu'en territoire français ;

2° Les conditions et les modes d'admission et d'exclusion, tant des membres participants que des membres honoraires ;

3° La composition du bureau et du conseil d'administration, le mode d'élection de leurs membres, la nature et la durée de leurs pouvoirs, les conditions du vote à l'assemblée générale et du droit pour les sociétaires de s'y faire représenter ;

4° Les obligations et les avantages des membres participants ;

5° Le montant et l'emploi des cotisations des membres, soit honoraires, soit participants, les modes de placement et du retrait des fonds ;

6° Les conditions de la dissolution volontaire de la Société ;

7° Les bases de la liquidation à intervenir si la dissolution a lieu ;

8° Le mode de conservation des documents intéressant la Société ;

9° Le mode de constitution des retraites pour lesquelles il n'a pas été pris d'engagement ferme et dont l'importance est subordonnée aux ressources de la Société ;

10° L'organisation des retraites garanties, et spécialement la fixation de leur quotité et de l'âge de l'entrée en jouissance ;

11° Les prélèvements à opérer sur les cotisations pour le service spécial des retraites, lorsque, conformément à la clause précédente, les cotisations des membres honoraires ou participants devront être affectées, pour partie, à la constitution de retraites garanties, que ce soit au moyen d'un fonds commun ou de livrets individuels ouverts au nom des sociétaires.

Art. 6. — Lorsque l'assemblée générale sera convoquée, les pouvoirs dont les sociétaires seront porteurs, si les statuts autorisent le vote par procuration, pourront être donnés sous seing privé et seront affranchis de tous droits de timbre et d'enregistrement ; ils seront déposés au siège social.

Les contestations sur la validité des opérations électorales sont portées, dans le délai de quinze jours à dater de l'élection, devant le juge de paix du siège de la Société. Elles sont introduites par simple déclaration au greffe.

Le juge de paix statue, dans les quinze jours de cette déclaration, sans frais ni forme de procédure et sur simple avertissement donné trois jours à l'avance à toutes les parties intéressées.

La décision du juge de paix est en dernier ressort, mais elle peut être déférée à la Cour de Cassation. Le pourvoi n'est recevable que s'il est formé dans les dix jours de la notification de la décision. Il est formé par simple requête déposée au greffe de la justice de paix et dénoncée aux défendeurs dans les dix jours qui suivent. Il est dispensé du ministère d'un avocat à la cour et jugé d'urgence, sans frais ni amende.

Les pièces et mémoires fournis par les parties sont transmis sans frais par le greffier de la justice de paix au greffier de la Cour de Cassation. La chambre civile de cette cour statue directement sur le pourvoi.

Tous les actes sont dispensés du timbre et enregistrés gratis.

ART. 7. — Dans les trois premiers mois de chaque année, les Sociétés de secours mutuels doivent adresser, par l'intermédiaire des Préfets, au Ministre de l'Intérieur, et dans les formes qui seront déterminées par lui, la statistique de leur effectif, du nombre et de la nature des cas de maladie de leurs membres, telle qu'elle est prescrite par la loi du 30 novembre 1892.

ART. 8. — Il peut être établi, entre les Sociétés de secours mutuels, en conservant d'ailleurs à chacune d'elles son autonomie, des unions, ayant pour objet notamment :

a) L'organisation, en faveur des membres participants, des soins et secours énumérés dans l'article premier, notamment la création de pharmacies, dans les conditions déterminées par les lois spéciales sur la matière ;

b) L'admission des membres participants qui ont changé de résidence ;

c) Le règlement de leurs pensions viagères de retraite ;

d) L'organisation d'assurances mutuelles pour les risques divers auxquels les Sociétés se sont engagées à pourvoir, notamment la création de caisses de retraites et d'assurances communes à plusieurs sociétés pour les opérations à long terme et les maladies de longue durée ;

e) Le service des placements gratuits.

ART. 9. — Les Sociétés de secours mutuels sont admises à contracter des assurances, soit en cas de décès, soit en cas d'accidents, aux caisses d'assurances instituées par la loi du 11 juillet 1868, en se conformant aux prescriptions des articles 7 et 15 de ladite loi.

Ces assurances peuvent se cumuler avec les assurances individuelles.

ART. 10. — Les infractions aux dispositions de la présente loi seront poursuivies contre les administrateurs ou les directeurs et punies d'une amende de un à quinze francs (1 à 15 fr.) inclusivement.

Si une Société est détournée de son but de Société de

secours mutuels, et si, trois mois après un avertissement donné par arrêté du préfet du département, cette Société persiste à ne pas se conformer aux prescriptions de la présente loi ou aux dispositions de ses statuts, la dissolution pourra en être prononcée par le tribunal civil de l'arrondissement.

Le ministère public introduira l'action en dissolution par un mémoire présenté au président du tribunal énonçant les faits et accompagné des pièces justificatives ; ce mémoire sera notifié au président de la Société, avec assignation à jour fixe.

Le tribunal jugera en audience publique, sur les réquisitions du procureur de la République, le président de la Société entendu ou régulièrement appelé.

Le jugement sera susceptible d'appel.

L'assistance de l'avoué ne sera obligatoire ni en première instance, ni en appel.

En cas de fausse déclaration faite de mauvaise foi ou de toutes autres manœuvres tendant à dissimuler, sous le nom de Sociétés de secours mutuels, des associations ayant un autre objet, les juges de répression auront la faculté de prononcer la dissolution à la requête du ministère public. Les administrateurs et directeurs seront passibles d'une amende de seize à cinq cents francs (16 à 500 fr.).

Art. 11. — La dissolution volontaire d'une Société de secours mutuels ne peut être prononcée que dans une assemblée convoquée à cet effet, par un avis indiquant l'objet de la réunion et à la condition de réunir à la fois une majorité des deux tiers des membres présents et la majorité des membres inscrits.

En cas de dissolution par les tribunaux, le jugement désigne un administrateur chargé de procéder à la liquidation définitive.

Aucun encaissement de cotisations autres que celles échues au jour de la liquidation ne peut plus être effectué.

Communication sera faite à l'administrateur des livres, registres, procès-verbaux et pièces de toute nature : la communication aura lieu sans déplacement, sauf le cas où le tribunal en aurait ordonné autrement.

La liquidation s'opérera conformément aux statuts ; elle sera homologuée sans frais par le tribunal, à la diligence du procureur de la République.

Art. 12. — Les secours, pensions, contrats d'assurances, livrets et généralement toutes sommes et tous titres à remettre par les Sociétés de secours mutuels, à leurs membres participants, sont incessibles et insaisissables, jusqu'à concurrence de trois cent soixante francs (360 fr.), par an pour les rentes et de trois mille francs (3,000 fr.) pour les capitaux assurés.

Art. 13. — Les Sociétés de secours mutuels ayant satisfait aux prescriptions des articles précédents ont le droit d'ester en justice, tant en demandant qu'en défendant, par le président ou par le délégué ayant mandat spécial à cet effet, et peuvent obtenir l'assistance judiciaire, aux conditions imposées par la loi du 22 janvier 1851.

Art. 14. — Les Sociétés de secours mutuels se divisent en trois catégories :

1° Les Sociétés libres;

2° Les Sociétés approuvées.

3° Les Sociétés reconnues comme établissements d'utilité publique.

TITRE II

Des Sociétés libres

Art. 15. — Les Sociétés libres et unions de Sociétés libres peuvent recevoir et employer les sommes provenant des cotisations des membres honoraires et participants, et généralement faire des actes de simple administration; elles peuvent posséder des objets mobiliers, prendre des immeubles à bail pour l'installation de leurs divers services.

Elles peuvent, avec l'autorisation du préfet, recevoir des dons et legs mobiliers.

Toutefois, si la libéralité est faite à une Société dont la circonscription comprend des communes situées dans des départements différents, il est statué par un décret. S'il y a réclamation des héritiers du testateur, il est statué par un décret du Président de la République, le Conseil d'Etat entendu.

Lorsque l'emploi des dons et legs n'est pas déterminé par le donateur ou testateur, cet emploi sera prescrit par l'arrêté ou le décret d'autorisation, en exécution de l'article 4 de l'ordonnance du 2 avril 1817.

Les Sociétés libres ne peuvent acquérir des immeubles, sous quelque forme que ce soit, à peine de nullité, sauf les immeubles exclusivement affectés à leurs services. Elles ne peuvent, à peine de nullité, recevoir des dons et legs immobiliers qu'à la charge de les aliéner et d'obtenir l'autorisation mentionnée au paragraphe 3 ci-dessus. La nullité sera prononcée en justice, soit sur la demande des parties intéressées, soit d'office sur les réquisitions du ministère public.

TITRE III

Des Sociétés approuvées

Art. 16. — Les Sociétés de secours mutuels et les unions de Sociétés prévues à l'article 8 qui auront fait approuver leurs statuts par arrêté ministériel auront tous les droits accordés aux Sociétés libres et unions de Sociétés libres et jouiront des avantages concédés par les articles suivants.

L'approbation ne peut être refusée que dans les deux cas suivants :

1° Pour non-conformité des statuts avec les dispositions de la loi ;

2° Si les statuts ne prévoient pas des recettes proportionnées aux dépenses, pour la constitution des retraites garanties ou des assurances en cas de vie, de décès ou d'accident.

L'approbation ou le refus d'approbation doit avoir lieu dans le délai de trois mois. Le refus d'approbation doit être motivé par une infraction aux lois, et notamment aux dispositions du paragraphe 4 du présent article.

En cas de refus d'approbation, un recours peut être formé devant le Conseil d'État. Ce recours sera dispensé de tous droits : il pourra être formé sans ministère d'avocat.

Tout changement dans les statuts d'une Société approuvée doit être l'objet d'une nouvelle demande d'approbation, et aucune modification statutaire ne peut être mise à exécution si elle n'a pas été préalablement approuvée.

Il sera procédé, pour les changements dans les statuts, comme en matière de statuts primitifs, pour tout ce qui concerne les dépôts, les délais et les recours.

Art. 17. — Les Sociétés de secours mutuels approuvées pourront, sous réserve de l'autorisation du Conseil d'Etat, recevoir des dons et legs immobiliers.

Les immeubles compris dans un acte de donation ou dans une disposition testamentaire que les Sociétés n'auront pas été autorisées à conserver, seront aliénés dans les délais et la forme prescrits par le décret qui en autorise l'acceptation ; le délai pourra, en cas de nécessité, être prorogé.

Les Sociétés de secours mutuels et les unions approuvées prévues à l'article 8 peuvent être autorisées, par décret rendu en Conseil d'Etat, à acquérir les immeubles nécessaires, soit à leurs services d'administration, soit à leur service d'hospitalisation.

Art. 18. — Les communes sont tenues de fournir aux Sociétés approuvées qui le demandent, les locaux nécessaires à leurs réunions, ainsi que les livrets et registres nécessaires à l'administration et à la comptabilité. En cas d'insuffisance des ressources des communes, cette dépense est mise à la charge des départements. Dans le cas où la Société s'étend sur plusieurs communes ou sur plusieurs départements, cette obligation incombe d'abord à la commune dans laquelle est établi le siège social, ensuite au département auquel appartient cette commune.

Dans les villes où il existe une taxe municipale sur les convois, il est accordé aux Sociétés approuvées remise des deux tiers des droits sur les convois dont elles peuvent avoir à supporter les frais, aux termes de leurs statuts.

Art. 19. — Tous les actes intéressant les Sociétés approuvées sont exempts des droits de timbre et d'enregistrement.

Sont également exempts du droit de timbre de quittance les reçus de cotisations des membres honoraires ou participants, les reçus des sommes versées aux pensionnaires ainsi que les registres à souches qui servent au payement des journées de maladies.

Cette disposition n'est pas applicable aux transmissions de propriété, d'usufruit ou de jouissance de biens, meubles et immeubles, soit entre vifs, soit par décès.

Conformément aux articles 19 de la loi du 11 juillet 1868 et 24 de la loi du 20 juillet 1886, les certificats, actes de notoriété et autres pièces exclusivement relatives à l'exécution des lois précitées et de la présente loi seront délivrés gratuitement et exempts des droits de timbre et d'enregistrement.

ART. 20. — Les placements des Sociétés de secours mutuels approuvées doivent être effectués en dépôt aux Caisses d'épargne, à la Caisse des dépôts et consignations, en rentes sur l'État, bons du Trésor ou autres valeurs créées ou garanties par l'État, en obligations des départements et des communes, du Crédit foncier de France ou des Compagnies françaises de chemins de fer qui ont une garantie d'intérêts de l'État.

Les Sociétés de secours mutuels approuvées pourront, en outre, posséder et acquérir des immeubles, jusqu'à concurrence des trois quarts de leur avoir, les vendre et les échanger.

Pour être valables, ces opérations devront être votées à la majorité des trois quarts des voix par une assemblée générale extraordinaire composée au moins de la moitié des membres de la Société, présents ou représentés.

Les titres et valeurs au porteur appartenant aux Sociétés de secours mutuels approuvées seront déposés à la Caisse des dépôts et consignations, qui sera chargée de l'encaissement des arrérages, coupons et primes de remboursement de ces titres, et en portera le montant au compte de dépôt de chaque Société.

ART. 21. — Les Sociétés de secours mutuels approuvées sont admises à verser des capitaux à la Caisse des dépôts et consignations :

1° En compte courant disponible ;

2° En un compte affecté, pour toute la durée de la Société, à la formation et à l'accroissement d'un fonds commun inaliénable.

Le fonds commun de retraites existant au jour de la promulgation de la loi ne peut être supprimé.

Il peut être placé soit à la Caisse des dépôts et consignations, soit en valeurs ou immeubles, conformément aux articles 17 et 20, soit à la Caisse des retraites.

Pour l'avenir, les statuts de chaque Société déterminent si elle entend user de cette faculté de constituer un fonds commun et dans quelles conditions ; ils règlent les moyens de l'alimenter, qu'il s'agisse d'un fonds commun conservé ou d'un fonds commun à créer. Ils décident notamment si la Société devra verser à ce fonds, en totalité ou en partie, les subventions de l'Etat, les dons et legs, les cotisations des membres honoraires et les autres ressources disponibles.

Le compte courant et le fonds commun portent intérêt à un taux égal à celui de la Caisse nationale des retraites pour la vieillesse.

La différence entre le taux fixé par le paragraphe précédent et le taux de 4 1/2 0/0, déterminé par le décret-loi du 26 mars 1852 et le décret du 26 avril 1856 sera versée, à titre de bonification, à chaque Société de secours mutuels approuvée ou reconnue d'utilité publique, en raison de son avoir à la Caisse des dépôts et consignations (fonds libres et fonds de retraites), au moyen d'un crédit inscrit chaque année au budget du Ministère de l'intérieur.

Les intérêts qui ne reçoivent pas d'emploi au cours de l'année sont capitalisés tous les ans.

La Caisse des dépôts et consignations aura la faculté de faire emploi des fonds versés aux comptes ci-dessus désignés, dans les mêmes conditions que pour les fonds des Caisses d'épargne.

ART. 22. — Les pensions de retraites peuvent être constituées, soit sur le fonds commun, soit sur le livret individuel qui appartient en toute propriété à son titulaire, à capital aliéné ou réservé.

ART. 23. — Les pensions de retraites alimentées par le fonds commun sont constituées à capital réservé au profit de la Société. Elles sont servies directement par la Société à l'aide des intérêts de ce fonds, ou par l'intermédiaire de la Caisse nationale des retraites.

Pour bénéficier de ces pensions, les membres participants doivent être âgés d'au moins cinquante ans, avoir acquitté la cotisation sociale pendant quinze ans au moins et remplir les conditions statutaires fixées pour l'obtention de la pension.

Les Sociétés qui constituent sur le fonds commun des pensions de retraites garanties, sont tenues de produire, tous les cinq ans au moins, au Ministre de l'Intérieur, la situation de leurs engagements, éventuels ou liquides, et des ressources correspondantes, en se conformant aux modèles qui leur sont fournis par l'Administration compétente. Elles devront modifier, s'il y a lieu, leurs statuts, d'après les résultats de ces inventaires au moins quinquennaux.

ART. 24.— Les pensions de retraites constituées par le livret individuel, à l'aide de la Caisse nationale des retraites ou d'une Caisse autonome, sont formées, en conformité des statuts, au moyen de versements effectués par la Société au compte de chacun de ses membres participants.

Ces versements proviennent :

1° De la cotisation spéciale que le sociétaire a lui-même acquittée en vue de la retraite, ou de la portion de la cotisation unique prélevée en vue de ce service;

2° De tout ou partie des arrérages annuels du fonds commun inaliénable, s'il en existe un;

3° Des autres ressources dont les statuts autorisent l'emploi en capital au profit des livrets individuels.

Les versements effectués par la Société sur le livret individuel le sont à capital aliéné ou à capital réservé, au profit de la Société, suivant que les statuts en auront décidé.

Quant aux versements qui proviennent des cotisations du membre participant, ils peuvent être, au choix de ce membre, faits à capital aliéné ou à capital réservé, au profit de ses ayants droit.

Pour la liquidation des pensions de retraites constituées à capital aliéné et à jouissance immédiate par les Sociétés de secours mutuels, les tarifs à la Caisse nationale des retraites seront calculés jusqu'à quatre-vingts ans.

Art. 25. — En dehors des retraites garanties ou non garanties, constituées, soit à l'aide du fonds commun, soit au moyen du livret individuel, dans les conditions prévues aux articles 23 et 24, les Sociétés peuvent accorder à leurs membres des allocations, non pas viagères, mais annuelles, prises sur les ressources disponibles. Le montant en sera fixé chaque année par l'assemblée générale. Les titulaires sont désignés par elle, parmi les membres âgés de plus de cinquante ans et ayant acquitté la cotisation sociale au moins pendant quinze ans.

Les statuts déterminent les autres conditions que doivent remplir les bénéficiaires.

Le service de ces allocations annuelles s'effectue à l'aide des arrérages du fonds commun inaliénable ou des autres ressources disponibles.

Une indemnité pécuniaire, fixée également chaque année en assemblée générale et prélevée sur les fonds de réserve, peut être allouée aux membres participants devenus infirmes ou incurables avant l'âge fixé par les statuts pour être admissibles à la pension viagère de retraite.

Art. 26. — A partir de la promulgation de la présente loi, les arrérages des dotations et les subventions annuellement inscrites au budget du Ministère de l'Intérieur au profit des Sociétés de secours mutuels seront employés à accorder à ces Sociétés des allocations : 1° pour encourager la formation des pensions de retraites à l'aide du fonds commun ou du livret individuel; 2° pour bonifier les pensions liquidées à partir du 1er janvier 1895 et dont le montant, y compris la subvention de l'Etat, ne sera pas supérieur à 360 francs; 3° pour donner, en raison du nombre de leurs membres, des subventions aux Sociétés qui ne constituent pas de retraites.

Pour chacune de ces affectations, la répartition du crédit aura lieu dans les proportions et suivant les barèmes arrêtés par le Ministre de l'Intérieur, après avis du Conseil supérieur.

Il sera, préalablement à toute répartition, opéré, chaque

année, sur les dotations et subventions, un prélèvement déterminé par le Conseil supérieur, qui ne pourra dépasser cinq pour cent (5 0/0) de l'actif total, pour venir en aide aux Sociétés de secours mutuels qui, par suite d'épidémies ou de toute autre cause de force majeure, seraient momentanément hors d'état de remplir leurs engagements.

Les subventions de l'Etat, en vue de la retraite par livret individuel, profiteront aux étrangers, lorsque leur pays d'origine aura garanti, par un traité, des avantages équivalents à nos nationaux.

Les pensions allouées sur le fonds commun ne pourront être servies aux étrangers que dans le cas où ils résideront en territoire français.

Art. 27. — Un règlement d'administration publique détermine les conditions et les garanties à exiger pour l'organisation des Caisses autonomes que les Sociétés ou les Unions pourront constituer, soit pour servir des pensions de retraites, soit pour réaliser l'assurance en cas de vie, de décès ou d'accident et, d'une manière générale, toutes les mesures d'application destinées à assurer l'exécution de la loi.

Les fonds versés dans ces caisses devront être employés en rentes sur l'Etat, en valeurs du Trésor ou garanties par le Trésor, en obligations départementales ou en valeurs énumérées au paragraphe 1er de l'article 20.

La gestion de ces caisses sera soumise à la vérification de l'inspection des finances et au contrôle du receveur particulier de l'arrondissement du siège de la caisse.

La Caisse des dépôts et consignations est tenue d'envoyer, dans le courant du premier trimestre de chaque année, aux présidents des sociétés de secours mutuels ayant constitué des pensions de retraites en faveur de leurs membres participants, la liste des retraités qui, dans l'année précédente, n'auront pas touché leurs arrérages.

Art. 28. — Les Sociétés de secours mutuels qui accordent à leurs membres ou à quelques-uns seulement des indemnités moyennes ou supérieures à 5 francs par jour, des allocations annuelles ou des pensions supérieures à 360 francs et des capitaux en cas de vie ou de décès supérieurs à 3.000 francs, ne participent pas aux subventions de l'Etat et ne bénéficient ni du taux spécial d'intérêt fixé par les décrets des 26 mars 1852, 26 avril 1856, ni des avantages accordés par la présente loi sous forme de remise de droits d'enregistrement et de frais de justice.

Les sociétaires qui s'affilieront à plusieurs sociétés en vue de se constituer une pension supérieure à 360 francs ou des capitaux en cas de vie ou de décès supérieurs à 3.000 francs, seront exclus des Sociétés de secours mutuels dont ils font partie, sous peine, pour la Société, de perdre les avantages concédés par la présente loi.

Art. 29. — Dans les trois premiers mois de chaque année,

les Sociétés de secours mutuels approuvées doivent adresser au Ministre de l'Intérieur, par l'intermédiaire des préfets et dans les formes prescrites, indépendamment de la statistique exigée par l'article 8, le compte rendu de leur situation morale et financière.

Elles sont tenues de communiquer leurs livres, registres, procès-verbaux et pièces comptables de toute nature aux préfets, sous-préfets ou à leurs délégués. Cette communication a lieu sans déplacement, sauf le cas où il en serait autrement ordonné par arrêté du préfet.

Les infractions aux prescriptions du paragraphe 2 du présent article seront punies d'une amende de seize à cinq cents francs (16 à 500 fr.).

Art. 30. — Dans le cas d'inexécution des statuts ou de violation des dispositions de la présente loi, l'approbation peut être retirée par un décret rendu en Conseil d'État, sur la proposition motivée du Ministre de l'Intérieur et après avis du Conseil supérieur des Sociétés de secours mutuels, lequel sera convoqué dans le plus bref délai.

La décision portant retrait d'approbation sera susceptible d'un recours au contentieux devant le Conseil d'État, sans ministère d'avocat et avec dispense de tous droits.

Art. 31. — Lorsque la dissolution d'une Société approuvée est votée par l'assemblée générale conformément aux statuts, ou ordonnée par le tribunal, la liquidation est poursuivie sous la surveillance du préfet ou de son délégué.

Il est prélevé sur l'actif social, y compris le fonds commun inaliénable de retraites déposé à la Caisse des dépôts et consignations et dans l'ordre suivant :

1° Le montant des engagements contractés vis-à-vis des tiers ;

2° Les sommes nécessaires pour remplir les engagements contractés vis-à-vis des membres participants, notamment en ce qui concerne les pensions viagères et les assurances en cas de décès, de vie ou d'accident ;

3° a) Une somme égale au montant des subventions ou secours accordés depuis l'origine de la Société par l'État, à titre inaliénable, sur les fonds de la dotation ou autres, pour être, ladite somme, versée au compte de la dotation des Sociétés de secours mutuels ;

b) Des sommes égales au montant des subventions et secours accordés depuis l'origine de la Société par les départements et les communes, à titre inaliénable, pour être lesdites sommes, réintégrées dans leurs caisses ;

c) Des sommes égales au montant des dons et legs faits, à titre inaliénable, pour être employées conformément aux volontés des donateurs et testateurs, s'ils ont prévu le cas de liquidation, ou, si leur volonté n'a pas été exprimée, pour être ajoutées au compte de dotation des Sociétés de secours mutuels.

Si, après le payement des engagements contractés vis-à-vis des tiers et des sociétaires, il ne reste pas de fonds suffisants pour le plein des prélèvements prévus au paragraphe 3 ci-dessus, ces prélèvements auront lieu au marc le franc des versements faits respectivement par l'Etat, les départements, les communes, les particuliers.

Le surplus de l'actif social sera, s'il y a lieu, réparti entre les membres participants appartenant à la Société au jour de la dissolution et non pourvus d'une pension ou indemnité annuelle, au prorata des versements opérés par chacun d'eux depuis leur entrée dans la Société, sans qu'ils puissent recevoir une somme supérieure à leur contribution personnelle. Le reliquat sera attribué au fonds de dotation.

TITRE IV

Des Sociétés reconnues comme établissements d'utilité publique

ART. 32. — Les Sociétés de secours mutuels et les Unions sont reconnues comme établissements d'utilité publique par décret rendu dans la forme des règlements d'administration publique.

La demande est adressée au préfet avec les pièces suivantes : la liste nominative des personnes qui y ont adhéré et trois exemplaires des projets de statuts et du règlement intérieur.

ART. 33. — Les Sociétés reconnues comme établissements d'utilité publique jouissent des avantages accordés aux Sociétés approuvées. Elles peuvent en outre posséder et acquérir, vendre et échanger des immeubles, dans les conditions déterminées par le décret déclarant l'utilité publique. Elles sont soumises aux obligations de l'article 11 qui précède.

TITRE V

Conseil supérieur. — Rapports annuels. — Tables statistiques.

ART. 34. — Il est institué, près le Ministère de l'Intérieur, un Conseil supérieur de Sociétés de secours mutuels. Ce conseil est composé de trente-six membres, savoir :

Deux sénateurs élus par leurs collègues ;
Deux députés élus par leurs collègues ;
Deux conseillers d'Etat élus par leurs collègues ;
Un délégué du Ministre de l'Intérieur ;
Un délégué du Ministre de l'Agriculture ;
Un délégué du Ministre du Commerce ;
Un membre de l'Académie des sciences morales et politiques désigné par l'Académie ;
Un membre du Conseil supérieur du Travail nommé par ses collègues ;
Deux membres agrégés de l'Institut des actuaires français désignés par le Ministre de l'Intérieur ;

Le directeur général de la comptabilité au Ministère des Finances ;

Le directeur du mouvement général des fonds au même ministère ;

Le directeur général de la Caisse des dépôts et consignations ;

Un membre de l'Académie de médecine, désigné par l'Académie, et un représentant des syndicats médicaux, élu par les délégués de ces syndicats, dans les formes qui seront déterminées par un règlement d'administration publique ;

Dix-huit représentants de Sociétés de secours mutuels, dont six appartenant aux Sociétés libres, élus par les délégués des Sociétés, dans des formes qui seront déterminées par un règlement d'administration publique ;

Chaque représentant des Sociétés approuvées sera élu par un collège comprenant un certain nombre de départements.

Cette division sera faite par le règlement d'administration publique à intervenir, de telle sorte que chaque collège comprenne un nombre à peu près égal de mutualistes.

Tous les membres sont nommés pour quatre ans ; leurs pouvoirs sont renouvelables ; leurs fonctions sont gratuites.

Le Ministre de l'Intérieur est président de droit du Conseil supérieur des Sociétés de secours mutuels.

Le Conseil choisit parmi ses membres ses deux vice-présidents et son secrétaire. Il est convoqué par le Ministre compétent au moins une fois tous les six mois et toutes les fois que cela lui paraîtra nécessaire.

Il reçoit communication des états statistiques et des comptes-rendus de la situation financière fournis par les Sociétés de secours mutuels, ainsi que des inventaires au moins quinquennaux et des autres documents fournis par les Sociétés de secours mutuels, en exécution des articles 8, 23 et 29 ci-dessus.

Il donne son avis sur toutes les dispositions réglementaires ou autres qui concernent le fonctionnement des Sociétés de secours mutuels, et notamment sur le mode de répartition des subventions et secours qui seront attribués sur les mêmes bases et dans les mêmes proportions pour les retraites constituées soit à l'aide du fonds commun, soit à l'aide de livrets individuels.

ART. 35. — Sept membres nommés par le Ministre, dont quatre pris parmi ceux qui procèdent de l'élection, constituent une section permanente.

La section permanente a pour fonctions de donner son avis sur toutes les questions qui lui sont renvoyées, soit par le Conseil supérieur, soit par le Ministre.

Le Ministre de l'Intérieur soumet chaque année, au Président de la République, un rapport, qui est présenté au Sénat et à la Chambre des Députés, sur les opérations des Sociétés de secours mutuels et sur les travaux du Conseil supérieur.

Art. 36. — Dans un délai de deux ans après la promulgation de la présente loi, les Ministres de l'Intérieur et du Commerce feront établir des tables de mortalité et de morbidité applicables aux Sociétés de secours mutuels.

Dispositions transitoires

Art. 37. — Les Sociétés de secours mutuels antérieurement autorisées ou approuvées sont tenues, dans le délai de deux ans, de se conformer aux prescriptions de la présente loi. Jusqu'à l'expiration de ce délai, elles continueront à s'administrer conformément à leurs statuts.

Les Sociétés approuvées qui ne solliciteront pas, dans ce délai, ou n'obtiendront pas l'approbation de leurs statuts, devront placer leurs fonds communs en valeurs nominatives, conformément à l'article 20 ci-dessus, et déposer leurs titres à la Caisse des dépôts et consignations. L'inexécution de ces dispositions entraînera l'application des articles 10 et 30 de la présente loi.

Toutefois, les Sociétés qui assurent leurs membres exclusivement contre la maladie sont dispensés de solliciter de nouveau cette approbation.

Le Ministre de l'Intérieur après avis du Conseil supérieur, prévu à l'article 34, déterminera dans quelle mesure il pourra être fait exception, pour le passé, aux prescriptions de l'article 2 en faveur des Sociétés de secours mutuels qui, établies en vue de l'assurance contre la maladie, auront accordé certains avantages à ceux de leurs membres entrés dans la Société à un âge relativement avancé et n'ayant pu arriver à la liquidation de leur pension, en satisfaisant aux conditions normales de stage.

Art. 38. — Les articles 13, 18, 19 et 21 de la présente loi, à l'exception, pour ce dernier, de ce qui concerne le fonds commun, s'appliquent aux Sociétés régulièrement constituées, en conformité du titre III de la loi du 29 juin 1894, dont l'article 20 est abrogé.

Art. 39. — Le décret-loi du 27 mars 1858 est ainsi modifié :
« Les personnes auxquelles le gouvernement de la République aura accordé des médailles d'honneur, en leur qualité de membres d'une Société de secours mutuels, libre ou approuvée, pourront porter publiquement ces récompenses ».

Art. 40. — Les syndicats professionnels constitués légalement aux termes de la loi du 21 mars 1884, qui ont prévu dans leurs statuts les secours mutuels entre leurs membres adhérents, bénéficieront des avantages de la présente loi, à la condition de se conformer à ses prescriptions.

Art. 41. — Toutes les dispositions contraires à la présente loi sont abrogées.

La présente loi, délibérée et adoptée par le Sénat et par la Chambre des Députés, sera exécutée comme loi de l'Etat.

Fait à Paris, le 1er avril 1898.

Signé : Félix FAURE.

Par le Président de la République :

Le Ministre de l'Intérieur,

Signé : Louis Barthou.

TABLE DES MATIÈRES

www.ingramcontent.com/pod-product-compliance
Ingram Content Group UK Ltd.
Pitfield, Milton Keynes, MK11 3LW, UK
UKHW021510090726
13657UKWH00001B/149